BASTEI
LÜBBE

Von Michael Mary sind bei Bastei Lübbe Taschenbücher lieferbar:

60512 5 Lügen die Liebe betreffend
60539 Change
60553 Die Glückslüge
60561 Lebe deine Träume
60566 Mythos Liebe
60585 Das Leben lässt fragen, wo du bleibst

Über den Autor:

Michael Mary, 1953 geb., ist verheiratet und lebt in der Nähe von Hamburg. Seit 1979 führt er Beratungen und Seminare zum Thema Partnerschaft und Persönlichkeitsentwicklung durch. Weitere Informationen zur Person und seinen Büchern sind auf der Homepage *www.michaelmary.de* zu finden.

Michael Mary

5 Wege
die Liebe zu leben

BASTEI
LÜBBE

BASTEI LÜBBE TASCHENBUCH
Band 26887

Vollständige Taschenbuchausgabe

Bastei Lübbe Taschenbücher in der Verlagsgruppe Lübbe

© 2002 by Hoffmann und Campe Verlag, Hamburg
Lizenzausgabe:
Verlagsgruppe Lübbe GmbH & Co. KG,
Bergisch Gladbach
Dieses Werk wurde vermittelt durch die
Literarische Agentur Thomas Schlück GmbH, 30827 Garbsen
Umschlaggestaltung: Nadine Littig
Satz: UPM Utesch Media Processing GmbH, Hamburg
Druck und Verarbeitung: GGP Media GmbH, Pößneck
Printed in Germany, Juli 2008
ISBN 978-3-404-26887-0

Sie finden uns im Internet unter
www.luebbe.de
Bitte beachten Sie auch: www.lesejury.de

Inhalt

Vor etwa 60 000 Jahren ... begann der Mensch, seine Toten zu bestatten. Verstorbene wurden geschmückt und deren Gräber gekennzeichnet. ... 30 000 Jahre später ... entstanden in Frankreich die ältesten uns bekannten Ritzzeichnungen der westlichen Welt ... Der Inhalt jener ersten Kunst war einschlägig: Schamlippen und erigierte Glieder, üppige Brüste und fette Hinterteile, Paare beim Geschlechtsakt ...

Die Vergänglichkeit und die Geschlechtlichkeit, die Mysterien des Todes und des überschäumenden Lebens, waren damit zweifellos die ersten und zentralen Inhalte transzendenter kultureller Überlegungen.[1]

Vergänglichkeit und Geschlechtlichkeit – diese beiden Themen spielen seit Urzeiten im Leben des Menschen die wesentlichen Rollen und prägen bis heute jede Partnerschaft.
Steckt hinter dem Wunsch nach einer festen Bindung, einer der Zeit trotzenden und verlässlichen Beziehung, in der sich der Mensch geborgen fühlt, nicht das Thema Vergänglichkeit? Und ist es nicht die Suche nach dem überschäumendem Leben, die es Menschen unmöglich macht, auf sexuelle Erregung und auf den Rausch des Begehrens zu verzichten?

Vorwort

Partnerschaftsformen, wie ich sie in diesem Buch beschreibe, gibt es »eigentlich« nicht, und wenn man ihnen dennoch begegnet, handelt es sich um »Ausrutscher«, »Versehen«, »Störungen« oder »Makel«. Damit ist gemeint: Es sollte oder dürfte sie eigentlich nicht geben. Zumindest nicht, wenn man sich den Standpunkten zahlreicher Psychologen und Sexualtherapeuten oder auch anderen idealisierten Partnerschaftsvorstellungen anschließt.

Denn Partnerschaft und Leidenschaft seien ohne weiteres miteinander vereinbar, auch auf Dauer, so heißt es. Wem das nicht gelänge, der arbeite nicht genug an sich und an seiner Beziehung. Es sei daher infantil und unreif, nach Beziehungsalternativen zu suchen. Wer das tue, könne sich nicht von den Eltern lossagen und würde in lebenslanger Opposition zu ihnen verharren. Wer sich nicht völlig auf einen Partner festlege, scheue den Schritt ins Erwachsensein. Wer Außenbeziehungen eingehe, bleibe an der Oberfläche und würde die eigentlich wichtigen Fragen wegschieben.[2]

Einzig die zugleich lebenslange und monogame Beziehung scheint vor den Augen der meisten Experten Gefallen zu finden, und das auch nur, solange Sexualität darin eine tragende Rolle spielt. Drei große Gruppen von Paaren fallen aus dieser so locker konstruierten partnerpsychologischen »Normalität« heraus:

– sexarme oder sexlose Paare,
– seriell monogame Partner,
– und solche, die mit Beziehungsformen experimentieren.

Diese Gruppen sollen im Folgenden zu Wort kommen. Und – das ist vielleicht das Wichtigste – die Paare und ihre Schilderungen zeigen: Es gibt gangbare Wege und anziehende Aufenthaltsorte, es gibt ein buntes Leben im Widerspruch zwischen Bindung und Begehren. Ungewöhnliche Wege sind darunter, bizarre zuweilen, anregende allemal.

Ich möchte betonen, dass die Lektüre der zahlreichen Schilderungen der Partner positive und versöhnliche Eindrücke bei mir hinterlassen haben im Sinne eines »Ja, so ist das Leben, so sind die Menschen, so verlaufen Beziehungen«. Nicht glatt und perfekt, sondern auf Umwegen und unvollkommen, aber eben zutiefst menschlich.

Vielen Partnern, die mit ihren Schilderungen zu diesem Buch beitrugen, erging es offensichtlich ähnlich. Ihre persönliche Beziehungsgeschichte und, die sexuellen Entwicklungen darin aufzuschreiben war für sie etwas Neues und, wie die folgenden Zeilen zeigen, etwas durchaus Lohnendes.

Ich freue mich, das alles einmal aufschreiben zu können. Es macht mich traurig und sicher zugleich: Ja, so ist es.

Ähnliches wünsche ich den Lesern: Optionen im Beziehungsleben zu erkennen und sich von starren Vorstellungen, wie die eigene Partnerschaft sein sollte, könnte, müsste, zu lösen; sich an der realen Beziehungsvielfalt zu orientieren, anstatt an Idealen, ermöglicht, zu sich zu stehen und zu erkennen, *wie es ist*. Für den Einzelnen, für das Paar, in dieser Lebensphase und überhaupt.

Einleitung

Dieses Buch entspricht dem Wunsch zahlreicher Leser von *5 Lügen, die Liebe betreffend*, mehr zu den individuellen Lösungen zu erfahren, die Menschen im Bereich ihrer Partnersexualität gefunden haben. Ich hatte solche von Expertenratschlägen unabhängige Lösungen im Kapitel »Leben im Widerspruch« nur kurz skizziert.

Inzwischen habe ich weiteres Material zusammengetragen und mehr als fünfzig Partner beziehungsweise Paare zu diesem Thema interviewt. Dabei habe ich nach dem Weg gefragt, den ihre Partnersexualität genommen hat, wohin dieser Weg sie führte, was ihnen unterwegs wichtig wurde, und nach dem Preis, den Regeln und den Tabus ihrer Beziehungen.

Die Informationen aus diesen Partnerschilderungen mögen nicht repräsentativ in streng wissenschaftlichem Sinne sein, sie erscheinen jedoch schon deshalb wertvoll, weil sie durchweg offen und ehrlich von den Problemen und Lösungen im Beziehungsleben der Menschen erzählen. Diese Offenheit wurde unter anderem durch die Anonymität des Internets gewährleistet, über das ich zahlreiche Interviews per E-Mail führte. Sie geht über private Mitteilungen oder übliche Befragungen weit hinaus, wie die Zeilen einer Interviewpartnerin verdeutlichen:

Es ist ein bisschen ungewohnt, einem fremden Menschen Dinge zu erzählen, die ich noch niemandem erzählt habe. Bei Eltern und Partnern und Kindern sortiert man doch sehr aus, was man erzählt und was nicht. Aber bei einem Fremden ist es einfach, weil es keine Konsequenzen nach sich zieht und ich auf die zugesicherte Anonymität vertraue.

Durch die unzähligen Internetzuschriften, die ich als Reaktion auf die Website[3] zu »5 Lügen« erhielt, finde ich meine These von der realen Vielfalt partnerschaftlicher Lebensformen bestätigt. Vor nicht allzu langer Zeit noch galt eine Partnerschaft klar definiert als eine lebenslange rechtlich-sittliche Verbindung zwischen einem Mann und einer Frau, mit geschlechtlich verteilten Rollen und Aufgaben. Das hauptsächliche Ziel dieser Partnerschaft war das gemeinsame Überleben. Mittlerweile ist von dieser traditionellen Partnerschaft nicht viel übrig geblieben. Andere Beziehungsformen haben sich entwickelt. Diese modernen Partnerschaften haben nicht mehr nur das Überleben, sondern die Liebe zum Ziel, die Liebe in all ihren Facetten, eben auch und gerade die erotische und leidenschaftliche Liebe; und das aufgrund individueller Gewichtungen.

In der Realität begegnet man daher verschiedensten Beziehungsformen, die parallel zueinander existieren. Wie zum Beispiel der traditionellen Partnerschaft, der sexlosen Beziehung, der seriellen Beziehung, der distanzierten Beziehung, der Parallelbeziehung, um nur die gängigsten zu nennen, sowie unzähligen Mischformen.

Wie kommt es zu dieser Vielfalt? Der Rückgang wirtschaftlicher Zwänge und verbindlicher Rechts- und Moralvorschriften für die Mann-Frau-Beziehung hat einen immensen Spielraum geschaffen, den die Menschen für sich nutzen. Das hat zur Folge, dass sich in den Lebensläufen der Menschen oft verschiedene Partnerschaftsformen finden lassen. »Biografische Beziehungsvielfalt« nennt man dieses Phänomen.

Manche Menschen leben die ersten zehn oder zwanzig Jahre ihres Beziehungslebens beispielsweise »*seriell*«. Sie wechseln von Partner zu Partner und loten im Laufe der Jahre die Grenzen und Möglichkeiten ihres romantischen Ideals aus, um womöglich in einer harmonischen Partnerschaft zu landen. Andere beginnen in frühen Jahren den Langzeitversuch Partnerschaft, heiraten mit 18 oder 20 Jahren, um im Alter von 40 oder 50 auszubrechen und auf den Spuren des Begehrens zu wandeln. Lange Zeiten des Single-Daseins sowie alle erdenklichen Kombinationen unterschiedlicher Beziehungsformen sind nichts Außergewöhnliches mehr.

Offensichtlich ist Partnerschaft heute weniger Vorgabe, sondern vielmehr Ergebnis eigener Erfahrung. Diese individuelle Definition von Partnerschaft entsteht durch Hoffnung und Enttäuschung, durch Erfolg und Krise, also durch Lernen. Im Laufe der Jahre stellt sich dann die zum jeweiligen Menschen oder seiner momentanen Lebensphase passende Partnerschaftsform heraus.

Unter solchen Umständen machen sich nicht wenige Partner auf die Suche nach Alternativen. Hier taucht nun, vor allem von Statistikern, der Einwand auf, individuelle Beziehungsformen spielten in unserer Gesellschaft lediglich eine untergeordnete Rolle. Sicherlich lässt sich kaum beweisen, wie viele Paare individuelle Lösungen suchen und leben. Umfragen dazu halte ich zudem für wenig aussagekräftig, schon weil sie ihren Gegenstand nicht exakt definieren können. Was soll eine Partnerschaft heute sein, welche Kriterien sollen für sie gelten? Wann beginnt sie? Nach einem Monat? Nach einem Jahr? Nach zehn Jahren?

Ich war jedoch äußerst erstaunt darüber, dass jeder meiner Interviewpartner im Alter zwischen 30 und 70 Jahren, *und zwar ohne Ausnahme*, sich selbst oder andere aus seinem unmittelbaren Umfeld als Beispiel für Partner anführen konnte, die fremdgehen oder etwa Nebenbeziehungen pflegen. Es kann sich dabei also nicht um Randphänomene handeln, es steckt mehr dahinter, als mancher Wissenschaftler wahrhaben möchte. Das zeigen auch die spannenden Schilderungen der Partner. Das grösste Problem bestand für mich darin, sie zu kürzen, sonst wäre dieses Buch Tausende Seiten dick geworden.

Eines möchte ich zu Beginn betonen: Es geht in diesem Buch nicht darum, bestimmte Beziehungsformen zu idealisieren und andere zu kritisieren. Es geht mir bei der Darstellung der modernen Beziehungsvielfalt um die Ermutigung zu einem Beziehungsleben, das die eigenen Wünsche und die eigenen Möglichkeiten gleichermaßen berücksichtigt.

Ganz normale Entwicklungen in exklusiven Beziehungen

Die häufigste Form der Partnerschaft ist nach wie vor die exklusive Beziehung, mit der Partner üblicherweise ins Beziehungsleben starten. Darin leben Partner mit der Absicht zusammen, einander umfassend, ausschließlich und dauerhaft zu lieben.

Derartige Beziehungen finden in Verliebtheit ihren Anfang. Die in der Verliebtheit aktivierten starken Gefühle füreinander, die aus zu diesem Zeitpunkt noch verborgenen emotionalen, psychischen oder seelischen Motiven entstehen, lassen die Illusion vollkommener und ewig währender Gemeinsamkeit aufkommen.

Verliebtheit ist bekanntlich von nicht allzu langer Dauer, sie stellt lediglich die erste Phase einer Beziehung dar. Auf den gemeinsamen Höhenflug lässt die Zeit eine Desillusionierung, eine Landung auf dem Boden der Realität folgen. Die Partner entdecken nach und nach das, was sie trennt, worin sie sich unterscheiden und wo sie nicht zusammenfinden. Viele Vorstellungen und Hoffnungen werden im Laufe dieses Landevorgangs zum Teil recht herbe enttäuscht.

In Folge dieser Entwicklung gerät beinah jede Beziehung in eine Krise. Diese Krise ergibt sich eigentlich unvermeidbar aus der Spannung zwischen Wunsch und Realisierbarkeit, zwischen Erwartungen und individuellen und gemeinsamen Möglichkeiten, und sie hat, wenn sie nicht zum Ende der Beziehung führt, eine bereinigende und entlastende Wirkung:

Es geht darum, die Idealisierung der Verliebtheit – wonach ein Partner alle meine Wünsch erfüllt – in die Realität einer Liebesbeziehung umzuformen, in der jeder weiß, was er am anderen hat und was er nicht hat. In der Idealisierung ist der Austausch vollständig und illusionär – ich gebe alles und erhalte alles. In einer stabilen Liebesbeziehung ist der Austausch realistisch und begrenzt: Ich weiß, was ich am Partner habe, er weiß, was er an mir hat, und wir lieben uns beide so, wie wir sind.[4]

Haben die Partner die mystische Einheit der Verliebten aufgelöst und hat ihre Beziehung diesen Prozess überlebt, finden sie ein neues Gleichgewicht miteinander. Ihr Bild von der Beziehung, ihre Erwartungen daran – und damit auch die Beziehung selbst – haben sich gewandelt. Die Partner sind nun in der Lage zu sagen: »So bin ich, so bist du, und so ist unsere Beziehung, jetzt oder auch grundsätzlich!«

Läuft die Realisierung einigermaßen glatt, weiß nun jeder, wie Wolfgang Schmidbauer es ausdrückt, was er am Partner hat. Ob und wie er damit zufrieden sein und damit leben kann, ist jedoch eine ganz andere Frage. Mit der Realisierung der Beziehung ist die Paarentwicklung also nicht abgeschlossen. Es stellt sich die Frage, wie die Partner mit dieser erkannten Beziehung umgehen werden.

Mit der Feststellung »So ist unsere Beziehung!« und der Konsequenz »Was fangen wir damit an?« betreten Partner das Feld individueller Formgebung. Sie versuchen nun, bewusst oder unbewusst, freiwillig oder gezwungenermaßen, eigene Lösungen für sich und ihre Partnerschaft zu finden. Solche Lösungen und deren Vielfalt sind hauptsächlicher Gegenstand dieses Buches.

Damit wäre, in Kurzform, der Verlauf der meisten Beziehungen beschrieben. Doch so glatt und reibungslos, wie es aufgrund dieser Skizze erscheinen mag, verläuft der Realisierungsprozess einer Beziehung eigentlich nie. Es ist dies ein zumeist langwieriger, schwieriger, spannungsvoller und in wesentlichen Teilen auch schmerzhafter Vorgang, weil die Partner die Realität nicht kampflos annehmen, da sie verständlicherweise an ihren Illusionen und Wünschen festhalten.

Das Ringen um die Beziehung und der Kampf um die Sexualität

Eine Beziehung und ihre Entwicklung zu realisieren, meint vor allem, Vorstellungen aufzugeben, wie sie in der Verliebtheit entstanden sind oder darin scheinbar bestätigt wurden. Da es sich bei diesen Illusionen nicht bloß um gedankliche Konzepte, sondern auch um emotionale Erwartungen und zum Teil existenzielle Gefühle handelt, halten die Partner krampfhaft an ihrer ursprünglichen Wahrnehmung der Beziehung fest. Sie beginnen um das, was jeder für die Beziehung hält, zu ringen und wollen auf alle Fälle das erhalten, was ihnen die Beziehung gab und langfristig zu versprechen schien.

Dieses Ringen umfasst selbstverständlich auch den sexuellen Bereich der Beziehung, der vom Kampf zwischen Wunsch und Wirklichkeit nicht verschont bleibt. Konflikte und Verletzungen aus den nichtsexuellen Begegnungsebenen sowie Stress und Belastungen des Alltags beeinträchtigen den erotischen Genuss, und nicht selten werden Machtkämpfe auf sexuellem Gebiet ausgetragen. Dorthin, wo bisher leidenschaftliche Begegnung möglich war und die Partner sich der erträumten Ganzliebe am nächsten wähnten, in der erotischen und sinnlichen Begegnung, dehnt sich allmählich der Alltag aus und hinterlässt seine Spuren. Das anfängliche Begehren geht zurück, die Kraft der Leidenschaft lässt nach.

Dieser Entwicklung liegen keineswegs nur Konflikte zugrunde, sie ist, wie ich schon in »5 Lügen« gezeigt habe, ebenso auf sinnvolle und selbstverständliche Zusammenhänge zurückzuführen und soll sogar zum Schutz der Lebenspartnerschaft beitragen. Vor dem Hintergrund des konventionellen Beziehungsmodells und der Wünsche der Partner aber birgt der Rückgang des Begehrens unberechenbare Gefahren.

Das Dilemma vieler Beziehungen liegt darin, daß … die Sexualität wegen ihrer starken Faszinationen und Lustqualitäten eingeordnet werden muß, wenn sie nicht dauernd als Gefahr erlebt werden soll.[5]

Die Partner suchen das Begehren, aber können es seltener miteinander finden. Verunsichert schauen sie sich um und finden sogleich eine Reihe professioneller Helfer. Diese versprechen, ihnen beim Kampf um die Sexualität beizustehen um die Beziehung zu retten. Aber sie versprechen in vielen Fällen noch mehr, nämlich den Erfolg dieser Bemühungen. Insofern lässt sich mitunter von einer Verstärkung partnerschaftlicher Illusionen durch Experten sprechen. Betrachten wir dies näher.

Experten zeigen im Großen und Ganzen zweierlei Reaktion auf den Rückgang der Leidenschaft. Entweder wird der Widerspruch zwischen Bindung und Begehren geleugnet, und es wird partnerschaftliche Arbeit zum Erhalt der Sexualität verordnet, oder es wird zum Verzicht auf Leidenschaft unter Berufung auf eine so genannte Reife aufgerufen, wobei eine einigermaßen zufrieden stellende Partnersexualität erhalten bleiben soll. Wir wollen einige solcher Aussagen betrachten.

Dabei will ich zeigen, dass das, was wir alle heute suchen und was uns so schwer gelingt, nämlich eine lebendige erotische Liebe *und* eine verlässliche Dauerhaftigkeit, keine Widersprüche sind, vielmehr dass beide aus dem Wesen der Geschlechterliebe heraus sogar notwendig zusammengehören.[6]

Hier wird ein Widerspruch zwischen Bindung und Begehren geleugnet und sogar das glatte Gegenteil behauptet. Das ergebe sich »notwendig« aus einem so genannten »Wesen der Geschlechterliebe«, denn:

Worum es bei Sexualität jedoch eigentlich geht, ist die Begegnung mit einem selbst und mit dem Du.[7]

»Eigentlich« geht es um die Begegnung mit sich und dem Du, aber in Wirklichkeit doch um vieles andere mehr. Hier wird Sexualität auf die personale Begegnung festgelegt und der Partnerschaft als Mittel sozialer Kommunikation untergeordnet. Noch weiter geht die nächste Aussage:

Demgegenüber ist zu betonen, dass es in der Sexualität zentral um den anderen geht ... Der Drang nach sexuellem Erleben sagt: ›Es drängt mich danach, mich *dir* zu schenken‹. Das ist der Kern jeder wirklich sexuellen Begegnung.[8]

Hier ist Partnersexualität endlich vom Trieb befreit, darf weder Weg zur Transzendenz noch zur Lustbefriedigung sein, sondern ist zum Mittel der Paarbindung erhoben und damit eigentlich funktionalisiert.

In solchen Expertenmeinungen fällt auf, dass die Sexualität nicht einfach außer Acht gelassen wird; dafür ist sie zu wichtig und der Dauerbeziehung zu gefährlich. Gerade deshalb, weil sie unberechenbar ist, soll sie ja kontrolliert und in die Ehe integriert werden, und deshalb kommen Partnerschaften ohne Sexualität angeblich nicht aus.

Eines ist sicher: Die Sexualität macht die Paarbeziehung zur Paarbeziehung. Ohne Sexualität ist die Beziehung der Partner vielleicht eine Art Eltern-Kind-Beziehung, oder das Paar ist ein gutes Arbeitsteam, das seine Aufgaben kooperativ und reibungslos erledigt, oder es ist eine Art Geschwister- oder Freundespaar ... Das sind zwar Möglichkeiten, wie Paare auch miteinander leben können, aber dann leben sie nicht eigentlich als Frau und Mann zusammen.[9]

Paare ohne Sexualität leben »nicht eigentlich« (!) als Mann und Frau zusammen. Eine derartige Reduzierung der Mann/Frau-Beziehung auf sexuelle Komponenten scheint keine Probleme zu bereiten. Seitenlang ließen sich ähnliche Zitate anführen, die das emsige Bemühen um den Erhalt der Partnersexualität zeigen und doch eigentlich als Illusionen der Experten selbst erscheinen.

Zur Beschwörung der dauersexuellen Paarbindung müssen allenthalben Begriffe wie Intimität, Nähe, Reife, Verzicht, Hingabe und ähnliche herhalten. Daraus entstehe die Sexualität der Partner. Alles andere sei nicht »eigentlich«, nicht »wirklich«, nicht »dem Kern« der Partnerliebe entsprechend oder treffe ihr »eigentliches Wesen« nicht. Und wie erreicht man eine solche Reife und Hingabe? Dazu gibt es beinahe lückenlose Anleitungen und eine Reihe von Anforderungen.

Michael Lukas Moeller berichtet, dass er lange Zeit *Konfliktfähigkeit* für die wichtigste Voraussetzung einer gelingenden Beziehung hielt. Heute wertet er *Entwicklungsfähigkeit* noch höher. Neben einer ausgeprägten *Kommunikationsfähigkeit*, versteht sich. Anscheinend muss man erst zum perfekten Menschen werden, um eine gelingende Partnerschaft führen zu können.

Bei Jellouschek »gilt es«, ist es »wichtig«, da «muss man«, da »darf man keinesfalls«, denn »nur wenn« oder »nur wer« das und jenes »beachtet« und »bedenkt«, dass etwas »eingeübt werden muss«, dem wird die hohe Kunst der Partnerschaft zuteil. Doch zuvor »braucht es ein starkes Ich«, denn »um mich hingeben zu können, muss ich mich erst selbst besitzen«, und »deshalb ist die Arbeit am eigenen Individuum … so unaufgebbar wichtig«; und was es »außerdem braucht, ist das Einüben der eigentlichen Hingabe«.[10] Da kann man mit Recht von Arbeit sprechen.

Hinter all dem steht die Vorstellung der personalen Liebe, der alles andere wie von selbst folgt, natürlich auch Erotik und Sexualität. Die personale Liebe beruht auf psychischen Elementen. Hier tun sich Partner zusammen, weil sie gemeinsam »ein Ganzes« ergeben, sich also in ihren psychischen Eigenschaften ergänzen. Auch wenn man die Realität von personaler Liebe und die Kraft der Wesensergänzung selbstverständlich anerkennen muss, weil sie tatsächlich einen wichtigen Aspekt der meisten Partnerschaften darstellt, so beruht gerade diese Liebe auf den Personen, auf deren psychischen Eigenarten, und eben *nicht* auf Sexualität. Daher stellt sich die Frage, warum diese Liebe den sexuellen Ausdruck brauchen und die sexuelle Treue fordern sollte. Partnerschaft meint doch im Grunde, dass sich zwei zusammentun, um eine gemeinsame Aufgabe zu erfüllen; und diese bestünde in der Ehe vor allem in der gemeinsamen Bewältigung des Lebens mit seinen Höhen und Tiefen und der Organisation des Alltags mit seinen Anforderungen.

Wer alltäglicher Harmonie und Wesensergänzung den Vorrang gibt, und das tun aus meiner Sicht die meisten Partner und Experten, sollte die Integration der Sexualität nicht fordern und schon gar nicht die partnerschaftliche Sexualität zur Grundlage oder zum wesensmäßigen Bestandteil einer Beziehung erklären. Verständlich ist es natürlich. Man will das eine haben, die Lebenspartnerschaft, und auf das andere, auf Leidenschaft und Begehren, nicht verzichten; und daher wird sich um die Sexualität bemüht.

Die Experten neigen also dazu, eine Beziehung als »gestört« zu betrachten, sobald sie die erwartete sexuelle Befriedigung nicht mehr liefert, denn eine gestörte Beziehung ist Voraussetzung jeder Paartherapie. Diese soll die Partner zur umfassenden Liebe befähigen.

Paartherapeutische Bemühungen

Verläuft eine Beziehung in ihren erotischen Dimensionen nicht den Partnerwünschen entsprechend, ist der Begriff der »sexuellen Störung« schnell parat. Schon wenn ein Partner mehr, der andere weniger begehrt, wird oft von einer sexuell gestörten Beziehung gesprochen. Ganz so, als sei es tatsächlich Aufgabe jeder Beziehung, die Partner dauerhaft mit beglückender Sexualität zu versorgen. Doch:

Sexuelle Störungen kommen heute vermutlich nicht häufiger oder seltener vor als früher. Aber Partnerschaften sind störbarer, verletzbarer durch sexuelle Probleme. Anders ausgedrückt: sie sind abhängiger von der Sexualität und den mit ihr verbundenen Affekten.[11]

Das wiederum leuchtet ein. Die so genannte sexuelle Störung, die Lustlosigkeit, wirkt sich heute störender aus. Früher waren Beziehungen auch ohne Sex noch gut, aber seit das Ideal die Partnersexualität fordert, erscheint die begehrensarme Beziehung unvollständig. Dann werden die Experten der Liebe gerufen, um dem Ideal auf die Sprünge zu helfen.

Ich habe das Phänomen der Paartherapie als Hinweis darauf gedeutet, daß sich das Liebesideal der Menschen zu resexualisieren beginne ...[12]

Die Paartherapie hat es sich, zumindest in großen Teilen, zur Aufgabe gemacht, der Partnerschaft die ersehnte und zu ihrem Erhalt als exklusive Beziehung benötigte dauerhafte Sexualität zur Verfügung zu stellen. Ich habe Psychologen, die sich in dieser Richtung bemühen, daher schon als »Auftragstäter«

bezeichnet, die im Dienste von Beziehungsideal und Partnerwünschen agieren.

Natürlich können auch Optimisten unter den Paartherapeuten nicht die Augen vor der Realität allmählich schwindenden
Begehrens verschließen, weshalb manche betonen, das ursprüngliche, in der Verliebtheit vorhandene Begehren sei in
dieser Form tatsächlich nicht zu restaurieren. Doch dann wird
versprochen, dass gerade diese Desillusionierung der Paarsexualität neue Dimensionen zur Verfügung stelle, wie zum Beispiel mehr Tiefe und größere Vertrautheit. Und überhaupt
ginge es in der Partnerschaft ja gar nicht um sexuelle Lust.
Sondern um viel mehr:

Ich habe darum bewusst von sexueller Beziehung und nicht von
sexueller Lust gesprochen. Was ich mit meinem Partner anstre-
ben und verwirklichen kann, ist eine sexuelle Beziehung, aber
nicht das dauernde Erlebnis sexueller Lust.[13]

Diese Differenzierung scheint feinsinnig; und die angespro-
chene sexuelle Beziehung aufzubauen, erfordert einiges, unter
anderem ihre Befreiung von »kindlichen Bedürfnissen«,
»Selbstwertproblematiken«, »Egoismus« und anderem mehr.

Sexuelle Lust kann alles Mögliche sein. Sie kann der Befriedigung aller möglichen Bedürfnisse dienen, die mit der Beziehung
zwischen dieser Frau und diesem Mann nur sehr wenig zu tun
haben. ... Stillung eines kindlichen Versorgungsbedürfnisses ...
Kompensation eines geschwächten Selbstwertgefühls ... Sexualität als Leistungssport ... meine Lust ... deine Lust ...[14]

Nebenbei bemerkt: Wenn das alles »mit der Beziehung zwischen dieser Frau und diesem Mann nur sehr wenig zu tun«
hat, warum darf es dann nicht außerhalb ihrer Beziehung
stattfinden? Doch zurück zur Idealisierung. Ist die Partnersexualität von allen egoistischen Lüsten und sexuellen Unrein-

heiten befreit, bleibt anscheinend so etwas wie »reine Paarsexualität« übrig, und die wahre Aufgabe der Sexualität in der Beziehung wird deutlich:

Es geht in der sexuellen Beziehung also nicht um Lust, sondern um Hingabe.[15]

Ob die Partner das gerne hören? Doch das Ziel scheint lohnend, das Versprechen ist dementsprechend groß:

Wird die sexuelle Beziehung in dieser umfassenden Weise als körperliche Beziehung gelebt, wird sie wachsen und reifen. Sie wird tiefer und faszinierender werden, auch wenn die Partner das attraktive Jugendalter schon lange hinter sich haben.[16]

Es versteht sich von selbst, dass an derart hohen Ansprüchen gearbeitet werden muss, und zwar hart:

Dabei muß wieder die Illusion aufgegeben werden, es ginge alles von selbst und würde so bleiben. Nein, es braucht ständige Aufmerksamkeit und Pflege, und das heißt, Zeit ... Das Paar muß Zeiten und Räume bereitstellen, es muß »gute Gewohnheiten« entwickeln, in denen sich die Sexualität zur vollen Reife entfalten kann.[17]

Dieser Zeittheorie begegnet man ständig. Demnach sind am Rückgang der Leidenschaft »schlechte Gewohnheiten« oder »Bequemlichkeiten« ursächlich beteiligt. Wohl deshalb bezeichnen die meisten der Paartherapeuten das Fernsehen als großen Feind der Partnerschaft und der partnerschaftlichen Sexualität.

Auf Grund des »Dritten im Bunde«, des allabendlichen Fernsehens, ist es gar nicht möglich, Antennen für sich selbst und seinen Partner zu entwickeln ... So kann das kleine Pflänzchen »Gemeinsamkeit«, das einmal in der Zeit des ... Verliebtseins entstanden ist, nicht wachsen. Damals haben beide viel miteinander unternommen ... stundenlanges Händchenhalten und Schmusen. Eine Sehnsucht danach ist in jedem Paar vorhanden, aber die Verführung, sich nicht selbst die Schuhe anziehen zu müssen, um sich gemeinsam den Sternenhimmel anzusehen, ist groß.[18]

So einfach ist das! Fernsehen aus, und ran an die Pflege von Partnerschaft und gemeinsamer Sexualität. Michael Lukas Moeller hat ein weiteres Feld zur Beziehungsarbeit aufgemacht. Er arbeitet beispielsweise daran, der Sexualität die besten Bedingungen zur Verfügung zu stellen, und vertraut darauf, dass die Lust zurückkehrt, wenn ihr im Laufe der Partnerschaft auftauchende Hindernisse aus dem Weg geräumt sind.

Damals fügte es der Zufall, dass wir Verhältnisse hatten, die ein starkes erotisches Gefühl aufkommen ließen. Später verliert sich das bekanntlich. Wir haben dafür eine Erklärung zur Hand: die Abstumpfungstheorie. Damit reden wir uns heraus. Die Lust und die Lustlosigkeit – eine Grundabstimmung des Paares durch eine Verliebtheit vorausgesetzt – sind Symptome, das heißt Signale der tieferen seelischen Lage. ... Die seelische Gleichung ist einfach: Lust entsteht, wenn die Liebesbedingungen des einen wie des anderen erfüllt sind, Unlust kommt auf, wenn diese untergründigen Bedingungen weder erkannt noch realisiert sind. Und das ist zu häufig der Fall.[19]

Diese »seelische Gleichung« klingt wie Mathematik der Lust. Damals lief alles wie von selbst, heute muss es erarbeitet werden. Das geht ganz einfach durch Gespräche:

Das Brachliegen von Sexualität in einer Beziehung beruht fast ausschließlich auf dem Verschweigen von Konflikten. Es reicht häufig schon, darüber zu sprechen, um sich entlastet zu fühlen, und schon kommt es zum Auffluten erotischer Gefühle.[20]

24

Zwar hat Moeller mit seinen »Paardialogen« zur Bereicherung partnerschaftlicher Kommunikation beigetragen und manchen sprachlosen Paaren geholfen. Aber die Herstellung idealer Liebesbedingungen auch für den erotischen Bereich der Partnerschaft für machbar zu erklären, wie es beispielsweise Überschriften in seinem Buch[21] wie »Nimm die Beziehung, wie sie ist, und verändere sie« suggerieren, erscheint doch etwas verwegen. Zumindest aber bedarf es dazu vieljähriger gruppenanalytischer Begleitung durch hochrangige Fachleute, selbstverständlich ohne Erfolgsgarantie.

Rosmarie Welter-Enderlin versucht es mit einer realistischeren Sichtweise. Sie hält die Aussage des Sexualwissenschaftlers Gunter Schmidt »Wir sehen immer mehr Lustlose« für »Quatsch« und sagt: »Ich bin gegen die Generalisierung von Lustlosigkeit als Phänomen ... weil sich dieses Klagen ... an den sexuellen Leistungsansprüchen der 68er Generation orientiert.« Ganz im Regen möchte sie die Paare allerdings auch nicht stehen lassen und springt ihnen deshalb hilfreich zur Seite:

Ich vermittle auch konkrete Ideen, z. B. dass sie mal probieren sollen, nicht im Ehebett miteinander zu schlafen, weil das oft belastet ist mit negativen Erfahrungen, sondern das mal im Wohnzimmer zu versuchen usw. Also, bei der Erweiterung ihres Repertoires bin ich selbst auch »lustvoll dabei« – das heißt, mit Lust an Wandel statt an Verharren in »Defiziten«.[22]

Ganz sicher, an den Leistungsansprüchen der 68er orientiert sich die Therapeutin hier keinesfalls. Wie aber gelangten die »negativen Erfahrungen« ins Ehebett? Haben die 68er sie dort abgelegt? Auf welche Weise ist das Wohnzimmer davon verschont geblieben? Ein echter Wandel, eine lustvolle Erweiterung, eine Ressourcen-Nutzung! Andere Vorschläge haben es ebenfalls in sich, wie jener von Ago Bürki-Fillenz, Sexualität nicht im Dunkeln zu leben:

Sexualität gehört eigentlich ans Licht. Ich war sehr erstaunt, als ich erfuhr, wie viele Ehepaare einander kaum oder nie im Licht sehen und kennen. Sexualität immer im Dunkeln scheint mit der Zeit etwas Anonymes, Unpersönliches zu werden.[23]

Doch Sexualität ist tatsächlich *auch* unpersönlich oder *über*-persönlich. Sie führt über die Person und ihre Grenzen hinaus. Im Orgasmus ist man weder »Partner« oder »Ingenieur« noch »Mann« oder »Frau«. Und wenn im ehelichen Schlafzimmer das Licht angeht, erstirbt nicht selten das Begehren, das über den im Dunkeln hergestellten Abstand und die Freiheit der Phantasie entfacht war. Dabei gibt es auch Experten, die solche Kreativität würdigen:

Den Menschen fällt aber auch ohne Ratgeber etwas ein. Noch das zum Geschlechtsverkehr abgeschaltete Licht, wogegen die Sexualaufklärer wettern, gehört in diesen Zusammenhang.[24]

Wie man es dreht und wendet, die Therapie sexueller Lustlosigkeit stellt in der Praxis ein überaus mühsames Projekt dar. Die Zusammenhänge zwischen individueller Disposition und Paardynamik sind komplex und oft nur schwer oder gar nicht zu beeinflussen. Man kann wohl davon ausgehen, dass Paartherapien nicht mehr und nicht weniger Erfolge vorweisen können, als Therapien dies im Allgemeinen tun. Das meint, sie sind oft langwierig und im Ergebnis vielleicht zufrieden stellend, aber nicht unbedingt im Sinne der sexuellen Belebung. Für die Partnerschaft kann dies letztlich die Akzeptanz einer gerade noch befriedigenden Sexualität bedeuten, über deren Wert jedes Paar selbst entscheiden muss.

Neben stützenden Funktionen für die exklusive Partnerschaft hat die Paartherapie eine weitere Aufgabe gesellschaftlicher Dimension. Diese spielt gerade im Zusammenhang dieses Buches, das sich mit verschiedenen Beziehungsformen, also auch mit von Normen abweichenden Lösungen, befasst, eine große Rolle.

In der Paartherapie geht es zumeist um therapeutische Hilfe bei der Anpassung an die Norm. Daher stützt sie vor allem die Harmonie und geht kaum auf die speziellen Bedingungen der Leidenschaft ein. Sie will die Ehe in ihrer traditionellen Form und ihrem Anspruch erhalten, und dazu muss sie Dauer und Begehren miteinander »verheiraten«.

Die Sexualität würde ihre höhere Besetzung schon aushalten, aber diese – und die mit ihr einhergehenden Ansprüche – werden ihr von den auf Dauer gemeinten Beziehungen wieder abgemarktet, oder aber die Beziehungen werden durch die von der höheren Besetzung der Sexualität ausgehende Dynamik gesprengt.[25]

Kann man sich beispielsweise eine Paartherapie vorstellen, die den Seitensprung oder die Nebenbeziehung fördert und Hilfe bei der Bewältigung dabei entstehender Unsicherheiten und Ängste anbietet? Wohl nur in Ausnahmefällen. Was wird zum Beispiel ein Paar erleben, das mit der Vorstellung zum Therapeuten kommt: »Wir möchten lernen fremdzugehen, ohne unsere Beziehung zu gefährden?«, oder: »Wir wollen Nebenbeziehungen integrieren und brauchen Ihre Hilfe.« Das würde nicht zum propagierten Konzept der personalen Ganzliebe passen und ist in den Ausbildungsplänen der entsprechenden therapeutischen Institute nicht enthalten, weil es der staatlich und fachlich anerkannten Therapie, der vergesellschafteten Therapie also, zuwiderläuft.

Bereits im Jahre 1953 hielt Th. W. Adorno den Drang nach Vergesellschaftung für etwas, das tendenziell die Individualität aufsaugt.[26]

Insofern erscheint mir Paartherapie in der Regel zur Unterstützung der traditionellen Beziehung gedacht, zur Unterstützung der »arrangierten Beziehungen«, wie ich sie bezeichne. Im Folgenden werde ich noch näher darauf eingehen. In dieser

Hinsicht sind Paartherapeuten wie Jellouschek, Bürki-Fillenz, Welter-Enderlin, Moeller, Sanders und andere emsig am Werk. Wer die von ihnen unterstützte »Normalität« sucht und die dazu gehörenden Überzeugungen teilt, der wird sicher gut bedient und profitiert von ihren Erkenntnissen und Angeboten.

Neue Wege in der Paartherapie?

Eine interessante neue Entwicklung stellt der Ansatz einer »systemischen Sexualtherapie« dar, wie er von Ulrich Clement in der Zeitschrift für Sexualforschung[27] skizziert wird. Clement setzt sich dort mit klaren Formulierungen und inhaltlich kritisch mit der herkömmlichen Sexualtherapie auseinander. »In der Tat ist die Masters-Johnson-Therapie ein Ansatz zur systematischen Verharmlosung von Sexualität.« Er weist darauf hin, dass »die Variationen sexuellen Begehrens ungleich größer, unvorhersehbarer, flüchtiger sind als die der sexuellen Funktion und dass diese … weit weniger normativ fassbar sind als jene«.

Clement verzichtet gänzlich auf die Pathologisierung der Lustlosigkeit, sie wird als Ergebnis eines Angst bindenden Kompromisses gesehen, in dem bedrohliche Begehrensunterschiede der Partner und erotische Differenzen aufgelöst sind. In den Mittelpunkt seiner therapeutischen Bemühungen stellt er daher nicht das gemeinsame »Können« und die Arbeit daran, sondern die »Differenz des Wollens«. Er ist bereit zu einer Sexualtherapie, »die die Ausrichtung auf das sexuelle Funktionieren von freundschaftlich kooperierenden Partnern aufgegeben hat zugunsten einer konfrontations- und irritationsbereiten Paartherapie des Begehrens«.

Partner tendieren tatsächlich dazu, erotische Diffenenzen zugunsten einer verbindenden Harmonie aufzugeben. Trennendes wird geleugnet und Gemeinsames kultiviert, worunter die Erotik leidet. Diese Vorgänge konnte ich gerade bei einigen Partnern, die mit ihren Schilderungen zu diesem Buch beitrugen, beobachten. Sie beschrieben die erotische Situation ihrer Partnerschaft offen und ehrlich, das eingeschlossen, womit sie unzufrieden sind, und gaben auch über ihre unerfüllten Träume Auskunft. Sobald sie aber damit rechnen mussten, dass ihr Partner davon erfahren könnte, zensierten und entschärften sie ihre Schilderungen vorbeugend. Dabei wurden Differenzen im Begehren sowie erotische Unterschiede begradigt und Träume entschärft. Mit anderen Worten, es wurde der Harmonie und damit der Langeweile die Tür geöffnet und auf die Möglichkeit verzichtet, erotische Differenzen zur Belebung der Partnersexualität zuzulassen.

Clement setzt bei der »Differenz des Wollens« also an der richtigen Stelle an. Damit wird auf die Bedingungen des Begehrens eingegangen, also auf die Unterschiedlichkeit sexueller Wünsche und Vorlieben, und die Therapie sucht in diesen Unterschieden nach neuen Möglichkeiten gemeinsamer Sexualität. Das sexuelle Spektrum der Partner nach Möglichkeiten zu erforschen, halte ich für lohnend, solange nicht von einer generellen Machbarkeit partnerschaftlicher Sexualität ausgegangen wird.

Denn natürlich kann auch dieser Ansatz systemischer Paartherapie nicht so einfach die oft überzogenen Wünsche der Partner erfüllen. Und da diese »Therapie des Begehrens« auf Interventionen fokussiert, die »auf das Spannungsfeld von ungelebter Phantasie und gelebtem Verhalten und auf die Unterbrechung sexueller Interaktionsmuster« zielt, wird sie das Begehren nicht an die Partnerschaft binden können, was Clement auch nicht beabsichtigt (siehe das Interview im Anhang). Als Therapie, die »die Irritation durch die erotische Differenz konsequent als Ressource« sieht, wird sie faszinieren und das Spektrum der Paartherapie auf jeden Fall erweitern, auch wenn eine Orientierung an ungelebten Träumen nichts grundsätzlich Neues darstellt. Man darf auf das Buch zum Thema, das sich in Vorbereitung befindet, gespannt sein.[28]

Doch ob traditionelle oder moderne Paartherapie, Gott sei Dank lässt sich nicht jedes Thema therapeutisch bearbeiten. Würde es gelingen, alle Paare auf partnerschaftliche und partnersexuelle »Normalität« hin zu lenken und sexuell Störendes grundsätzlich zu eliminieren oder in der Beziehung aufzulösen, wäre die weitere Entwicklung von Beziehungsformen blockiert. Das heißt, dass ich das »Störende«, vor allem das Nichttherapierbare, für ebenso nötig halte, damit sich Beziehungsformen weiterentwickeln können. Dazu später unter dem Stichwort »Selbstregulation« mehr.

Neben der fast ausschließlichen Ausrichtung auf die traditionelle Partnerschaft hat die Paartherapie noch weitere Grenzen. Sie erreicht lediglich einen Bruchteil der Paare. Ihre Segnungen sind relativ wenigen, vor allem materiell und intellektuell priviligierten Paaren, zugänglich. Damit jeder Betroffene durch therapeutische Unterstützung den Kampf um die Sexualität aufnehmen könnte, bräuchte es Hunderttausender nicht nur ausgebildeter, sondern darüber hinaus auch erfahrener Paartherapeuten.

Sexualtherapeutische Bemühungen

Nun möchte ich bei aller kritischen Betrachtung nicht den Eindruck erwecken, als würden sexuelle Störungen nicht existieren. Um Missverständnissen vorzubeugen, möchte ich mich auch diesem Thema zuwenden und zunächst auf eine kritische Bemerkung zu meinen Thesen, auf die ich beim Buchhändler »amazon.de« gestoßen bin, eingehen:

In der Praxis wird es wohl leider so sein, dass Marys Buch insbesondere Menschen, die aufgrund von Defiziten in ihrer Erziehung, ihrer Persönlichkeitsentwicklung oder verursacht durch traumatische Erfahrungen in ihrem Beziehungsleben nicht (mehr) in der Lage sind, mit ihrer sexuellen Identität und ihren Wünschen und Bedürfnissen wirklich ins Reine zu kommen – und die daraus nicht selten eine allgemeine lust- und körperfeindliche Lebenshaltung ableiten –, ein willkommenes Alibi liefert, das Thema »Sex« nicht nur aus der eigenen Prioritätenliste zu streichen, sondern dies in gleicher Weise auch vom Partner zu erwarten.

Wenn mir die Formulierung »*wirklich* ins Reine zu kommen« auch unglücklich erscheint, möchte ich niemanden entmutigen, eine Sexualtherapie aufzusuchen, wenn er aufgrund seiner individuellen Entwicklungsgeschichte und familiärer Einflüsse oder aus organischen Ursachen heraus tatsächlich an sexuellen Beeinträchtigungen leidet (etwa infolge von Krankheiten oder nach Operationen), und wenn er – das ist unverzichtbare Voraussetzung – *nach Lösungen dafür sucht.*
Es sollte jedoch keine allgemeine Pflicht postuliert werden, persönliche Defizite zu bearbeiten, seien sie psychischer oder organischer Natur. Man kann sich ebenso mit Defiziten arrangieren und damit leben, und das gern auch bei Verzicht auf Sexualität.

Der Begriff der »sexuellen Störung« ist offensichtlich, auch aufgrund seines inflationären Gebrauchs, bestens geeignet, mancherlei Verwirrung hervorzurufen. Was ist darunter zu verstehen? Der Sexualwissenschaftler Kurt Starke definiert ihn recht eng:

Von einer echten Störung kann erst dann gesprochen werden, wenn eine gesunde Person im geschlechtsreifen Alter kaum sexuelle Lust verspürt.[29]

Würde man diese Definition akzeptieren, litten tatsächlich viele Alleinstehende und Partner unter sexuellen Störungen. Ich kenne jedoch eine Reihe solcher Menschen, die sich durch ihre Lustlosigkeit keineswegs gestört fühlen. Lustlosigkeit kann phasenhaft auftreten oder dauerhaft. Will man behaupten, ein Mensch müsse unglücklich sein, nur weil er der sexuellen Befriedigung wenig abgewinnt? Nirgends ist beispielsweise nachgewiesen, dass Mönche oder Nonnen unglücklicher wären als Ehepartner.

Ulrich Clement verzichtet in seinem systemischen Ansatz auf jede Pathologisierung der Lustlosigkeit und überlässt die Definition der sexuellen Störung den Partnern:

Wenn zwei Partner darunter leiden, dass die Intensität oder Qualität ihres Begehrens nicht zusammenpasst, dann würden die beiden ihre Sexualität als gestört bezeichnen. Ich als Therapeut habe das nicht zu entscheiden oder zu definieren. Sogar im Gegenteil: Lustlosigkeit und Lust sind zunächst einmal gleichwertig. Der Partner, der sich sexuell desinteressiert und lustlos zeigt, hat genauso Recht wie der Partner, der auf sexuelle Aktivität drängt und sich subjektiv als »normal« oder gesund sieht.[30]

Das ergibt Sinn, gleicht jedoch dem Rufen in der Wüste. Denn in der gegenwärtigen Diskussion der Luststörung melden sich, nachdem Paartherapeuten dies schon vor geraumer Zeit taten, nun auch Mediziner zu Wort. Dazu wird einmal mehr der Begriff der Störung, aktuell der organischen Störung, als mögliche Ursache für den Lustverlust in den Vordergrund geschoben.

Sexuelle Probleme sind eine Volkskrankheit ... Sie gehören zu den am stärksten unterbehandelten Krankheitsbildern ... Wir müssen die Biologie der Lust besser verstehen.[31]

Das genau ist es, was Ärzte, Psychologen und Therapeuten brauchen: eine neue Volkskrankheit! Journalisten brauen aus psychologischen und biologischen Komponenten den passenden Cocktail:

Während zu Beginn einer Partnerschaft 70% Männer wie Frauen Sex haben wollen, sackt die Quote bei den Frauen nach sieben Jahren auf gerade mal 20% ab. Ohne Zweifel spielt die Psyche eine wichtige Rolle, dämpfen Beziehungsprobleme Begierde und Lust. Oft jedoch sind es auch körperliche Fehlsteuerungen, die Frauen die Freude am Sex vergällen. Doch welche Frau geht wegen anhaltender Lustlosigkeit zum Arzt?[32]

Das wird sich nun ändern, dank »neuester wissenschaftlicher« Erkenntnisse, und die Ärzte werden sich die Hände reiben. Lustlosigkeit, noch nicht auf der Liste der behandlungsnotwendigen Erkrankungen, privat abgerechnet, wird die Kassen zum Klingeln bringen. Passend dazu hat der amerikanische Urologe Irwin Goldstein[33] herausgefunden, dass ein Viertel seiner Patientinnen unter Orgasmusstörungen aufgrund »klitoraler Phimose« (Hautverengung der Klitorisspitze) leide. Ihnen muss geholfen werden – mit dem Messer, versteht sich.

Einfacher Menschenverstand würde genügen, um den Unsinn solcher Thesen deutlich zu machen. Wenn zu Beginn einer Partnerschaft siebzig Prozent der Frauen Sex wollen, nach sieben Jahren aber nur noch zwanzig Prozent, soll das organische Ursachen haben? Ist die Klitoris geschrumpft? Sind Blutgefäße verödet? Ist gar die Scheide zugewachsen?

Im Wesentlichen begegnen wir in der organischen Diskussion dem alten Versprechen der Machbarkeit auf medizinischem Gebiet, von Pharmakonzernen gestützt. Man sollte einmal recherchieren, wie viele der neuen Erkenntnisse über angeblich organische Ursachen von Lustlosigkeit auf von Pharmakonzernen finanzierte Untersuchungen zurückgehen. Die Sponsorenliste[34] zum 15. Weltkongress der Sexologen 2001 in Paris lässt eine Ahnung von der Verfilzung der Bereiche Sexologie und Pharmakologie aufkommen. Nicht gerade zufällig ist Pfizer, Produzent des Milliardenmedikaments Viagra, Hauptsponsor dieses angeblich rein wissenschaftlichen Kongresses.

Pfizer sorgt sich zudem rührend um die eheliche Sexualität, indem die Firma eine Millionen Mark teure Anzeigenkampagne zur Behandlung von Erektionsproblemen unterstützt.

Längst ist klar, dass es sich um ein medizinisches Problem mit meist organischen Ursachen handelt ... Wichtig ist allerdings, offen darüber zu sprechen ... vor allem auch mit Ihrem Arzt. Er weiß am besten, wie man Erektionsprobleme erfolgreich behandelt. Machen Sie den ersten Schritt. Das ist die Liebe wert![35]

Der Arzt weiß am besten, wie die Liebe zu retten ist. Natürlich mit Viagra! Man könnte herzhaft lachen, wenn es einem nicht im Halse stecken bliebe. Läuft es nicht wie im Lehrbuch, gelten Mann oder Frau als gestört. Heute darf sich jeder eine Behandlung aussuchen, medikamentös oder organisch, denn Lust ist machbar, und wenn's medizinisch misslingt, dann wie gehabt paartherapeutisch:

Die Lust überlebt am besten in festen Beziehungen. Im Laufe der Zeit schläft man vielleicht nicht mehr so oft miteinander.

Dem kann man ja entgegenwirken. Aber die Lust frisch zu halten ist eben ein aktiver Prozess. Das ist den meisten nicht so richtig klar.[36]

Da ist es wieder: das Machbarkeitsversprechen anhaltender Lust, das angeblich niemand verbreitet. Doch alle chemischen und therapeutischen Mittelchen werden das Begehren nicht verlässlich an die Langzeitbeziehung ketten können, auch wenn man sich weiter gegen im Grunde recht einfache und Jahrtausende alte Erfahrungswerte wehrt. Auch wenn keiner der Wissenschaftler, Therapeuten oder Journalisten, denen ich in den letzten Jahren begegnet bin, das Phänomen nachlassenden Begehrens in der Langzeitbeziehung bestreitet, so wehren sie sich fast ausnahmslos dagegen. Unisono wird behauptet, das müsse keinesfalls so sein, es habe organische Ursachen und sei medizinisch behandelbar, oder es habe psychische Ursachen und sei somit Ausdruck von Unfähigkeit und Versagen und könne durch Erweiterung persönlicher Fähigkeiten gelöst werden. Dies führt zu fatalen Rückschlüssen bei den Partnern:

Das Scheitern wird persönlich, nicht strukturell gesehen.[37]

Keinesfalls darf der Mangel der Institution Ehe angekreidet werden, es liegt an den Menschen. Und was persönlich ist, das darf behandelt werden. Die Lust soll »gemacht« werden durch sexualtherapeutische Mittel, und wenn das wenig Erfolg verspricht, dann eben auch durch Pillen und Operationen. Wer dagegen Frauen beobachtet, wie sie beim Männerstrip mit leuchtenden Augen kreischend nach Slips und knackigen Pos männlicher Tänzer greifen, dem könnten andere Behandlungsmethoden weiblicher Unlust einfallen.

Wann aber ist eine Paar- oder Sexualtherapie angebracht? Nach Gunter Schmidt ist sie bei folgenden sexuellen Störungen indiziert: Erektionsstörung, vorzeitiger Samenerguss, ausbleibender Samenerguss, Erregungsstörung, Orgasmusstörung, Vaginismus und sexueller Lustlosigkeit.[38] Menschen, auf die Ähnliches zutrifft, sollten sich nicht scheuen, ärztlichen/sexualtherapeutischen Rat einzuholen.

Erstes Kriterium einer Paartherapie ist und bleibt aber die Behandlungsbereitschaft der Partner. Im Allgemeinen sind wenige Partner dazu bereit. Ich sehe darin nicht grundsätzlich eine Vermeidung, sondern in häufigen Fällen ein intuitiv richtiges Gespür für die Vergeblichkeit therapeutischer Bemühungen, vor allem, was das Ziel angeht, das Begehren im Dienste der Beziehung zu konservieren oder zu restaurieren.

Begehren, Erotik und die Dynamik von Nähe und Distanz

Ach, wenn sich Sexualität und Leidenschaft nur endlich der Ehe fügen würden! Und wenn der Kampf um die Sexualität und die Arbeit an der Lust nur zu verlässlichen und befriedigenden Ergebnissen führen würden! Wir wären alle glücklich. Aber so einfach, wie es manchmal scheint und oft vorgegaukelt wird, ist das nicht; und das liegt nicht allein und nicht einmal vorrangig an Fehlern, die Partner begehen. Es hat mit drei umfassenden Zusammenhängen zu tun:
– den Strukturen des Begehrens,
– der Aufgabe von Erotik,
– der Dynamik von Nähe und Abstand.
Wenden wir uns diesen Themenbereichen zu.

Strukturen des Begehrens

Eine wichtige Frage zum Verständnis der Partnersexualität lautet, ob Sexualität eigentlich zum Individuum oder zur Beziehung gehört. Die meisten Paartherapeuten ordnen sie der Beziehung zu, weil sie dort dienliche Zwecke erfüllen soll, jene der Paarbindung beispielsweise. Allerdings lässt dies die Entstehung der Begehrensstrukturen außer Acht, die im individuellen Lebenslauf eines Menschen verankert liegen.

Es entwickelt sich eine Struktur des Begehrens. Diese zwingt eine bestimmte Erfahrung hervor, die wiederum auf die Wünsche zurückwirkt. Im Laufe der Zeit verfügt dann jeder über eine einigermaßen festgelegte sexuelle Grammatik, also über ein Muster, das jeden dazu bewegt, Sexualität auf eine Art und Weise zu haben beziehungsweise zu erleben, die sich von der bereits erlebten nicht mehr grundsätzlich unterscheidet.[39]

Die Art und Weise, in der ein Mensch begehrt, wie auch, was er begehrt, werden bereits in Lebensjahren festgelegt, die einer Partnerschaft vorangehen, in einem sehr frühen Lebensalter. Wenn Partner sich begegnen, treffen demnach zwei verschiedene Begehrensstrukturen aufeinander.

Die traditionelle Paartherapie schließt aus anfänglicher Verliebtheit der Partner allerdings, ihre Begehrensstrukturen seien zueinander passend, und das im Grunde lebenslang. Diese Annahme erweist sich, milde ausgedrückt, als etwas voreilig. Denn wenn zwei Menschen sich verlieben und eine Partnerschaft eingehen, kann dies auf unterschiedliche Motive zurückzuführen sein; auch auf erotische Anziehung und momentane gegenseitige Befriedigung sexueller Bedürfnisse natürlich. Verliebtheit kann jedoch ebenso durch die Überzeugung ausgelöst werden, der andere sei der lang ersehnte Traumpartner; auch kann sie aufgrund einer starken Wesensergänzung der Partner entstehen, durch die Befriedigung emotionaler Bedürfnisse oder aufgrund der Sehnsucht, mit dem Partner für immer von existenziellen Nöten und Sorgen befreit zu sein.

Verliebtheit kann demnach etwas sehr Unterschiedliches bedeuten. Ihren Ausdruck wird sie im sexuellen Bereich finden, weil hier das symbiotische Erleben des Verschmelzens und Zusammengehörens besonders intensiv erlebt wird, zumindest zu Beginn einer Beziehung. Doch schon nach relativ kurzer Zeit mag es nicht mehr wichtig sein, die Verbindung sexuell zu ritualisieren. Die Beziehung wird sich dann auf die hinter dem Ritual liegenden Motive verlassen, die Sexualität nicht unbedingt länger fordern oder ihr sogar die Kraft entziehen.

Hier fangen die Probleme an. Denn beide Partner oder, wie es sich in den meisten Fällen darstellt, einer von beiden, möchten an der Vorstellung gemeinsamer Sexualität festhalten und fordern diese unter Umständen ein. Feststeht, dass das Schwinden sexueller Anziehung Verunsicherung hervorruft und vor dem Hintergrund der beschriebenen generellen Annahmen über Partnerschaft und Sexualität die Beziehung zu gefährden scheint. Natürlich wollen die Partner ganz nebenbei sexuelle Bedürfnisse in ihrer Beziehung befriedigt wissen, weil dies nahe liegt und bequem wäre. Ob ihre Beziehung allerdings eine solche Befriedigung dauerhaft ermöglicht, ist keinesfalls sicher. Denn dazu müssten die individuellen Begehrensstrukturen der Partner sehr genau zueinander passen, jene Strukturen, die in getrennten Lebensläufen entstanden.

Ein Beispiel mag dies erläutern. Ein Paar, seit siebzehn Jahren verheiratet, befindet sich in einer Krise. Die Frau möchte den Mann verlassen, der Mann will die Beziehung erhalten. Bevor die beiden heirateten, hatte der Mann die Frau über seine sadistische sexuelle Neigung informiert, damit sie »nicht die Katze im Sack kauft«. Die Frau dachte sich nicht viel dabei, und die beiden hatten nach der Heirat ersten Verkehr miteinander. Sexuelle Befriedigung fand die Frau in diesen siebzehn Jahren wenig, ihr Mann hingegen war mit der von ihm dominierten Sexualität einigermaßen zufrieden. Dann passiert der Frau nach siebzehn Jahren ein Seitensprung. Zum ersten Mal erfährt sie nun Sexualität im Zusammenhang mit Zärtlichkeit statt mit sadistischen Zutaten. Diese Erfahrung wirft alles um. Sie sagt: »Ich wusste gar nicht, dass es so etwas gibt«, und: »Ich werde nie mehr darauf verzichten.« Sie fühlt sich nach wie vor ihrem Mann emotional und geistig verbunden, aber ihre gemeinsame Sexualität endet an diesem Punkt.

Dieses Beispiel zeigt unterschiedliche sexuelle Neigungen zweier Partner im wahrsten Sinne des Wortes, denn einer neigt sich nach rechts, der andere nach links. Es kommt zu keiner Begegnung mehr, sie leben sexuell aneinander vorbei. Diese Neigungen sind unvereinbar. Was *ihn* anmacht, lässt *sie* kalt und umgekehrt. Und da die Frau nicht mehr stillhält, da keiner von beiden sich auszusuchen vermag, auf welchen Wegen sein Begehren verläuft, und keiner die Strukturen seines Begehrens verändern kann, stehen sie nun hilflos da. Man mag sich fragen, was die beiden so lange zusammenhielt. Sicher war es nicht ihre Sexualität, sondern eher die emotionale Sicherheit des Zusammengehörens und eine wohltuende Wesensergänzung. Auch materielle und existenzielle Beziehungsaspekte mögen eine Rolle gespielt haben.

Andere der in diesem Buch versammelten Schilderungen weisen auf ähnliche Sachverhalte hin. Einer »steht darauf«, aktiv zu sein, und der andere fühlt sich zur Passivität verurteilt oder umgekehrt. Einer sucht ein intensives Vorspiel, der andere sieht darin ein Ritual für »alte Ehepaare«. Eine Frau schildert ihre Auswahlkriterien für Sexualpartner:

Was mir mein ganzes Leben lang bei meinen Sexualpartnern aufgefallen ist und immer sehr wichtig war, ist (abgesehen davon, dass sie sich für mich gut anfühlen müssen) ihr Geruch! Mir sind schon Männer nur dadurch aufgefallen und sympathisch beziehungsweise unsympathisch gewesen. Bei meiner jetzigen Affäre ist es absolut deutlich: Wenn ich ihn rieche, schaltet bei mir ein Schalter auf Lust um, das ist fast schon animalisch, gefällt mir aber auch irgendwie. (Schilderung 17)

So ist es, ob es nun gefällt oder nicht. Die Struktur des Begehrens ist individuell und kann, einmal durch die frühe persönliche Geschichte eines Menschen festgelegt, kaum wirksam verändert werden, weder durch Therapeuten noch durch die Betroffenen selbst. Derart unterschiedliche Begehrensstrukturen sind gewiss häufig anzutreffen. Nur deshalb, weil zwei Menschen eine Partnerschaft miteinander eingehen, müssen sie sexuell noch lange nicht zueinander passen; und das schon gar nicht auf Dauer. Weil ihre Wesen sich gut ergänzen, ergibt sich daraus nicht die Konsequenz, dass auch ihr Begehren sich ergänzt. Nur weil sie ähnliche Lebensentwürfe verfolgen, muss sich ihre Sexualität dem nicht unbedingt anpassen.

Partner wissen intuitiv um solche Zusammenhänge. Wenn sie eine unerklärlicherweise besonders haltbare und intensive sexuelle Verbindung zu einem Menschen beschreiben wollen, sprechen sie davon, dass die »Chemie« stimme, oder der Partner sei »ihr Typ«. Beides sind überaus treffende Beschreibungen.

Und immer noch wusste ich, er ist eigentlich nicht mein Typ. Zwar groß und schlank, was ich mag, aber halt kein Sportler. Irgendwo ziehen mich »echte Kerle« an. Er war von Anfang an einfach nur sehr lieb. (Schilderung 17)

Aus unterschiedlicher »Chemie«, also aus individuell unterschiedlichen Begehrensstrukturen der Partner, wird sich in vielen Fällen das Ungleichgewicht sexueller Bedürfnisse ergeben, dem wir in Partnerschaften begegnen; und daher ist die Behauptung, Sexualität gehöre zur Beziehung und sei Ausdruck partnerschaftlicher Liebe, oft nicht mehr als ein Wunschbild, das individuelle Unterschiede außer Acht lässt.

Durch Begehrensstrukturen lässt sich auch erklären, warum manche Partner, verglichen mit der Mehrzahl, erstaunlich lange leidenschaftlich miteinander sein können. Einige der Paarschilderungen zeigen solche zum Teil über Jahrzehnte bestehenden, leidenschaftlichen Beziehungen, auch wenn diese oft nicht monogam verlaufen. Diese Paare verfügen weder über ein Geheimnis, noch beherrschen sie eine ausgefeilte Kunst oder machen irgendetwas besser oder richtiger als andere. Ihre Sexualität bleibt länger leidenschaftlich, weil das Begehren auf kompatiblen Wegen verläuft.

Diese Partner haben ganz einfach Glück gehabt. Wie es mit der Harmonie in diesen Partnerschaften aussieht, ist eine andere Frage. Und umgekehrt gilt: Passen die Begehrensstrukturen zweier Partner nicht zueinander, haben sie keinesfalls versagt. Sie sind ganz einfach nur unterschiedlich. Ihre Beziehung gibt dann die gewünschte sexuelle Verbindung nicht her, ist aber dennoch eine Beziehung und kann eine überaus wertvolle Partnerschaft sein.

Erotik als Mittel zur Grenzüberschreitung

Ein weiterer Aspekt der Partnersexualität ist der erotische, und dieser macht es den Partnern auch nicht leichter, über lange Zeiträume leidenschaftlich miteinander zu bleiben. Worin besteht Erotik?

Wir sprechen immer dann von Erotik, wenn ein Mensch sich auf eine Weise verhält, die zu den gewöhnlichen Sitten und Meinungen in betontem Gegensatz steht. Erotik, im Gegensatz zur Sexualität, ist somit notwendig an die Überschreitung einer Grenze, an die »Erschütterung einer Ordnung« gebunden. ... Das Verbot wird dadurch zur Bedingung des Genusses.[40]

Diese Beschreibung der Erotik stammt von George Bataille. Sie klingt im ersten Moment etwas eigenartig, ist jedoch sinnig und macht ganz nebenbei das Phänomen der Jungfräulichkeitsbewegung verständlich, das gegenwärtig eine große Anzahl amerikanischer Jugendlicher und zunehmend auch junge Europäer verursachen.

Wenn erotisch ist, was als verboten oder zumindest verpönt gilt, kann es im heutigen Klima sexueller Freizügigkeit, öffentlicher Nacktheit, medial verbreitetem Koitus und einer aller Geheimnisse beraubten Sexualität nicht mehr »prickeln«, einfach und locker miteinander ins Bett zu gehen. Das verspricht weder Abenteuer noch erotischen Genuss. Das erotische Erleben meidet solche offenen Türen, es sucht vielmehr verschlossene Türen und Hindernisse, sucht Inszenierungen, die gegen moderne Normen sexueller Freizügigkeit verstoßen. Die Forderung vorehelicher Abstinenz und das gegenseitige Versprechen der Jungfräulichkeit ist heutzutage eine derart grenzüberschreitende und daher die Beziehung aufwertende Inszenierung.

Erotik hat gesellschaftliche Dimensionen, indem sie vorschlägt zu tun, was allgemein verboten ist, und sie hat individuelle Dimensionen, indem sie dazu aufruft, gegen innere Gebote zu verstoßen. Stimmt man dem hier Gesagten zu, stellt sich eine einfache Frage: Worin soll in der Dauerbeziehung das Verbot bestehen? Welche Ordnung könnten Langzeitpaare brechen? Auf welche Grenzüberschreitung könnte sich ihre Erotik berufen? Was hätte sie zu tun, welchen Auftrag zu erfüllen?

Sexualität mag in der Dauerbeziehung verweilen, aber diese wird abnehmend erotisch sein, und das wird dann vermisst und beklagt und außerhalb der Beziehung gesucht und oft gefunden. Einige Schilderungen von Partnern, die parallele Beziehungen führen, zeigen, wie beispielsweise durch den gefahrvollen Wechsel zwischen Ehe- und Parallelpartner die Erotik lebendiger bleibt. Hier werden Grenzen gezogen und dann in beide Richtungen überschritten, wodurch Beziehungen latent in Gefahr sind und die erotische Spannung erhalten bleibt.

Es gäbe keine Erotik, gäbe es nicht die Achtung vor verbotenen Wegen; und gäbe es diese Achtung nicht, wäre ein erotischer Verstoß weder möglich noch verführerisch.[41]

Nach Bataille ist Erotik Ausdruck von Unvernunft und Verschwendung und steht damit im Gegensatz zur Vernunft und Kontrolle. Deshalb wird es immer wieder zu erotisch (und damit psychisch) motivierten Grenzüberschreitungen kommen, ganz gleich, welche Normalität sich durchsetzt, natürlich auch gegenüber einer therapeutisch definierten Normalität.

Erotik und Normalität, das sind Gegensätze, die kein Paar ignorieren oder auflösen kann. Ähnliches gilt auch für die Dynamik von Nähe und Distanz.

Die Dynamik von Nähe und Distanz

Gunter Schmidt, Hamburger Sexualwissenschaftler, weist darauf hin, dass die allseits beklagte sexuelle Lustlosigkeit in Beziehungen nicht nur ein Problem darstellt, sondern über tieferen Sinn verfügt:

Die reduzierte Intensität der alltäglichen Sexualität in festen Beziehungen, ihre Trivialisierung, ist übrigens nicht einfach Abstumpfung, Langeweile, Gleichgültigkeit, sondern ein durchaus notwendiger und sinnvoller Schutz der eigenen Autonomie, der eigenen Identität vor »Selbstauflösung«, ein wichtiges Ventil in der Nähe-Distanz-Bilanz. Außerdem setzt sie den Menschen frei für nichtprivate Aktivitäten.[42]

Den hier gewählten Begriff der Nähe-Distanz-Bilanz möchte ich aufgreifen, um zentrale Aspekte des partnerschaftlichen Lebens im Widerspruch zwischen Bindung und Begehren zu verdeutlichen. Dazu werde ich die bereits skizzierte Entwicklung einer Partnerschaft unter den Gesichtspunkten vom Nähe und Distanz betrachten, um später Rückschlüsse auf die Nähe-Distanz-Bilanz von Partnerschaften zu ziehen.

Wenn zwei Menschen sich verlieben, existierten sie zuvor getrennt voneinander. Sie hatten Distanz und schaffen nun Nähe. Die erotische Kraft des Begehrens hilft ihnen, trennende Grenzen zu überwinden, die durch die Eigenidentität der Partner bedingt sind. In derartiger Grenzüberwindung besteht ja eine der Aufgaben erotischen Begehrens. Die Partner kommen zusammen und erleben die mystische Einheit der Verliebten.

Diese Einheit wird jäh unterbrochen von Desillusionierungen, beispielsweise wenn die Partner entdecken, dass sie unterschiedlich sind und nicht ständig zusammenfinden. Solche Enttäuschung schafft nun wieder Distanz, die erneut Nähe herausfordert, die wiederum zerstört und dann aufs Neue gesucht wird.

Das Leben der Verliebten verläuft bekannterweise in diesem grausam-schönen Wechsel von Nähe und Distanz, von Einheit und Getrenntheit, von Himmel und Hölle; von Leidenschaft eben, um dieses überaus exakte Wort zu verwenden. Dieser Wechsel wird nicht beabsichtigt, sondern durch die kleinen und großen Dramen der Verliebtheit ermöglicht und sogar erzwungen.

Nun vergeht die Zeit, und mit ihr verändert sich die Partnerschaft. Es entsteht ein gemeinsamer Alltag und in seinem Schatten größere psychische Nähe. Es bildet sich eine gemeinsame Identität, die Paaridentität, in deren Folge die Partner seltener vom »Ich« sprechen, wie sie es in der Anfangsphase noch taten, sondern zunehmend vom »Wir«. Sie erleben sich zunehmend als Einheit. Diese Paaridentität ist für das Individuum indes ambivalent. Einerseits wird sie ersehnt und andererseits ist sie gefährlich. Denn in dieser psychischen Nähe zum Partner löst sich die Eigenidentität jedes Partners tendenziell auf.

Das Individuum läuft Gefahr, in der Partnerschaft zu verschwinden. Mit zunehmender Festigung der Paaridentität leidet zudem der Wille und die Fähigkeit, sich oder dem Partner Abstand zu gönnen oder zu genehmigen. Es wird immer schwieriger, aus partnerschaftlicher Verbundenheit (auch innerlich) auszusteigen, um sich zu finden und zu sich zu kommen. Irgendwann weiß der Einzelne nicht mehr »wer ich bin«, womit gemeint ist, »wer ich unabhängig von der Beziehung bin«.

Der Wechsel zwischen den Poolen Nähe und Distanz, in der Phase der Verliebtheit von Dramen erzwungen, wird im Laufe der partnerschaftlichen Entwicklung allmählich zugunsten der Harmonie zurückgefahren. Man will den Partner nicht verletzen und auch nicht verletzt werden. Man ist nur noch nah, nur noch zusammen. Das Ich löst sich im Wir auf, die Spannung in der Harmonie, das Begehren wird der Nähe geopfert, Erotisches bleibt in der Folge aus.

Die Erotik als Grenzüberwinder verliert dort ihren Auftrag, wo Grenzen kaum noch existieren; und das ist jetzt der Fall. Damit dies nicht geschieht, bräuchten die Partner Abstand voneinander. Wenn eine Partnerschaft die Chance haben soll, erotisch und sexuell attraktiv zu bleiben, ist sie sowohl auf Nähe als auch auf Distanz angewiesen, also auf den Wechsel von beidem. Die Nähe könnte die Partner dann von der Einsamkeit befreien und die Distanz vom Zusammensein.

Wie aber kommt so ein Wechsel in einer von Dauer und Wesensergänzung bestimmten, auf den Alltag abgestimmten, harmonisierten Partnerschaft zustande, in der Distanz, Einsamkeit und Getrenntheit unerwünscht sind und stattdessen das »Zusammen« dominiert? Die Nähe der Paaridentität ist eine innerliche, psychische Nähe; und der gesuchte Abstand müsste ebenfalls psychisch sein, was aber vermieden wird. Wie gewinnen die Partner die dringend benötige Distanz, die sie brauchen, um ihre Eigenidentität zu erhalten? Bedeutet der Prozess partnerschaftlicher Harmonisierung, man könne auf Eigenidentität verzichten?

Ein Fernsehsender veranstaltete vor kurzem ein Experiment. Gegen entsprechende finanzielle Entlohnung wurde ein Paar per Handschellen eine Woche lang aneinander gefesselt. Schon nach kurzer Zeit entstand bei den Partnern erste Abneigung, dann setzten Hassreaktionen ein, bis schließlich nur der Wunsch da war, den anderen »nicht mehr zu sehen«. Hier hatte man Alltagsnähe ins Extrem gebracht. Das Ich musste sich dem Wir unterordnen, bis es sich in Hassreaktionen vom Zwang zur Gemeinsamkeit zu befreien versuchte. Am Ende waren sich die Partner zwar körperlich nah, doch innerlich fern.

Man kann getrost davon ausgehen, dass kein Mensch darauf verzichten kann, sich auch als Individuum, also abgegrenzt, wahrzunehmen. Daher wird sich Distanz sowohl gegen den Willen jedes Partners als auch gegen die Paaridentität durchsetzen. Da psychischer Abstand aber vermieden wird, nehmen die Partner nun körperlichen Abstand zueinander ein! Wenn der Partner ständig nahe ist und auf Dauer zu nah, will man ihn nicht mehr an sich heranlassen. Und da in der harmonisierten Partnerschaft psychischer Abstand vermieden wird, verschließen sich die körperlichen Bereiche allmählich dieser Gemeinsamkeit. Diese Dynamik von Nähe und Distanz setzt sich durch, ganz gleich, ob es den Partnern gefällt oder nicht.

Es gibt eine Reihe von Situationen, die die Nähe-Distanz-Bilanz verändern und in denen sexuelle Funktionsstörungen häufig beginnen oder manifest werden: nach dem Zusammenziehen eines Paares, nach der Heirat oder nach dem Entschluß zu heiraten, bei Frauen nach der Geburt des Kindes, wenn sie sich noch stärker an den Mann gebunden und von diesem abhängig fühlen; oder wenn eine Frau sich aus dem Berufsleben zurückzieht, um sich als Hausfrau ganz der Familie zu widmen, wenn sich ihre sozialen und emotionalen Kontakte ganz auf zu Hause beschränken und sie keine anderen Distanzierungsmöglickeiten hat als im sexuellen Bereich.[43]

Das Körperliche wird zum Gebiet ohne Zutritt für den Partner, zur letzten Bastion der Eigenidentität, zur Zuflucht des Ich. Man kann und will sich auf die körperliche Nähe nicht mehr einlassen, zumindest nicht im Sinne von Öffnung und Durchdringung, wie erotisches und leidenschaftliches Erleben es verlangen.

Eine Schilderung zeigt ein solches Paar, das sich innerlich nah ist und von Angst bestimmt seinen Abstand in körperlicher Distanz herstellt. Der junge Mann berichtet:

Sie duldet es nicht, wenn ich mich mit irgendeiner Frau/Mädchen treffe/spreche/schreibe. Auch wenn wirklich nichts dahinter steckt. Auch nicht mit Sportfreundinnen. Sie hat immer Angst, dass etwas sein könnte. Aber ich kann es ihr nicht klar machen, dass da nichts ist. Und dies belastet mich und meine Liebe zu ihr sehr. (Schilderung 4)

Er selbst verhält sich ähnlich eifersüchtig. Die Nähe der Partner ist vollkommen, innere Freiheit ist ihnen kaum möglich, die Beziehung wird belastet, und das Begehren leidet.

Mehr lässt sich nicht ertragen, es sei denn, Trennendes macht intensives sexuelles Erleben und das Gefühl der Verliebtheit wieder spürbar. Eine lange örtliche Trennung, ein gehöriger Streit ...[44]

Trennendes wird gebraucht, und daher hält man sich den Partner körperlich fern. Auch wenn solche sexuellen Abgrenzungen unter Schmerzen erlebt werden, da sie gegen Paaridentität und Partnersehnsucht verstoßen, setzen sie sich dennoch durch und balancieren die im Laufe der Zeit zugunsten der Nähe verschobene Nähe-Distanz-Bilanz einer Beziehung aus. Die Betrachtung einer Beziehung unter Gesichtspunkten von Nähe und Distanz kann hilfreich sein. Man kann beispielsweise eine Nähe-Distanz-Bilanz ziehen. Wie verlief die Entwicklung unserer Partnerschaft im Hinblick auf Nähe und Distanz? In welchen Bereichen werden wir der Anforderung nach Nähe, wo und wie der Anforderung nach Abstand gerecht? Wo stellt die Beziehung den Abstand her, den sie braucht, da wir es nicht tun? Eher in körperlichen oder eher in psychischen Bereichen? Dies sind Fragen, die viel unnötigen Stress von einer Beziehung nehmen können.

Paartherapeuten nehmen den Nähe-Distanz-Konflikt in Partnerschaften natürlich wahr. Die meisten Experten interpretieren erotischen Abstand jedoch nicht als Widerstand gegen

Selbstauflösung, sondern sehen darin eine »Angst vor Nähe«; sie würdigen den Sinn körperlicher Distanz daher kaum. Das Schwinden des Begehrens könnte aber durchaus sinnvoll als Drang zur Identitätswahrung aufgefasst werden, und dieser Zusammenhang könnte in der Therapie verdeutlicht werden. Allerdings könnte man den Partnern dann keine schmackhafte Lösung vorhalten, die zugleich »ehefreundlich« wäre und das Begehren berücksichtigt.

Paartherapeuten empfehlen nun, um der Anforderung »Distanz« nachzukommen, nicht alles gemeinsam zu unternehmen und beispielsweise getrennte Hobbys zu entwickeln. Aber um psychischen Abstand herzustellen, reicht es nicht aus, wenn *er* Tennis spielt und *sie* Golf oder wenn getrennte Freundeskreise aufgebaut werden. Auch das gehört zu den Standardempfehlungen der Paartherapie. Nicht schlecht sicherlich, aber kaum ausreichend.

Das sind rührende Versuche, der Dynamik von Nähe und Distanz gerecht zu werden, die meist wenig bewirken. Denn um wirksame psychische Distanz halten zu können, dürfte Harmonie nicht höher bewertet werden als Leidenschaft und Begehren. So wie es bei den später beschriebenen *distanzierten Beziehungen* der Fall ist, die der Forderung nach Abstand gleiches Gewicht verleihen wie der nach Nähe; und das nicht theoretisch, sondern real. Wo aber Nähe und Harmonie bevorzugt werden, da darf nicht so getan werden, als sei Distanz planbar und könne willentlich eingenommen werden. Die meisten Partner in Langzeitbeziehungen sind damit schlichtweg überfordert.

Der oft gehörte Appell zur Distanz, der in der Forderung nach einer »autonomen Persönlichkeit« auftaucht und die Überzeugung, Nähe und Distanz könnten – aufgrund von Einsicht oder therapeutischer Beratung – derart ins Verhältnis zueinander gebracht werden, dass die Beziehung nah und leidenschaftlich bleibt, geht an den Möglichkeiten und Fähigkeiten der Partner völlig vorbei. Eine derartige Fähigkeit entsteht, wenn überhaupt, aufgrund jahrzehntelanger Erfahrung mit Beziehungen. Da die nach Harmonie strebenden Gefühle jeden vernünftigen Umgang mit dem Thema scheitern lassen, ist Distanz meist weder planbar noch kalkulierbar.

Distanz in Beziehungen ergibt sich, so zeigt die Beobachtung, sie wird nicht gesucht, schon gar nicht zu Beginn der Beziehungslaufbahn. Sie geschieht mitunter durch Streit und Konflikte. Konflikte sind daher keineswegs stets Ursachen sexueller Störungen, wie es die meisten Paartherapeuten darstellen, sondern gerade in der harmonisierten Partnerschaft oft Voraussetzung für erotische Spannung. Nach einem Streit findet die Versöhnung nicht selten im Bett statt. Wundert es da, wenn Psychologen seit geraumer Zeit empfehlen: »Streiten Sie sich mal wieder!«? Nun soll auch noch der Streit geplant und damit instrumentalisiert werden. Aber auch dieses verliert nach kurzer Zeit an Schärfe, weil der Harmonie schließlich doch Priorität eingeräumt wird.

Fassen wir zusammen:

Langzeit-Partnerschaften durchlaufen ganz normale Entwicklungen, von der Verliebtheit zur Alltagsnähe, von der körperlichen zur psychischen Einheit. Deshalb brauchen sich Paare, deren Sexualität zurückgeht oder aus der Beziehung schwindet, ohne dass sie dafür Ursachen ausmachen können, und die keinerlei Therapie- und Behandlungsbereitschaft bei sich entdecken können, und auch Paare, die den Kampf um die Sexualität mit unbefriedigendem Ergebnis führten, nicht als »Versager« zu sehen. Sie seien mit einer Erkenntnis von Gunter Schmidt getröstet:

[Intensive Sexualität] kann nicht sein, da die Nähe, die sich aus dem Zusammenwohnen ergibt, aus dem Zusammenschlafen, aus dem Zusammenessen, aus dem Zusammen-Freizeit-Machen, evtl. auch aus dem Zusammen-Kinder-Aufziehen, nicht auch noch dauernde Leidenschaft im Sexuellen aushält, sondern vielleicht gerade noch liebevoll befriedigende Sexualität.[45]

Es ist eine ganz normale und gesunde Entwicklung, wenn die Leidenschaft in der Langzeitbeziehung zurückgeht; und die Partner sollten sich hierüber keine grauen Haare wachsen lassen. Sie sind Partner, auch wenn die Sexualität bei ihnen eine Nebenrolle spielt. Sie sind Partner, weil sie sich zusammengetan haben, um das Leben gemeinsam zu bewältigen, seine Höhen und Tiefen und den Alltag mit seinen Herausforderungen. Ihre Beziehung bedarf nicht der Sexualität, oder zumindest nicht wesentlich, und ist ohne diese keinesfalls »gestört«.

Ihre Beziehung ist so widersprüchlich, wie es ihre Erwartungen sind. Sie sind dieser Beziehung jedoch nicht ausgeliefert, sondern können sich dazu verhalten. Beispielsweise, indem sie nach Wegen und Orten im Widerspruch zwischen Bindung und Begehren suchen, an denen sie sich aufhalten und wohl fühlen können.

Ein Leben im Widerspruch

Die beschriebene Wandlung einer Langzeitbeziehung von der leidenschaftlichen Liebe hin zu partnerschaftlicher Harmonie ist ganz normal, und ihre therapeutische Bearbeitung stellt seltener befriedigende sexuelle Verbindungen her, als dies von den Partnern allgemein erwartet oder von zahlreichen Experten stillschweigend impliziert oder ausdrücklich behauptet wird.

> ... und es geschieht selten, daß durch die psychotherapeutischen Bemühungen die Erotik in genau jener Intensität in das Ehebett zurückkehrt, die sie in den heimlichen Lieben mühelos zu erreichen scheint.[46]

Aber Verlangen, Begehren, Leidenschaft, Erregung und Verliebtheit wie in den Zeiten der Anfänge – gerade diese Zustände werden von den Menschen zuweilen schmerzlich vermisst und sehnlichst erwünscht. Wie mühelos und intensiv erotisches Erleben dagegen außerhalb der Dauerpartnerschaft zu erreichen ist, zeigen einige Schilderungen:

> Mit ihm fühlte ich mich seit langer, langer Zeit mal wieder als Frau, ich hatte Sex mit ihm so, wie es ihn sonst nur in meinen Träumen gab. (Schilderung 3)

> Mein Herz schlug bis zum Hals hinauf ... Ich werde wohl kaum beschreiben können, was diese Berührung gefühlsmäßig für mich bedeutet hat ... die Erotik darin war unbeschreiblich. (Schilderung 24)

> ... aber die Lust an der Lust und das Verlangen nach Verliebtsein war bei mir stärker. Ich bin fast 35, aber irgendwie sind diese Gefühle noch genauso dominant wie mit 20. (Schilderung 17)

Ich traf mich ein- bis zweimal in der Woche mit ihm, und wir hatten unglaublichen, hingebungsvollen Sex miteinander. Noch nie hatte ich mich so erlebt, solcher Gefühle fähig, solcher Leidenschaft. (Schilderung 29)

Gegen solche Intensität erotischer Begegnungen kommt die Dauerbeziehung tatsächlich nicht an. Und Menschen scheinen, obwohl sie verlässliche Beziehungen suchen, auch nicht vollständig darauf verzichten zu wollen oder zu können, nur weil sie Lebenspartner geworden sind.

Bindung und Begehren, Harmonie und Erregung, die gleichzeitige Suche nach Verlässlichkeit und überschäumendem Leben, dieser Widerspruch bestimmt das Leben der Menschen seit Urzeiten und macht sie gewissermaßen zum Spielball innerer Kräfte und Sehnsüchte. Daher leben Partner latent oder akut stets in nicht auflösbaren Widersprüchen, und ihr Fühlen und Handeln wird sich immer wieder gegen Willen und Absicht wenden.

Man kann es gar nicht genug betonen: *Niemand kann dem Widerspruch zwischen seiner eigenen Sehnsucht nach Verlässlichkeit und überschäumendem Leben entkommen.*

Ganz im Gegenteil, die Spannung zwischen den Polen Bindung und Begehren ist der Treibstoff, der den Motor partnerschaftlicher Entwicklung antreibt und dieses Gefährt durch gesellschaftliche und individuelle Gegenden führt.

Das Ergebnis dieser inneren Spannung und Auseinandersetzung, das oft rätselhafte und unvernünftige Verhalten der Partner, ist daher nicht einfach Unreife, sondern Ausdruck sinnvoller, wenn auch oft rätselhafter Selbstregulation in Beziehungen.

Selbstregulation in Beziehungen

Zu Beginn des 21. Jahrhunderts betrachten Psychologen der westlichen Welt individuelle Lebenskrisen nicht länger nur als lästige Probleme, die es loszuwerden gilt, sondern sehen darin Wendepunkte und Chancen, die man nutzen kann.[47] Schließlich entsteht eine Lebenskrise nicht zufällig, sondern ist in vielen Fällen vom Verhalten des Menschen, wenn auch unbeabsichtigt, herbeigeführt worden.

In der individuellen Krise prallen bewahrende und verändernde Anteile des Lebens oder einer Persönlichkeit aufeinander; sie löst sich auf, wenn die verändernden Kräfte auf akzeptable Weise in die Persönlichkeit und das Leben des Menschen integriert werden. Das bedeutet, dass ein Problem stets sowohl seine Ursache (Bewahren) als auch seine Lösung (Verändern) bereits beinhaltet.

In der Partnerschaft aber, so scheint es, hat sich eine ähnlich positive Sichtweise von Krisen und Problemen noch nicht durchgesetzt. Da wird bei Konflikten und Trennungen gern von »Versagen« gesprochen, oft auch von »Bindungsunfähigkeit«, und der Ruf nach dem Therapeuten wird laut. Paare sind aber durchaus in der Lage, sich selbst zu helfen; ihr vorrangiges Hilfsmittel ist dabei – wie in den übrigen Lebensbereichen – das Problem, der Konflikt, die Krise.

Die Partnerschilderungen dieses Buches zeigen solche unabhängigen Lösungen persönlicher und sexueller partnerschaftlicher Problematiken. Nehmen wir das Beispiel von Seite 39. Die Frau kommt in der Beziehung zum sadistisch geneigten Ehemann sexuell zu kurz, die Partnerschaft gerät in eine Krise. Das Problem wird gelöst, indem sich die Frau in einen anderen Mann verliebt und so bessere Formen der Sexualität kennen lernt. Ähnlich in zwei Schilderungen:

Aussagen wie »Die sind alle nicht so frigide wie du« im Zusammenhang mit gewaltsamem Sex zwischen uns waren wie ein Hohn, ließen mich aber im Laufe der Jahre selbst daran glauben, dass ich frigide sei. Das änderte sich mit dem ersten Fremdgehen meinerseits. Das war mit einem sehr gefühlvollen, liebenswerten Mann, und er hat mir den Glauben an meine Hingabefähigkeit wiedergegeben. (Schilderung 2)

Bei der kurzen Affäre bekam Sex dann für mich eine andere Bedeutung. Ich wollte zum ersten Mal wirklich von mir aus Sex haben ... Für mich war es wie eine Befreiung, denn ich wusste nun, ich war nicht frigide. (Schilderung 3)

Das ist auch Therapie. Es ist Therapie, die das Leben verordnet, es ist Selbstregulation. Sie ist weder konfliktarm noch elegant, aber dafür äußerst gründlich und lehrreich. Gründlicher, als Therapie das sein kann. Wie lange hätten Therapeuten mit diesen Partnern arbeiten müssen und doch nur Teilerfolge dessen erreicht?

Eine Frau schildert (Schilderung 23), wie sie nach vielen Jahren lustloser Sexualität ihren ersten Orgasmus erlebte: Ein attraktiver Mann schlief mehrere Nächte neben ihr, ohne sich ihr sexuell zu nähern. Dadurch konnte ihr Begehren erwachen, sie verführte ihn, während er schlief, und erlebte dabei ihren ersten Orgasmus. Was wäre mit der Frau geschehen, hätte sie, per sexualmedizinischer Definition unter Luststörungen leidend, einen Mediziner aufgesucht? Welche Pillen hätte er ihr verschrieben, welche Operation angetan? Auf welche geheimnisvolle Weise hätte ein Paartherapeut sie dazu gebracht, einen Mann derart zu begehren und zu erobern? Wie hätte er dafür gesorgt, dass ein Mann neben dieser Frau nächtelang stillhält, damit diese aktiv werden kann?

Natürlich haben Paartherapeuten den Sinn beispielsweise eines Seitensprungs erkannt. Eine Partnerschaft kommt dabei in Kontakt mit Eigenschaften, die in ihr selbst nicht enthalten sind oder die verloren gingen, wie zum Beispiel Leidenschaft, Lebendigkeit, Verständnis, Empfindsamkeit etc. Die dritte Person verfügt über diese Eigenschaften und zeigt der Beziehung damit ihren Mangel auf. Nun jedoch wird von Therapeuten nach Wegen gesucht, diese Eigenschaft zwischen den Eheleuten aufzubauen oder wieder auferstehen zu lassen, denn die Beziehung soll keinen Mangel aufweisen. Durch Verbesserung der Kommunikation, Rückbesinnung auf die Ursprünge der Beziehung, Belebung der Sexualität oder Entschärfung sexueller Differenzen und andere Empfehlungen, die jeweils die Dauer an erste Stelle setzen.

Partner bevorzugen jedoch, so zeigen es ihre Schilderungen, nicht selten andere Wege. Sie etablieren die heimliche Liebe oder bauen Nebenbeziehungen auf, die nicht selten viele Jahre dauern können. Sie schaffen scheinbar sinnlose, chaotische, unreife Situationen, die irgendwann platzen und so ihre Lösung finden. Sie leiden über Jahre, um dann mit einem Schlag die Lage zu klären.

Es ist eine hilfreiche und sinnvolle Sichtweise: Unbeabsichtigte und unkontrollierbare Verhaltensweisen, wie beispielsweise Affären und Seitensprünge, aber auch Krisen und sogar Trennungen, stellen Formen partnerschaftlicher Selbstregulation dar, die sich therapeutischer Kontrolle entziehen und auch nicht auf von Experten gedachten Wegen verlaufen.

Unvorhersehbare »Lösungen« finden sich darunter, wie jene dieser Frau, deren Mann – für sie schockierend – homosexuelle Beziehungen aufnahm, wovon die Beziehung aber profitierte:

Da unser Sexualleben seit unserer Abmachung ist, wie es in neunzehn Jahren noch nie war, weiß ich nicht so genau, was ich von all dem halten soll. Die positive Veränderung unserer Sexualität ist im Ganzen zu sehen. Mein Mann sieht mich wieder als Frau, die auch ein Sexleben hat und braucht, er ist nun auch bereit, Experimente zu wagen und Neues auszuprobieren. Er kann mich heute viel besser befriedigen als davor, und wir haben in den letzten drei Monaten mehr Sex gehabt als in den letzten Jahren zusammengezählt. (Schilderung 8)

Behandlungen der Lustlosigkeit sexualtherapeutischer und nun auch zunehmend medizinischer und medikamentöser Art lassen sogar den Eindruck entstehen, dass Seitensprung, Nebenbeziehung und sogar Partnertausch im Vergleich dazu regelrecht gesunde Behandlungsmethoden der Lustlosigkeit darstellen. Man ist versucht, den Partnern zu diesen natürlichen Wegen der Regulation zu gratulieren. Sie sind weder auf Paartherapeuten noch auf Sexologen oder Mediziner und deren Pillen und Messer angewiesen.

Beziehungen können Partner derart stark binden, dass sie diese nicht aus freiem Willen beenden können, selbst wenn eine Beziehung längst unstimmig oder sogar hoffnungslos zerrüttet ist. In solchen Fällen innerer Unfreiheit kann die einzige Möglichkeit zum Ausstieg darin bestehen, sich anderweitig zu verlieben und auf diese Weise die Kraft zur Trennung zu finden. Selbst wenn die selbstregulative Lösung in einem Partnerwechsel besteht, ist es wenig sinnvoll, vom Scheitern der Beziehung zu sprechen. Trennung ist keine theoretische Option, sondern ein reales Mittel zur Regulation von Beziehungen und zur Relativierung von Idealen. »Warum denn eigentlich soll eine Beziehung für immer sein?«, lautete die Frage einer Journalistin in einer Talkrunde, an der ich teilnahm. Weil die Partner es sich wünschen? Das wäre eine dürftige Begründung, denn Wollen und Können sind zweierlei. Weil die Experten es versprechen? Das wäre eine vage Zuversicht. Mich zu trennen, so höre ich viele Partner rückblickend auf ihr Leben sagen, war eine gute Entscheidung. Trennung, ob es gefällt oder nicht, ist heute eine Möglichkeit, von der Partner Gebrauch machen, oft eine gute.

Immerhin trennen sich auch im Anschluss an eine Paartherapie vierzig Prozent der betroffenen Paare. Den beteiligten Therapeuten, die ja oft für den Erhalt der Beziehung kämpften, bleibt dann nur zu hoffen, dass diese Paare aufgrund der Therapie besser – ohne Rosenkriege und Scheidungsschlachten – auseinandergehen.

Selbstregulation, deren Wirken in allen Schilderungen dieses Buches zu verfolgen ist, schafft gänzlich individuelle Lösungen, die nicht frei von Widersprüchen sind, sondern diese enthalten – praktische, lebensnahe Lösungen eben. Und nicht selten entstehen dadurch alternative Beziehungsformen, die ebenso wenig frei von Widersprüchen sind.

Fünf Wege,
die Liebe zu leben

Gott sei Dank gibt es ein Beziehungsleben unabhängig von Experten, gibt es Lösungen, die das Leben bereithält. Diese praktischen Lösungen sollen im Folgenden beschrieben werden. Es sind keine glatten Wege im Sinne einer spannungsfreien Verbindung der Widersprüche. Wer aber Paaren eine spannungs- oder konfliktfreie Lösung vorgaukelt, gehört zum Heer der Liebeslügner. Deshalb bezeichne ich eine wie auch immer ausgestaltete Lösung als einen Ort im Widerspruch, an dem es sich für den Augenblick oder für länger leben lässt. Glatte Lösungen scheinen ob der Komplexität der Themen nicht möglich zu sein, oder wenn, dann nur vorübergehend.

Anhand von Erfahrungsberichten, die von den Partnern selbst verfasst wurden, habe ich fünf Beziehungsformen identifiziert. Die gefundenen Lösungen haben gemeinsam, dass die Partner aufhörten, Idealvorstellungen nachzueifern, die ausmalen, wie es sein könnte, sein sollte oder sein müsste, und die anerkennen: So ist es! So ist es, zumindest bei uns! In dieser Phase oder schon von Anfang an!

Dieser Realisation folgt die Formgebung, eine zumeist konflikt- und spannungsreiche Phase, in der sich die Frage beantwortet: Was fangen wir mit dieser Beziehung an? Wie gehen wir damit um? Welche Beziehungsform entspricht uns? Wozu sagen wir ja und wozu nein?

Eine solche Formgebung kann durchaus das Ergebnis bewusster Auseinandersetzung mit dem Thema sein. Sie scheint aber oft »zufällig« oder »unbeabsichtigt« zu geschehen. Einer der

Partner geht zum Beispiel fremd, die Partnerschaft steht dies durch, und das Paar entdeckt positive Aspekte darin und praktiziert diese Möglichkeit von da an. Oder die Partner entdecken in einer Trennung die heilsame Wirkung von Abstand und versuchen es nochmal miteinander, trennen aber fortan Wohnung und Konto und leben distanziert. Es gibt viele weitere Möglichkeiten, wie die Schilderungen der Partner zeigen werden.

Die Einwände gegen neue Beziehungsformen sind zahlreich. Gern wird darauf hingewiesen, dass sie Leid verursachen. Das stimmt natürlich. Doch würde man gleichermaßen über das eheliche Leid klagen, bliebe die Relation gewahrt. Die ertragenen Demütigungen in der Ehe, psychische und teilweise physische Gewalt, lustloser oder ertragener Sex, auch das ist Leid, zum Teil über Jahrzehnte erlitten, wie die Schilderungen belegen:

Es ist einfach grauenhaft und traumatisierend, wenn ein Mann aufgrund einer Ehe mit mir schlafen möchte und ich keine Neigung habe, überhaupt nicht, null. Ich hab' es ein- oder zweimal im Leben über mich ergehen lassen, natürlich nicht sehr überzeugend und für beide entsetzlich frustrierend. Man fühlt sich wie eine Prostituierte, man soll und will nicht. (Schilderung 15)

Mit dieser Beziehung begann eine Phase der »Selbstvergewaltigung«, die bis zur Schwangerschaft mit meinem ersten Kind drei Jahre dauerte. Mein Freund hat in dieser Zeit regelmäßig in mich hineinmasturbiert, wie ich es heute sage. (Schilderung 11)

Oft habe ich nur ihm zuliebe mitgemacht, weil er bei Ablehnung oder wenn ich sagte »Ich mag nicht«, gekränkt reagierte und Zweifel an unserer Liebe bekam. Im Laufe der Jahre bekam ich zunehmend das Gefühl, eine »Maschine« zu sein. (Schilderung 2)

Alternativen zur exklusiven Beziehung funktionieren nicht,

lautet ein weiteres Argument. Aber was bedeutet eigentlich »funktionieren«? Dass Alternativen frei sind von Widersprüchen, Brüchen, Trennungen? Das sie für immer gelten? Dann »funktioniert« die Ehe schon gar nicht.

Die von Partnern gefundenen Lösungen sind praktische, ideologiefreie Lösungen. Wer den Kampf um die Partnersexualität geführt hat, wer den zweiten Frühling durchlebte, zuweilen auch einen dritten, um dann doch in einer partnerschaftlichen Normalität zu landen, mit der er nicht zufrieden ist oder mit der er nicht zurecht kommt, der sucht individuelle Wege jenseits von Ideen, Ansprüchen und Appellen. Damit diese Beziehungsentwürfe nicht der Verurteilung anheim fallen, erscheint mir Offenheit gegenüber den geschilderten Beziehungsformen wichtig, in der Art, wie sie Wolfgang Schmidbauer vorschlägt:

Ich bin Praktiker, kein Prediger; ich suche individuelle Lösungen und komme in der Praxis besser mit einem Modell zurecht, das die heimliche Liebe ebenso zulässt wie den Kampf um die Sexualität in einer von Treue bestimmten Beziehung.[48]

Nun ahne ich bereits die Fragen, die bald auf mich zukommen werden: »Herr Mary, welche Form der Partnerschaft empfehlen Sie einem Paar?« Wer so etwas fragt, hat mich nicht verstanden. Eine Formgebung, ob bewusst gewählt oder zufällig entstanden, stellt immer eine individuelle Lösung dar. Sie wird den konkreten, tatsächlichen Möglichkeiten und Fähigkeiten dieser beiden Partner gerecht; und in dieser Lösung sind auch, aus psychologischer Sicht so erscheinende, »Macken« und »Störungen« der Partner integriert. Insofern stellen Beziehungsformen Kompromisse zwischen Wünschen und der Realität dar, zwischen den Wünschen und Realitäten zweier ganz bestimmter Menschen. So wie es keine verallgemeinerbare Realität der Individuen gibt, wie uns die Wahrnehmungsforschung lehrt, so existiert auch keine allgemeingültige partnerschaftliche Realität. Die Wirklichkeit eines Paares ist Ergebnis seiner eigenen Ziele, seiner Bereitschaft und seiner Möglichkeiten.

Für die fünf Beziehungsformen, die sich für mich herauskristallisiert haben, habe ich folgende Bezeichnungen gefunden:

1. *Arrangierte* Beziehungen
   Sie favorisieren die Harmonie und billigen im Extremfall selbst die Abstinenz.

2. *Distanzierte* Beziehungen
   Sie würdigen den Abstand als Bedingung der Leidenschaft in besonderer Weise.

3. *Serielle* Beziehungen
   Sie geben der Leidenschaft den Vorzug vor der Dauer und nehmen wiederholte Partnerwechsel in Kauf.

4. *Parallele* Beziehungen
   Sie ermöglichen die Vielfalt in der Pflege zweier gleichzeitiger Beziehungen.

5. *Kontrolliert freie* Beziehungen
   Sie gewähren im Rahmen ihrer exklusien Beziehung der Sexualität mit anderen Partnern begrenzte Freiheit.

Wie schon erwähnt, werden diese Beziehungsformen nicht starr gelebt, sondern wechseln mitunter je nach Lebensphase und Bedürfnislage.

Die folgenden Schilderungen unterschiedlicher Beziehungsformen mögen der Anregung dienen, der Ablehnung oder Nachahmung, je nachdem, wie ein Paar dies wünscht. Es war nicht immer leicht, die jeweilige Partnerschaft einer Beziehungsform zuzuordnen. Ich habe die Zuordnung daher entsprechend der Beziehungsform vorgenommen, die die Partner für sich wählten, unabhängig davon, ob sie deren Bedingungen immer nachkommen konnten oder nicht. Deshalb sind beispielsweise unter den »Arrangierten« auch Partner zu finden, denen ein Seitensprung passierte, die aber dadurch nicht zu Anhängern paralleler Beziehungsformen wurden.

Steigen wir nun konkret in die fünf Wege, die Liebe zu leben, ein.

Arrangierte Beziehungen

Als arrangierte Beziehungen bezeichne ich exklusive Lebenspartnerschaften, in denen Partner die sexuelle Realität ihrer Beziehungen akzeptieren, obwohl diese nicht oder nur unvollständig ihren Wünschen und Vorstellungen entspricht.
Arrangierte Partner verzichten, um die Beziehung zu erhalten, auf sexuelle Reichhaltigkeit und erotische Intensität. Sie tun dies vor allem, weil Treue und Verlässlichkeit ganz oben auf ihrer Werteskala stehen und sie aus verschiedenen Gründen eine sichere Lebensbegleitung favorisieren. Es handelt sich dabei durchweg um Paare, die sich im Widerspruch zwischen Bindung und Begehren deutlich zugunsten der Bindung entscheiden. Solche Paare berücksichtigen die begrenzte Dauer leidenschaftlicher Empfindungen.

Ich meine, es gibt Hinweise darauf, daß zunehmend mehr Menschen ihre Liebesbeziehungen wieder auf Dauer stellen wollen ... eine Tendenz, in der sich desexualisierte Vorstellungen von Liebe wiederbeleben. Diese Menschen erwarten von der Ehe nicht die Bestätigung eines leidenschaftlichen Gefühls; richtiger gesagt, sie erwarten von der Ehe und den ihr nachgebildeten Beziehungen die Bestätigung dieses leidenschaftlichen Gefühls nicht mehr auf Dauer.[49]

Desexualisierte Liebesvorstellungen erscheinen für Langzeitbeziehungen recht vernünftig und gesund zu sein. Wenn die Erwartung dauernder Partnersexualität schwindet, reduziert sich der Leidensdruck, den der Kampf um die Sexualität und überzogene Erwartungen mit sich bringen. Dann kann die gemeinsame Sexualität kommen und gehen, wie es der Beziehung entspricht; sie mag sogar versiegen, ohne die Beziehung dadurch zu entwerten.

Arrangements mit der erotischen und sexuellen Wirklichkeit einer Beziehung bieten sich aufgrund bestimmter Lebensumstände an oder werden von ihnen teilweise sogar gefordert. Etwa, wenn gemeinsame Kinder da sind oder existenzielle, psychische oder materielle Verstrickungen eine Gefährdung der Beziehung unangebracht erscheinen lassen und Kompromisse deshalb vorgezogen werden. Innerhalb arrangierter Beziehungen ist ein Spektrum derartiger Kompromisse zu finden. Sie reichen von gelegentlichem, einigermaßen befriedigendem über unbefriedigenden oder sogar ertragenen Sex bis hin zum asexuellen Zusammenleben. Darunter finden sich teilweise bizarre Wege, mit der Sexualität umzugehen.

So konnte ein Paar zum Beispiel nur Sex miteinander haben, wenn es sich einige Tage vorher darauf einigte. Einem anderen Paar war es nach etlichen Ehejahren nur noch in »Lack und Leder« möglich, sexuell miteinander zu sein. Nicht wenige Männer und Frauen sind mir begegnet, die nicht aus Leidenschaft, sondern aus Pflichtbewusstsein, weil »sonst die Beziehung leidet«, zumindest von Zeit zu Zeit sexuellen Kontakt aufnahmen, etwa so:

Ich dachte oft, ach ja, es ist mal wieder Zeit, mit meinem Mann zu schlafen. (Schilderung 3)

Ein Mann, dessen Lebensbericht nicht veröffentlicht werden soll, berichtet: »Es ist ›Knochenarbeit‹, meiner Frau einen Orgasmus zu verschaffen. Den Geschlechtsverkehr hat sie auch überwiegend an bestimmte Voraussetzungen gekoppelt. Es muss dunkel sein, sie muss etwas getrunken haben, ich muss es zeitweilig einen Tag vorher anmelden.« Jahrzehnte kam er mit diesem Arrangement zurecht, nun wird er unzufrieden, will die Beziehung jedoch erhalten.

Von manchen Arrangements ist es nur ein kleiner Schritt hin zur sexlosen Partnerschaft. Asexuelle Beziehungen erfordern im Verzicht ein Opfer zugunsten der Beziehung. Dafür sind sie von sexuellen Pflichten befreit. Ein Paar berichtete sogar: »Das Thema haben wir Gott sei Dank hinter uns.« Schließlich kann Sexualität ja nicht nur schön, sondern auch grausam sein, wie die Bemerkung eines Partners zeigt:

Sexualität quält mich quer durch mein Leben und auch heute noch mit ihrer diktatorischen Unstillbarkeit. Ich sehne mich oft danach, sie zu überwinden, habe aber zugleich Angst, ihre lustvollen Erlebnisse zu verlieren. (Schilderung 33)

Übereinkünfte zum sexlosen Zusammenleben sind meines Erachtens weiter verbreitet, als angenommen wird. Und auch Experten betrachten asexuelle Partnerschaften nicht durchweg als »gestörte« Beziehungen, wie die Stellungnahme eines Psychoanalytikers zum Thema zeigt.

Mary: Herr Schmidbauer, Sie schreiben: »Das Dilemma vieler Beziehungen liegt darin, dass ... die Sexualität wegen ihrer starken Faszinationen und Lustqualitäten eingeordnet werden muss, wenn sie nicht dauernd als Gefahr erlebt werden soll.«[50] Ist die Abstinenz in einer langjährigen Beziehung nicht eine Möglichkeit, dieser Gefahr zu entgehen? Heute muss sich ein Paar ja beinah als krank ansehen, wenn es abstinent zusammenlebt. Es wird behauptet, diese Paare könnten nicht gesund sein.

Schmidbauer: Eine der wenigen verbindlichen Wahrheiten über Liebesbeziehungen heute ist die, dass es keine gültigen Außenurteile mehr gibt. Wir leben in individualisierten Beziehungen, das heißt, wenn ein Paar in seiner Fasson glücklich ist, hat der Experte das zu respektieren. Entsexualisierte Ehen können gute Ehen sein, wenn beide Partner sie dafür halten. Allerdings ist es wohl ebenso schwierig, sich auf Nicht-Sexualität zu einigen, wie auf Sexualität.[51]

In der Tat, auch die abstinente Ehe eignet sich nicht zum generellen Vorbild, und es ergäbe kaum Sinn, sie willentlich anzusteuern. Sie bedarf der Wahrheit des Paares und der Zustimmung beider Partner. Dieses beiderseitige Einverständnis wird zudem nicht spannungsfrei entstehen, weil die Partner das Interesse an der Partnersexualität selten gleichzeitig verlieren. Es werden, wie in so vielen Fällen, unterschiedliche sexuelle Bedürfnisse vorhanden sein, und der Weg von der einst begehrlichen Liebe zur eines Tages womöglich asexuellen Beziehung wird über Zweifel und Konflikte führen.

Warum entscheiden sich abstinente Paare dann nicht für den Seitensprung oder distanzierte Beziehungen? Weil sie den Wert der Treue besonders hoch halten und die Konsequenzen der Untreue fürchten. Diese Partner haben meist ein gutes Gefühl dafür, ob ihre Beziehung Liebschaften verträgt oder nicht. Manchmal haben sie über dieses Thema gesprochen und wissen um die Gefahr, die ihrer Beziehung durch Untreue droht, wissen, dass sie mit den psychischen Folgen des Seitensprungs überfordert wären. So wie der junge Mann aus einer der Schilderungen, der im letzten Augenblick einen Seitensprung vermied, weil ihm klar war, dass er selbigen seiner Frau nie verzeihen könnte. Haus, Familie, Wohlstand, Freundschaften – das gesamte Lebensgefüge und die Lebensweise gerät in Gefahr, wenn die Beziehung es tut.

Asexuellen Paaren wird manchmal vorgehalten, mit dem Verzicht auf Sexualität machten sie es sich einfach. In diesem Sinne argumentierte auch einer meiner Leser, der mich in einem Brief auf etwaige Gefahren meiner Darstellungen hinwies. Er berichtet, dass sich in einigen privaten Gesprächen sein Verdacht bestätigt habe, dass Leute meine Thesen dazu nutzten, sich von der ihnen lästig gewordenen Sexualität zu distanzieren.

Ja, das ist möglich. Und? Warum sollte sich ein Mensch nicht zeitweise oder auch ganz und gar von einer Sexualität distanzieren, wenn sie ihm lästig geworden ist? Wenn sie ihn überfordert? Fallen ihm dann die Haar aus? Wird er zwangsläufig unglücklich? Anders gefragt: Müssen Menschen sexuell aktiv sein?

Die Bedeutung der Sexualität wird oft zu hoch eingeschätzt. Es gibt keine sinnvollen Argumente gegen von Menschen selbst gewählte Abstinenz, die einer kritischen Betrachtung standhalten würden. Generell wird Abstinenz jedoch wenig gewürdigt. Diese Partner seien lediglich »Freunde«, »Geschwister«, »Arbeitsteams«. Begriffe, die zwar die Kategorisierungsbedürfnisse von Psychologen erfüllen, den Gefühlen der Betroffenen jedoch selbst dann nicht gerecht werden, wenn diese in Ermangelung einer besseren Begrifflichkeit solche fragwürdigen Bezeichnungen übernehmen. Durch die zumeist indirekte Pathologisierung asexueller Beziehungen entsteht im Schatten des Partnerschaftsideals eine Scheu, sich zu Askese oder sexuellen Arrangements zu bekennen.

Ein sexuelles Arrangement mag dauerhaft sein oder vorübergehend, es wird in jedem Fall erst im Kontext des Lebens und der Ziele des betreffenden Paares verständlich. Arrangierte Paare brauchen sich daher mit ihren Kompromissen nicht zu verstecken, sie können, im Gegenteil, dazu stehen. Ihre Wertigkeit ist klar. Sie wollen die Lebenspartnerschaft; diese ist ihr höchster Wert. Zugleich fordern sie bedingungslose Treue, weil sie den Folgen der Untreue nicht gewachsen wären.

Daher hat die dauerhafte und zugleich treue Beziehung durchaus ihren Preis. Er besteht im mehr oder weniger ausgeprägten Verzicht auf gelebte Leidenschaft und erotisches Begehren. Dem einen Partner mag das leicht fallen, dem anderen schwerer, aber die Beziehung hat für beide einen so hohen Stellenwert, dass sie leichten oder schweren Herzens den Preis dafür aufbringen.

Schilderung 1

Ein Mann, 62, seit einunddreißig Jahren mit einer elf Jahre jüngeren Frau verheiratet, brach aus und kehrte zurück.

1997, drei Monate bevor er die Nebenbeziehung eingeht, schreibt er in einer Lebensbilanz:
Meine aufgrund meines Alters eingetretene Aktivitätsminderung ist ein schwerer Schlag für Erika, waren doch unsere gemeinsamen, teilweise sehr sportlichen Unternehmungen eine der wichtigen Bindungskräfte zwischen uns. Neben den Kindern und dem Grundstück ist es vielleicht die stärkste Kraft, die uns zusammenhält. Nun verlassen die Kinder nach und nach das Haus, und das Grundstück erscheint mir zunehmend als eine Last.

Da stellt sich die Frage, was bleibt? Die geistigen Gemeinsamkeiten waren nie sonderlich groß, eher die musisch-künstlerischen. Reichen die gemeinsamen Erinnerungen oder der Wille, den Kindern noch eine einigermaßen intakte Ehe und Familie vorzuleben? Was können wir noch, was wollen wir noch zusammen tun? Behindere ich Erika mit meiner Lahmheit? Erika ist, wie ich, der Vorstellung einer lebenslangen Ehegemeinschaft verhaftet. Werden wir einen neuen, gemeinsamen Weg miteinander zu leben finden? Ein uns beide befriedigender Austausch über unsere Gefühle und inneren Befindlichkeiten und Wünsche ist uns nie so recht gelungen.

Ende 1998 steigen in der stark intellektuell gefärbten Nebenbeziehung die ersten Zweifel an einer Dauerhaftigkeit auf. Das nächste Jahr ist ein Martyrium für beide, da sie zwischen heftigsten Verschmelzungsgefühlen und Loslassbewegungen hin- und hergerissen werden. In diese Zeit verfasst er folgende Texte:
Was ich, als Hildrun in mein Leben trat, schon ahnte, wird mir heute fast zur Gewissheit: Mit diesem Tag kamen Dinge ans Licht, die sich in mir schon länger vorbereitet und entwickelt hatten. Die ursprüngliche Verliebtheit in meine Frau

mündete damals harmonisch in ein natürliches und ausgefülltes Familienleben. Etwas anderes konnte ich mir nie vorstellen. Keine Zweifel und Fragen, die Phasen des Auf und Ab galten als endlich, und es galt, sie zu ertragen. Als ich mich in Hildrun verliebte, wurde meine Ehefrau Erika unvermittelt herausgerissen aus einer sehr heilen Welt. Ihre massive Enttäuschung wurde nur noch übertroffen durch die bis in den körperlichen Bereich gehenden Schmerzen. Ihre Verlustängste haben sich bis heute leider kaum abgebaut.

Auch Hildrun wurde aus einer relativ heilen Welt herausgerissen. Sie stürzte zusammen mit einem rätselhaft erscheinenden Mann in eine überwältigende Liebe. Unter dem Anprall der elementaren Kräfte dieser Verliebtheit stürzte auch meine heile Welt zusammen und konglomerierte zur rosaroten »Hildrun-Welt«. Diese Welt trieb durch den Raum, um sich selbst tanzend, in sich selbst ruhend und sich selbst genügend. Ein sehnlicher Wunsch war da: Es möge dauern. Ihre Träume richteten sich naturgemäß auf mich, doch im realen Leben fand sich kein langfristig gemeinsames Ziel. Hier hat sich inzwischen eine gewisse Enttäuschung und Verbitterung ausgebreitet, die daraus resultiert, dass ich einem Verbindungswunsch auswich und Anstalten unternahm, in meinen gewohnten Lebensraum zurückzukehren.

Beide Frauen ängstigten mich. Beide Frauen wollen mich ganz und zuverlässig an sich gebunden wissen. Beide möchten die Nummer eins in meinem Leben sein. Womit habe ich diesen Wettbewerb verdient? Dass ich rund dreißig Jahre in meiner Ehe treu und zuverlässig war, rechne ich mir nicht als Verdienst an. Paarmythos und Alltagsroutine haben ihr Werk getan, das muss ich hier ganz klar bekennen. Für mich verliert dadurch keines von den bisher in meinem Leben stattgefundenen Ereignissen seinen Wert. Ich war so, wie ich war. Ich habe mich nie gefragt, ob ich mit jemandem zusammenleben muss. Ich habe zusammengelebt, so gut ich das konnte.

Durch das Eintauchen in eine neue Beziehung war ich gezwungen, über mich und mein Leben nachzudenken. Viel habe ich dazu gelesen und versucht, zu diesem Thema eine gewisse Ordnung in meine Denkwelt zu bringen, mich selbst zu erkunden. Meine Probleme, welche sich gefühlsmäßig aus der Bindungsfrage ergeben, ranken sich um die Stichworte: Zusammenleben wollen oder müssen?

Solange ich nicht darüber nachzudenken brauchte, habe ich die Bindungsfrage naiv gelebt. Nach einer ausführlichen Gefühlserforschung kann ich heute keinen mir innewohnenden Drang ausmachen, dauerhaft und für ewig mit einer Person verbunden sein zu müssen. Vielmehr beunruhigt mich ein innerer Reiz, in meinem Leben noch möglichst vielen aufregenden Menschen begegnen zu wollen. Mir ist klar, dass der Ort, an dem ich wohne, gekoppelt mit der Familienidee, meine Gefühlsheimat ist. Heimat für eine große Menge von Lebensgefühlen, die, neben dem Paargefühl, noch essenziell für mich sind. Erika, mit der zusammen diese Heimat entstand, mit der ich hier so lange lebte und mit der ich die Kinder aufwachsen sah, kommt mir dabei wie selbstverständlich und auch vernünftig als meine natürliche und richtige Partnerin vor.

Hildrun bin ich begegnet, als ich zu dieser Begegnung reif und bereit war, dennoch fühlte ich mich überfordert und bin es – durch einen Teil ihrer Forderungen, welche sie an mich stellt – auch heute noch. Aber es sind auch ihre Aufrufe zur Selbsterkenntnis, zur Selbstfindung, die bei mir schmerzhafte Überlegungsanstöße hervorrufen. Ich werde Hildrun auch nach dem Abklingen der Anziehungs- und Sehnsuchtsphase brauchen, als einen Spiegel, als einen Menschen, dem es oft gelang, nicht nur über den eigenen Schatten zu schauen, sondern auch den Sprung, mit mir zusammen, hinüber zu wagen.

Obwohl er Ostern 2000 noch mit Hildrun in den Urlaub fährt, hat sich bei beiden die Erkenntnis durchgesetzt, dass er Erika und sein bisheriges Umfeld nicht verlassen wird. Hildrun und er glauben, dass es sich wegen des nach wie vor regen intellektuell reizvollen Austausches über ihre innere Entwicklung lohnen könnte, den Versuch zu wagen, ihr Verhältnis in eine Freundschaft einmünden zu lassen. Danach macht er sich vorwiegend Gedanken über die weitere Entwicklung:

Für die Zukunft stelle ich mir meine Partnerschaft bewusst gewollt und gestaltet vor. Das verlangt den ständigen Austausch über gemeinsame Vorhaben, welche über den notwendigerweise vorhandenen täglichen und allgemein üblichen Konsens hinausgehen. Ich stelle mir im Übrigen vor, dass zwischen den Partnern eine Loyalität herrscht, die verhindert, dass jedem Verlangen nach Abwechslung und jeder Neugier auf einen anderen Menschen sofort und ohne Hemmungen nachgegangen wird.

Trotzdem werde ich für Nebenbeziehungen offen sein, da ich ja nun weiß, dass diese sich auch von »allein« installieren. Allerdings werde ich bei der Entstehung, soweit das von mir beeinflussbar ist, einen sehr kritischen Maßstab anlegen. An sich kann ich mir so etwas nur noch mit Duldung meiner Frau vorstellen.

Ein Jahr später stellt er fest:

Meine Ehe hat sich durch die dreijährige Nebenbeziehung verändert. Sie hat sich von einer automatisch, traditionell laufenden in eine in vielen Bereichen offene, kritisch hinterfragbare Beziehung gewandelt. Mit den darin liegenden Chancen, aber auch Gefährdungen leben wir nun. Die Anzahl der »handelsüblichen« Zärtlichkeiten in der Öffentlichkeit ist deutlich gestiegen, während sie vorher, das heißt in der Zeit fünf bis zehn Jahre vor der Nebenbeziehung, fast gar nicht stattfanden. Die Anzahl der spontanen sexuellen Ereignisse, auch an wechselnden Orten, von uns beiden initiiert, ist deutlich höher als vorher. Dass meine Frau hierbei früher einmal offen die Initiative ergriffen hätte, daran kann ich mich überhaupt nicht erinnern. Gespräche über unsere Gefühle, auch über meine (!), sind möglich geworden, sogar mit einer gewissen weiblichen Akzeptanz.

Ich habe in der Nebenbeziehung die Erfahrung einer, auch geistig begleiteten, intimen Begegnung mit einer Einzelperson gemacht. Vorher war ich eher jemand, der mit dem Bad in der Menge gut befriedigt war. Die sexuellen Begegnungen mit meiner Frau, eher stumm und unreflektiert, gehörten als Begleitmusik im besten Sinne dazu. Heute suche ich mehr die Begegnung mit dem Einzelmenschen und fühle mich in Familien-Massenansammlungen mit immer ähnlichen, eher oberflächlichen Gesprächen öfter gelangweilt. Das hat nun dazu geführt, dass ich auch die Beziehung zwischen mir und meiner Frau besser durchschauen möchte, sozusagen versuche, die wirklichen, persönlichen und nicht die gesellschaftlich gebotenen Bindefäden zu erkennen.

Ich glaube, dass im Alter, wo die Zwänge, die mit der Gestaltung unserer Kinderstube einhergingen, wegfallen, die Eigenarten von mir und Erika sich mehr und mehr ausprägen. Diese zu akzeptieren, auch ihren Wert zu erkennen und dann trotzdem miteinander zu leben, scheint mir eine spannende Aufgabe zu sein. Als sehr beruhigend würde ich es empfinden, wenn ich wüsste und merkte, dass die Dinge, die wir noch gemeinsam machen können, auch gemeinsam gelebt werden. Für meine Frau könnte der Gedanke hilfreich sein, sich von dem Gefühl oder der Idee zu verabschieden, alles mit mir machen zu wollen. Sie sollte darüber nachdenken und nachfühlen, ob sie mich wirklich so sehr braucht. Dass ich mehr als elf Jahre älter bin, darüber können wir wohl auch nicht hinwegsehen.

Im Sommer 2001 ergänzt er:
Meine Beziehung zu Erika ist aus der Sicht von Außenstehenden zur Zeit unauffällig, da wir im privaten wie auch im öffentlichen Raum einen leichten, lockeren Umgang miteinander haben. Kaum jemand wird uns die über dreißig Ehejahre glauben. Für mich gibt es keine andere Alternative, da mir die

gewohnte Lebensform mit all ihren Möglichkeiten durch keine andere ersetzbar erscheint.

Mein innerer Zustand jedoch ist gespalten. Die oben beschriebene Haltung versuche ich aber trotzdem ohne bedeutende Vorbehalte so zu leben. Es gibt jedoch Sehnsüchte und Wünsche, die ich zur Vermeidung von Missstimmung mit Erika und aus Angst vor Verlust des erreichten Beziehungszustands unterdrücke. Da ist zum Beispiel der starke Wunsch, weniger auf Wünsche Erikas achten zu müssen. Im Freizeitbereich beobachte ich ein erhöhtes Misstrauen, wenn ich etwas allein oder mit anderen Personen, also ohne sie, zu unternehmen versuche. Um es mir mit ihr nicht zu »verderben«, verhalte ich mich folglich »brav« und verzichte. Erika dagegen lebt die Dinge, die ich nicht mitmachen kann oder möchte, froh und von mir unkritisiert aus.

Des Weiteren gibt es zum Beispiel auch noch die Angst, mich in Gesprächen mit Erika offen zu meiner Zeit mit Hildrun und den damit verbundenen tiefgreifenden Erfahrungen zu bekennen, weil ich damit zu leicht Unmut provoziere. Weiterhin füge ich mich verhältnismäßig stillschweigend unter Erikas Verhaltenskontrolle, was Form und Inhalt unserer Beziehung betrifft, obwohl ich ihre Ansichten nicht immer teile.

Dieses Vermeideverhalten legt ständig einen »leichten Grauschleier« über mein Leben. Ich bin deshalb nicht unglücklich, aber auch nicht unbeschwert glücklich. In der Blütezeit meiner Nebenbeziehung habe ich niemandem meine jeweiligen Gefühle verschwiegen. Das war sicher für beide Frauen nicht einfach, aber mir war es dabei ungemein leicht ums Herz. So sehr, dass es mir heute fast vorkommt, als wäre die Erfahrung dieses Freiheitsgefühls der emotionale Hauptgewinn meiner Nebenbeziehung gewesen. Diesen Zustand zu erinnern und gleichzeitig zu begraben, das scheinen wohl Lehrgeld und Opfer für eine passable Altersbeziehung mit Erika zu sein, von der ich hoffe, dass sie sich nicht zu einer Gratwanderung entwickelt.

Schilderung 2
Eine Frau, 37 Jahre, war neun Jahre verheiratet, hat seit einem Jahr eine neue Beziehung, sieht darin einen letzten Versuch.

Als ich meinen Mann kennen lernte, war ich 18, er 20 Jahre alt. Wir waren jeweils unsere ersten Sexpartner und hatten sehr intensive Sexualität, wobei die Hauptaktivität von ihm ausging. Mir war es oft zu viel, und ich habe es als bedrängend empfunden, all die Jahre ein- bis zweimal pro Tag Sex zu haben. Mein eigenes Bedürfnis war nicht so stark.

Oft habe ich nur ihm zuliebe mitgemacht, weil er bei Ablehnung oder wenn ich sagte »Ich mag nicht«, gekränkt reagierte und Zweifel an unserer Liebe bekam. Im Laufe der Jahre bekam ich zunehmend das Gefühl, eine »Maschine« zu sein, des Benutztwerdens, als ob das Interesse nur an meinem Körper bestand. Es bildete sich ein Teufelskreis aus Ablehnung, die ich auch als Machtinstrument im Streit etc. benutzte, Aggression seitens meines Mannes, oft gewaltsamem Sex, Alkohol, noch mehr Ablehnung von mir usw. Irgendwann blieb dabei meine Liebe zu ihm auf der Strecke.

In den ersten acht Jahren hatte ich keinen Orgasmus, war aber treu. Sex fand auch nach zehn Jahren Beziehung immer noch mindestens fünfmal in der Woche statt. Als ich neben dem Alkoholmissbrauch und sich türmenden Schulden auch noch regelmäßige Bordellbesuche meines Mannes entdeckte, habe ich die Trennung eingeleitet.

Aus heutiger Sicht bin ich viel zu lange in der Ehe geblieben, was eine Reihe von Gründen hatte: zwei kleine Kinder und der Glaube daran, dass es schon wieder wird, denn die Kinder hingen an ihm, und er war immer gut zu ihnen. Die Angst vor dem Eingeständnis, gescheitert zu sein und nicht wirklich alles versucht zu haben, die Beziehung zu retten. Fehlende finanzielle Unabhängigkeit mitten im Studium und wenig Aussicht auf Alimente wegen der Schulden. Mangelndes Selbstbewusstsein und das Gefühl, eine schlechte und frigide Frau zu sein und diese Behandlung verdient zu haben. Zu wenig sexuelle Erfahrung. Zudem war es keine durchgängig miserable Zeit, sondern abhängig von den Alkoholphasen unterlag die Beziehung sehr starken Schwankungen. Ich habe die Trennung aber nie bereut und bin nie wieder zu meinem Ehemann zurück.

Bis zur endgültigen Trennung waren wir noch einige Zeit beisammen, aber nun hatte ich auch andere Männer, und bei meinem ersten Seitensprung erlebte ich meinen ersten Orgasmus. Das Fremdgehen meines Mannes, insbesondere seine Bordellbesuche, habe ich als extrem verletzend erlebt. Aussagen wie »Die sind alle nicht so frigide wie du« im Zusammenhang mit gewaltsamem Sex zwischen uns waren wie ein Hohn, ließen mich aber im Laufe der Jahre selbst daran glauben, dass ich frigide sei. Das änderte sich mit dem ersten Fremdgehen meinerseits. Das war mit einem sehr gefühlvollen, liebenswerten Mann, und er hat mir den Glauben an meine Hingabefähigkeit wiedergegeben. Ohne ihn und seine Gefühlsbetontheit hätte ich die letzte Zeit vor der Trennung nicht so gut überstanden. Das Verhältnis dauerte zwar nur kurz, aber wir sind bis heute befreundet.

Danach drehte ich den Spieß um und benutzte alle Männer, die mir gefielen, und probierte, soviel ich konnte, aus. Sadomaso, zu dritt, vier Verhältnisse parallel etc. Das war etwa ein Jahr lang okay und gut so, jedoch breitete sich allmählich ein Gefühl der inneren Leere in mir aus, und das Befürfnis nach echter Nähe entstand wieder. Alles war so entpersonalisiert. Der Körper und Sex waren abgespalten von Geschichten, Wünschen etc., und das war mir doch auf Dauer zu wenig, obwohl der ständige Kick super war und ich nichts bereue.

Vor einem Jahr ging ich wieder eine Beziehung ein, ich im Alter von 36, er von 35 Jahren. Wir hatten von Beginn an eine beiderseits sehr intensive und innige Sexualität und sind sehr glücklich miteinander. Anfangs waren die sexuellen Aktivitäten ausgewogen, in der letzten Zeit gehen sie aber zunehmend von mir aus, vor allem was die Abwechslung betrifft (in der Natur, auf dem Küchentisch etc.). Er steigt zwar sofort darauf ein, übernimmt aber selbst selten die Initiative. Das erste dreiviertel Jahr hatten wir sehr oft Sex (ca. zehnmal in der Woche), wobei ich immer einen Orgasmus hatte. In den letzten Monaten lassen die Reize nach, und der Sex geht zurück.

Ich denke, dass es eine normale Entwicklung ist, wenn die körperliche Anziehungskraft mit der Zeit nachlässt. Insbesondere mein Bedürfnis nach abwechslungsreicher Sexualität prallt nach Abklingen der Hormonwallungen auf ein starkes Kuschelbedürfnis bei ihm, und eine sehr hohe berufliche Belastung auf seiner Seite macht das Ganze noch schwieriger. Natürlich haben wir darüber gesprochen, und er bemüht sich immer wieder, sich aktiv einzubringen, was auch gut gelingt. Ansonsten liegt die Hauptinitiative bei mir, wobei er dann auch meistens mitzieht, und wir sind zu dem Schluss gekommen, dass das für beide okay ist und mir Sex einfach wichtiger ist als ihm. Zugegebenermaßen ist das nicht optimal.

Für ihn ist Treue einer der höchsten Werte. Wenn ich ihn betrügen würde, wäre das ein sofortiger Trennungsgrund. Treue haben wir so definiert, dass Reden und Schauen erlaubt sind, sonst aber nichts. Würde unsere Sexualität zurückgehen und würden Versuche der Wiederbelebung unserer sexuellen Anfangserlebnisse nur bedingt funktionieren, könnte meinerseits ein Interesse an anderen Männern wach werden. Solche Gedanken beunruhigen mich.

Da sich in unserer Sexualität immer wieder Wellenbewegungen zeigen, kann ich damit noch gut leben. Abstinent zu leben erscheint mir völlig ausgeschlossen, und eine Beziehung ohne Sex ist für mich nicht vorstellbar. Wenn es keine Wellenbewegungen mehr gäbe und ein längerfristiger Abwärtstrend käme und ich sicher wäre, dass es kein Zurück gibt, würde ich nicht nebenher ein Verhältnis suchen, sondern mich trennen.

Danach würde ich keine feste Beziehung mehr suchen, drei Versuche sind genug. Ich würde mir parallel ein paar (zwei bis vier) nette Männer suchen, die unterschiedlich sind und verschiedene Bedürfnisse bei mir abdecken. Mit keinem eine Beziehung, sondern lockere längerfristige Bindungen. Keine großen Verpflichtungen und immer offen für Neue(s). Mal der verschmuste Teddybär, mal der wilde Stier, mal der Intellektuelle, mal der Künstler. Für echte, tiefe Gefühle mit weniger Stress hat man ja Freunde.

Schilderung 3
Eine Frau, 32, seit acht Jahren verheiratet, entdeckt im Seiten-
sprung ihr Begehren.

Ich habe Sexualität zu Hause immer als etwas Schlechtes erlebt. Meine Mutter erzählte mir ziemlich früh, wie schrecklich
der Sex mit meinem Vater sei. Sie sagte immer, dass er nur
dann zufriedener sei und sie es eigentlich eklig fände. Meine
Mutter hatte während meiner Kindheit und Jugend einige außereheliche Freunde, aber auch von denen berichtete sie nur
Schlechtes über die Sexualität.
Ich lernte meinen Mann im Alter von 14 Jahren kennen. Fasziniert war ich davon, wie unglaublich zärtlich er war, er
konnte auch sehr gut küssen. Kurz bevor ich 15 wurde, hatten
wir das erste Mal Sex. Ich weiß noch, dass ich es nicht besonders schön fand und sehr aufgeregt war. Im Laufe der nächsten Jahre hatten wir oft an ausgefallenen Orten Sex, da es zu
Hause nicht möglich war. Ich erinnere mich, dass mein Partner viele neue Dinge, beispielsweise verschiedene Stellungen,
ausprobieren wollte. Ich fand das immer sehr aufregend. Dem
Sex als solchem konnte ich aber nie besonders viel abgewinnen, eher der Nähe, die dann zwischen uns entstand.
Im Laufe der Jahre wurde Sex für mich immer unwichtiger,
bis ich der Ansicht war, ich könnte auch gut ohne Sex leben.
Nachdem wir zusammengezogen waren, schliefen wir etwa
ein- bis zweimal in vierzehn Tagen zusammen. In dieser Zeit
erlebte ich den sexuellen Kontakt nur noch als Ritual. Ich
dachte oft, ach ja, es ist mal wieder Zeit, mit meinem Mann
zu schlafen. Mein Mann war weiterhin immer sehr zärtlich,
hörte aber auf, mich zu küssen. Oft erlebte ich den Sex als
frustrierend, da ich so gut wie nie einen Orgasmus hatte. Ich
konnte mich schlecht fallenlassen und dachte dann an die viel
zitierte Einkaufsliste. Ich hatte in den Jahren oft das Gefühl,
ich sei frigide. Denn auch mit der Masturbation konnte ich
nichts anfangen, es klappte bei mir nicht.

Mit 26 Jahren verliebte ich mich in einen Kollegen. Bei der kurzen Affäre bekam Sex dann für mich eine andere Bedeutung. Ich wollte zum ersten Mal wirklich von mir aus Sex haben. Ich weiß noch heute, wie schön es war, als wir zusammen schliefen. Der Mann war auch zärtlich, aber in vielen Dingen viel leidenschaftlicher. Er hielt mich fest beim Sex und redete dabei. Es war wunderschön, geküsst zu werden und die Erregung bei ihm zu spüren. Ich kannte diese Art von Erregung bei Männern nicht und genoss es, auch seine Komplimente über meine Figur. Für mich war es wie eine Befreiung, denn ich wusste nun, ich war nicht frigide.

Auch nach Beendigung der Affäre beschäftigte ich mich weiter mit dem Thema. Ich entdeckte für mich die Selbstbefriedigung und konnte mich, wenn mir danach war, dahin zurückziehen. Der Sex mit meinem Mann wurde nach der Affäre eigentlich nicht viel anders. In der Schwangerschaft habe ich mich recht sinnlich gefühlt, aber nach dem Baby ist bei uns wieder die alte Routine eingekehrt. Ich war mittlerweile diejenige, die immer anfangen musste, wenn es um Sex ging. Ich merkte oft, dass vieles überhaupt nicht stimmig war. Ich vermisste so viele Dinge, ich wünschte mir, dass er mal redete beim Sex oder mich einfach mal mitriss. Vor allem das Küssen vermisste ich nach wie vor, für mich besteht darin ein Aufbau der Erregung. Wir haben oft nur noch einmal im Monat sexuellen Kontakt. Ansonsten Begrüßungsküsschen, Abschiedsküsschen und Umarmungen.

Zu Anfang schämte ich mich, mit meinem Mann zu reden, obwohl wir doch schon ewig zusammen waren. Natürlich habe ich ihm meine Wünsche erzählt, aber ich glaube, er fühlt sich unter Druck gesetzt. Er erwartet von mir die Initiative und meint, ich solle etwas tun, das ihn anmacht. Ich für meinen Teil habe auch kein Problem damit, das ab und zu mal zu tun, aber doch nicht immer.

Vor zwei Monaten lernte ich einen Mann kennen, der genau das Gegenteil zu meinem bodenständigen Ehemann ist. Mit ihm fühlte ich mich seit langer langer Zeit mal wieder als Frau, ich hatte Sex mit ihm, wie es ihn sonst nur in meinen Träumen gab. Eine Beziehung ist nicht daraus geworden. Mein Mann wusste von meiner Verliebtheit und auch, dass ich ein Wochenende bei dem anderen Mann war, aber vom Sex weiß er nichts. Verrückterweise scheint er sich das nicht zu denken. Er hat nicht mal gefragt, ob ich auf dem Sofa geschlafen habe oder warum ich mit besonders netter Unterwäsche dahin gefahren bin, die er gesehen hat, als ich mich fertig gemacht habe. Ich glaube, er traut mir so etwas einfach nicht zu.

Ich habe es ihm auch nicht erzählt, ich will ihm nicht weh tun, und andererseits bin ich auch sauer auf seine Gleichgültigkeit. Ich persönlich kann nicht ganz so gut mit den Seitensprüngen leben, denn ich möchte nicht fremdgehen. Ich mache es ja nicht nur wegen dem Sex, sondern ich verliebe mich auch. Nur so mal mit jemandem ins Bett zu gehen, reizt mich zwar, aber ich glaube, das könnte ich nicht. Bei mir muss schon mehr dahinter sein. Vielleicht komisch, aber ich muss mir immer die Hände des anderen auf mir vorstellen können, und das kann ich nicht bei jemand Fremden.

Mein Wunsch für die Zukunft ist eigentlich eine erfüllte Sexualität. Wie das klappen soll, weiß ich noch nicht. Ich möchte dafür nicht fremdgehen müssen. Aber nur so routinemäßigen Sex, das möchte ich auch nicht haben. Ich weiß nicht genau, was mir die Beziehung zu meinem Mann bedeutet, da wir gerade in einer ziemlichen Krise stecken und wohl erst einmal eine Paartherapie machen werden. Ich habe überlegt, ob ich vielleicht sexuelle Lust nur außerehelich empfinden kann, vielleicht killt diese ewige Nähe mein Gefühl für Erotik miteinander.

Ich glaube nicht, dass eine gute Beziehung sich durch guten Sex auszeichnet, aber ich merke bei mir, dass Beziehungsprobleme sich beim Sex widerspiegeln. Sex beginnt für mich im Kopf, und ich bemerke bei mir so eine Art Erlösertheorie. Ich habe immer jemanden gesucht, der mich aus dieser Beziehung mit meinem Mann errettet, weil ich es selber nie geschafft habe. Der Partner, mit dem ich dann fremdging, hatte dann einen so genannten »Erlösercharakter«; und mit ihm stimmte erst einmal alles, natürlich auch der Sex. Wahrscheinlich könnte mein Mann im Bett die gleichen Dinge tun, nur auf mich würden sie nicht so wirken wie mit dem anderen. Ich hoffe mal irgendwann beides unter einen Hut bringen zu können.

Ein Mann, 27 Jahre alt, seit drei Jahren verheiratet, arrangiert sich bisher.

Ich lernte meine Frau vor ungefähr elf Jahren kennen, sie war damals 15, ich 17. Da sie noch sehr jung war, wurde aus unserer Beziehung nicht das, was ich mir darunter vorstellte. Etwa zwei Jahre später ergab es sich, dass wir abermals Kontakt hatten und ein Paar wurden. Dazwischen hatten wir beide eine andere Beziehung, in der wir jeweils unser »erstes Mal« erlebten. Wir hatten anfangs häufig sexuellen Kontakt, etwa drei- bis viermal pro Woche, was sich dann nach und nach reduzierte. In unserer Beziehung kriselte es stark, so dass wir uns mehrmals trennten, aber wieder zusammenfanden. Ursache dafür war meist die Eifersucht.

Während einer dieser Trennungen lernte ich ein Mädchen kennen, das heute noch eine große Rolle in meinem Gefühlsleben spielt. Meine Frau weiß davon nichts. Es lag von Anfang an immer eine positive Spannung in der Luft, wenn wir uns sahen. Sie spielt eine große Rolle in meinen Träumen. Ich fühle mich sehr stark zu ihr hingezogen. Ich sehe sie gelegentlich und würde mich gern öfter mit ihr treffen, es ist jedoch für mich sehr schwierig, die Angst zu überwinden, um Kontakt aufzunehmen, die Angst vor Ablehnung und vor Entdeckung. In meinen Träumen bin ich ihr aber immer sehr nahe.

Vor etwa vier Jahren stellte ich ein Abebben des sexuellen Verlangens nach meiner Frau fest. Dieses Abebben empfand ich zuerst als beängstigend und als Zeichen dafür, dass es wohl mit unserer Liebe zu Ende gehen würde. Wie es meine Frau empfand, weiß ich nicht, da wir darüber sehr schlecht sprechen können. Und je länger man darüber nicht gesprochen hat, desto höher liegt die Hürde, es endlich zu tun.

Während einer kurzen Phase der Verliebtheit war ich bereit, unsere Partnerschaft für eine andere Frau aufzugeben, was mir dann doch nicht gelang. Als meine Frau schwanger wurde, war es mit meinem sexuellen Verlangen nach ihr ganz vorbei. Ich glaube, sie wollte auch nicht, dass wir miteinander schliefen. Die körperliche Veränderung und die damit verbundene Gewichtszunahme steigerte in meinen Augen nicht gerade ihre Attraktivität. Auch nach der Geburt unseres Kindes hatten wir selten, etwa einmal im Monat, Sex. Ersatzweise fand ich in der Selbstbefriedigung die Erfüllung meines Verlangens, was meine Frau nicht weiß und was sie auch »ekelhaft« finden würde.

Während der zweiten Schwangerschaft hatte meine Frau mehr Lust auf Sex, ich jedoch umso weniger, worüber ich mir Gedanken machte. Nach wie vor besteht meine Frau auf absoluter Treue in jeder Hinsicht, nicht einmal E-mail-Kontakt mit anderen Frauen ist erlaubt. Wenn sie von so etwas erfährt, macht sie mir eine riesige Szene.

Vor einem Jahr hatte sie Kontakt mit einem Mann, mit dem sie sich anfangs geschrieben und auch ein- oder zweimal getroffen hat. Ob sie auch miteinander geschlafen haben, weiß ich nicht. Meine Frau sagt, dass überhaupt nichts war. Sie habe es nur genossen, von jemandem begehrt zu werden. Als er jedoch mehr wollte, habe sie sich abgewendet. Ob es stimmt, weiß ich nicht genau. Als ich zufällig von der Sache erfahren habe, brach sie den Kontakt auf mein Verlangen hin sofort ab. Denn ich bin auch sehr eifersüchtig.

Über die Wichtigkeit der Beziehung zu meiner Frau bin ich mir eigentlich nicht richtig klar. Einerseits haben wir uns im Laufe der Jahre eine Lebenspartnerschaft aufgebaut, die es sicherlich wert wäre, erhalten zu werden. Dann sind da unsere beiden Kinder, auf die ich unmöglich verzichten könnte. Meine Kinder zu verlieren, bereitet mir mehr Verlustangst, als wenn ich auf meine Frau verzichten müsste. Es gibt auch Phasen, da bin ich sehr glücklich mit ihr. Andererseits lässt sie mir keinen Freiraum hinsichtlich Beziehungen außerhalb unserer Ehe. Das heißt, sie duldet es nicht, wenn ich mich mit irgendeiner Frau oder einem Mädchen treffe, unterhalte oder mir mit ihr schreibe. Auch wenn wirklich nichts dahinter steckt. Auch nicht mit Sportfreundinnen. Sie hat immer Angst, dass etwas sein könnte. Aber ich kann es ihr nicht klar machen, dass da nichts ist, und dies belastet mich und meine Liebe zu ihr sehr.

Während der letzten zwei Jahre hätte ich mehrere Gelegenheiten gehabt, fremdzugehen. Auch übte die Vorstellung einen gewissen Reiz auf mich aus. Doch kurz davor übermannte mich immer wieder das Gefühl, etwas sehr Schlechtes zu tun. Auch die Angst, entdeckt zu werden, war groß. Deshalb habe ich es noch nicht dazu kommen lassen.

Für die Zukunft denke ich, dass die Sexualität in unserer Ehe wohl nicht leidenschaftlicher wird. Das Ventil des sexuellen Dranges in eine andere Richtung zu öffnen, kann ich mir schon vorstellen; in Selbstbefriedigung, was ich gelegentlich tue, in Träumen oder auch in geheimen Nebenbeziehungen.

Schilderung 5

Eine Frau, 52, seit über dreißig Jahren mit einem älteren Mann verheiratet, arrangiert sich.

Als ich meinen Mann kennen lernte, war ich 20 Jahre alt, noch Jungfrau und sofort schwer verliebt. Erst nach drei Monaten Skifahren, Wandern, Ausgehen und gemeinsamen Erlebens haben wir zusammen geschlafen. Ich habe nicht gleich das tolle Gefühl dabei gehabt, das kam einige Zeit später.

In den Jahren, als unsere vier Kinder geboren wurden und aufwuchsen, gehörte Sex zu meinem Leben wie ... na ja, wie Essen und Trinken, wie Arme und Beine ... Sein Vorhandensein war selbstverständlich. Er gehörte einfach dazu. In längeren Sexpausen bin ich auch heute noch unruhig und unzufrieden. Ich bekomme schlechte Laune, habe verspannte Nackenmuskeln und neige zu Kopfschmerzen. Es hilft mir dann, wenn ich eine oder besser noch mehrere Stunden Ausdauersport treibe, zum Beispiel Rad fahre. Das bringt mir Entspannung, und ich fühle mich wieder besser.

Sechsundzwanzig Jahre lang war ich glücklich in dieser Ehe und hätte mit keinem mir bekannten Paar tauschen wollen. Herausragende Ereignisse für uns beide waren Berg-, Kanu-, Rad-, Ski-, Schlittschuhtouren und Erlebnisse mit unseren Kindern. Fremdgehen kam mir nie in den Sinn, und von der Norm abweichende Dinge haben wir nicht unternommen.

Wir haben noch viel Spaß am Sex miteinander. (Ich weiß, mein Mann auch!) Sein Aussehen macht mich immer noch an. Er sieht fast genau so aus wie vor dreißig Jahren. Wenn er fett wäre, ohne Haare, wäre er vielleicht nicht mehr so anziehend für mich. Wir gehen oft zusammen tanzen, dabei genieße ich die interessierten Blicke anderer Männer. Dann spüre ich, ich werde begehrt. Treue finde ich wichtig für eine gesunde Beziehung. Trotzdem glaube ich, Seitensprünge seinerseits, kurz und berauschend, würden mich nicht aus dem Gleichgewicht bringen.

Aber als mein Mann bis vor kurzem zwei Jahre lang sehr intensiv in eine andere Frau verliebt war, hat das eine üble Scharte in meine heile Welt geschlagen. Die Nebenbeziehung meines Mannes hat mich völlig aus dem Gleichgewicht gebracht. Nicht ich bin mit der Situation umgegangen, sie ist mit mir umgegangen. Die Scharte ist noch da. Ich fühle mich nicht mehr geborgen in unserer Beziehung. Außerdem hat mein Mann sich verändert. Er interessiert sich fast ausschließlich für Paarprobleme und alles, was damit zusammenhängt. Einen großen Teil seiner Freizeit ist er mit diesen Problemen beschäftigt: Zeitungsartikel, Vorträge, Internet, kilometerweise Bücher. Sportliche Abenteuertouren machen ihm keinen Spaß mehr, er fühlt sich nicht fit genug dafür. Statt gemeinsam etwas zu unternehmen, kommt es vor, dass wir uns mit stundenlangen Marathon-Gesprächen (verdammt, warum lasse ich mich darauf ein?!) über sein Lieblingsthema quälen. Mein Beitrag ist dabei höchstens 20 Prozent. Er weiß sowieso alles besser. Hinterher bin ich jedes Mal fix und fertig und könnte alle diese Schreiberlinge, Doktoren, Professoren, Soziologen, Paarberater und Biologen in der Pfeife rauchen und in die Luft sprengen. Ich möchte unsere Beziehung leben! Nicht lesen oder reden!
Als mein Mann in die Frau verliebt war und für mich nicht erreichbar, bin ich häufig mit einem Großsegler mitgesegelt. Ich bemerkte das Interesse eines Sailers an mir. Ich brauchte und wollte Sex! Also habe ich ihn angefunkt und dann zehn nette Tage mit ihm verbracht. Nix verliebt, null Probleme, einfach lockerer und erfüllter Sex. Ich hatte nicht das Gefühl, fremdzugehen, eher fühlte ich mich als Witwe. Er hat mich später einmal besucht. Bei einer weiteren gemeinsamen Seereise, ein Jahr danach, haben wir nur die ersten beiden Tage Sex miteinander gehabt. Irgendwie war der Kick weg, bei uns beiden, denke ich. Ich hatte auf dieser Reise starke Sehnsucht nach meinem Mann.
Zur Zeit kann ich mir nicht vorstellen, die Sexualität aufzugeben. Zum Fremdgehen fehlt der Bedarf. Wie ich die Zukunft

sehe, vermag ich nicht zu sagen. Sex ist wichtig für mich. Mein Mann und ich passen da immer noch gut zusammen. Genauso wichtig ist aber, dass wir uns wieder leicht und fröhlich über alles Mögliche unterhalten können und mit Vergnügen kleine kulturelle und sportliche Ereignisse gemeinsam erleben. Und dass wir, wie früher, die erfreulichen Höhepunkte des Alltags genießen.

Während wir Rad fahren und tanzen, klappt das schon wieder, wir lachen, oder wir flirten auch mal miteinander und sind entspannt. Es wäre schön, wenn das bei Gesprächen und Diskussionen auch so sein könnte. Dann werde ich mich wieder geborgen fühlen können in unserer Beziehung und an eine gemeinsame Zukunft glauben.

Schilderung 6
Ein Mann, 42 Jahre alt, findet Sex nicht so wichtig.

Ich war nie verheiratet, aber es gab zwei für mein Leben entscheidende Beziehungen.

Mit der einen Frau bin ich im Alter von 29 Jahren zusammengekommen. Wir waren acht Jahre zusammen, am Anfang gab es regelmäßig und mäßig leidenschaftlichen Sex, der sich in einer »Normalsituation« von ein- bis zweimal in der Woche abgespielt hat. Insbesondere in der Zeit des Nichtzusammenlebens war diese Leidenschaft ausgeprägter. Später, nach Bezug einer gemeinsamen Wohnung, übernahmen Arbeit und berufliche Entwicklungen beiderseits weitgehend die Kontrolle, so dass die Sexualität das Nachsehen hatte. Hin und wieder gab es deshalb Diskussionen, insbesondere weil die Interessen unterschiedlich lagen. Sie wollte eher ruhiges, zärtliches Kuscheln und ich eher leidenschaftliches Verlangen.

Lösungen wie Nebenbeziehungen oder anderes waren ein Tabu-Thema. Die Umsetzung oder schon Gedanken daran hätten die Beziehung sofort beendet. Die Beziehung endete dann auch, weil sie sich zu einem anderen Mann hingezogen fühlte. Dazu kamen wohl ihre Ängste, etwas in ihrem eigenen Leben verpassen zu können – ich war ihr erster Partner.

Nach einer langen Beziehungspause hatte ich jetzt für ein Jahr eine weitere Beziehung. Sex hat dabei keine besondere Bedeutung gehabt, im Schnitt fand er zweimal die Woche statt. Dennoch war für mich in jedem Akt eine intensive Nähe zu spüren. Die Beziehung basierte im Wesentlichen auf seelischer, sinnlicher und freundschaftlicher Liebe. Diese Attribute waren derart ausgeprägt, dass die sexuelle Leidenschaft das Nachsehen hatte – der Frau fehlte das körperliche Verlangen zum Erhalt der Beziehung.

Sie hat mich verlassen, weil sie scheinbar keine Beziehung ohne dieses intensive Gefühl aufbauen kann. Es gab einen Mann in ihrem Leben, bei dem sie dieses Gefühl erfahren hat, das sie jetzt wieder sucht. Die Beziehung mit diesem Mann ist an anderen Attributen, wie fehlender Offenheit und seelischer Verbundenheit, gescheitert. In ihr scheint die Hoffnung zu leben, einen Mann zu finden, mit dem sie beides, sowohl leidenschaftliche als auch sinnliche, seelische und freundschaftliche Harmonie finden kann.

Sehr interessant und für mich natürlich spannend ist nun die neue Tatsache, dass es nach mehreren Monaten der Trennung wieder einen neuen Kontakt zwischen uns gibt, der unter anderem auch in Zärtlichkeiten mündete. Wie dieser Kontakt sich weiter entwickelt, ist derzeit nicht abzusehen. Sicher scheint jedoch, dass dieser Frau auch sehr viel an unseren sehr gut gelebten anderen, »nicht sexuellen Attributen« liegt.

Ich habe gelernt, dass es in meinem Leben einfach wichtigere und dauerhaftere Dinge als die sexuelle Leidenschaft gibt. Meinen Ausgleich für sexuelles Verlangen habe ich in einer sehr starken und intensiven sinnlichen Gemeinsamkeit gefunden: Anschauen, gemeinsames Lachen, zärtliche Berührungen, gemeinsame Interessen und das offene Miteinander-Reden-Können. Auch waren unsere freundschaftlichen und seelischen Verbindungen derart intensiv und harmonisierend, dass ich sogar gern auf die zuweilen durchaus schmerzliche Leidenschaft verzichtet habe.

Ich bin mir jetzt noch sicherer geworden, dass diese Gefühle des Verlangens, der Leidenschaft zur Harmonie einen nicht lösbaren Konflikt für eine längere und stabile Beziehung darstellen. Und für mich habe ich entschieden, die sinnlichen/seelischen Attribute in den Vordergrund zu stellen und darauf eine Langzeitbeziehung aufbauen zu wollen. Sex kann und wird meines Erachtens dann diese Beziehung bereichern. Erst wenn ein gegenseitiges »Verstehen« existiert, können meiner Meinung nach auch eventuelle Defizite in der Sexualität verändert oder von beiden akzeptiert werden. Und wenn der Sexwunsch nicht aus der unerfüllten Leidenschaft entsteht, dann kann er seine Wurzeln in einer intensiven Harmonie finden.

Für die Zukunft möchte ich klare Regeln für eine eventuelle Lebenspartnerschaft aufbauen und das Wissen darum, dass Sexualität nur ungefähr ein Viertel einer solchen Partnerschaft einnimmt, vertiefen und begreifen. Sex muss meiner Meinung nach nicht von Leidenschaft »gefordert« werden, sondern er dient dazu, schöne, intensive und vertraute Stunden miteinander zu teilen.

Schilderung 7

Eine Frau, 34 Jahre alt, seit vier Jahren verheiratet, arrangiert sich noch.

Schon kurz nachdem ich meinen Mann kennen lernte, wusste ich: »Das ist der ideale Mann für mich«, und ich denke noch heute so. Unsere Sexualität war stürmisch, leidenschaftlich – schlichtweg so, wie man es aus einschlägigen Filmen kennt. Nach etwa zwei Jahren erlosch mein sexuelles Interesse langsam und endgültig. Dies war in allen meinen Beziehungen so und hat weder etwas mit der Geburt unseres Sohnes noch mit irgendwelchen Beziehungsproblemen zu tun. Es ist schlichtweg mein ureigener persönlicher »Lustrhythmus«.

Aufregenden Sex habe ich mit Männern, die ich wenig kenne und mit denen mich möglichst wenig tiefere Gefühle verbinden. Meinen Mann jedoch liebe ich von ganzem Herzen. Wir führen eine harmonische Ehe, haben weitgehend gleiche Lebensziele und Wertvorstellungen und genießen unser Leben. Ich fühle mich meinem Mann so nahe und vertraut, dass mir Sex mit ihm nahezu »inzestuös« erscheint. Das klingt sicherlich ein wenig dramatisch, beschreibt aber im Wesentlichen meine Gefühle.

Darin sehe ich allerdings absolut kein Problem. Im Gegenteil. Ich halte diese Erscheinung für völlig normal. Beim einen tritt sie früher auf, beim anderen später; letztendlich jedoch bei jedem. Niemals würde ich dies als Kriterium für die Qualität unserer Ehe in Betracht ziehen. Legte man Sexualität als Maßstab an, so müsste zumindest ich alle zwei Jahre meine Partner wechseln. Welch eine schwachsinnige Vorstellung! Bemerkenswert ist jedoch, dass die Gesellschaft sich eben dieser schwachsinnigen Vorstellung bedingungslos unterwirft.

Ich hatte vor kurzem ein Gespräch mit einer Bekannten, der ich meine Einstellung zu diesem Thema darlegte. Ich sagte ihr, dass es zwischen mir und meinem Mann keinen Sex mehr gibt. Ihre Antwort war: »Dann ist eure Beziehung also am

Ende?« Eben diese Frau hatte mir ein paar Wochen zuvor erzählt, dass sie nur noch widerwillig mit ihrem Mann schlafe. Ich versicherte ihr, dass meine Ehe absolut in Ordnung sei, und machte sie darauf aufmerksam, dass der einzige Punkt, in dem sie sich von mir unterscheidet, der ist, dass ich nicht tue, was ich nicht will, und sie eben dem Motto »Beine breit, Augen zu und durch« den Vorzug gebe. Welche dieser beiden Haltungen nun eher für eine reife und aufrichtige Partnerschaft spricht, steht wohl außer Frage. Sie hat das wohl auch eingesehen. Nichtsdestotrotz ist dieser ständige Rechtfertigungszwang außerordentlich belastend. Ich frage mich, warum wir alle dumm genug sind, diese kollektive Lüge zu leben und unseren Geist davon infiltrieren zu lassen.

Ich habe während meiner Ehe zwei andere Männer geküsst, bei einem war es etwas mehr. Seltsamerweise habe ich jedoch so eine Art Blockade, wenn es dann darum geht, mit diesen Männern zu schlafen. Das mag daran liegen, dass ich, obwohl ich es mir rational zugestehe, letztendlich doch einen anerzogenen und tief verankerten »Moralkodex« habe, der mich immer wieder zurückhält. Es ist aber auch durchaus möglich, dass mich diese »Wir machen's im Auto«-Geschichten einfach schlagartig ernüchtern. Das war mit 16 prickelnd; mittlerweile bietet mir aber das Auto schlichtweg zu wenig Bewegungsfreiheit, um die Sache wirklich genießen zu können. Warum im Auto? Das liegt daran, dass ich mich auf solche »Abenteuer« nur mit Männern einlasse, die sich ebenfalls in einer glücklichen Lebensgemeinschaft befinden. Das macht die Risiken wesentlich kalkulierbarer. Möglicherweise ist es aber auch die geografische Nähe zu meiner Familie. In einer anderen Stadt oder einem anderen Land sähe die Sache vermutlich anders aus. Ich bin mir sicher, dass es früher oder später passieren wird.

Was dann? Das Schlüsselwort lautet für mich: »Diskretion«. Mein Mann war 35 Jahre alt, als wir heirateten, ich war 30. Das durchschnittliche Lebensalter liegt, soviel ich weiß, bei 75

Jahren. Soll das nun also bedeuten, dass wir für den Rest unseres Lebens, und das sind immerhin vierzig bis fünfundvierzig Jahre, mit niemand anderem mehr schlafen dürfen? Ich halte das zum einen für eine sehr naive Vorstellung und zum anderen für absolut zu viel verlangt. Ich hätte vollstes Verständnis dafür, wenn mein Mann gelegentlich mit einer anderen Frau schlafen würde. Unter einer Bedingung: Ich möchte nichts davon erfahren. Das wäre seine persönliche Angelegenheit, und er müsste damit alleine umgehen können. Das gleiche gilt selbstverständlich auch für mich. Ich bin überzeugt, dass dies ein sehr vernünftiger Weg ist, um eine Beziehung ein Leben lang zu erhalten; und zwar so zu erhalten, dass beide Partner glücklich und zufrieden sind. Grundvoraussetzung ist jedoch, dass man sich liebt, sich einander zugehörig fühlt und an das Recht der persönlichen Freiheit eines Menschen glaubt. Immer wieder stoße ich mit meiner Ansicht auf Unverständnis, Befremden oder Ablehung. Dabei bin ich eine der wenigen Frauen, die ich kenne, die wirklich glücklich sind, sowohl in meiner Ehe als auch im Leben allgemein.

Was denkt mein Mann über diese Dinge? Nun, wir reden nicht über dieses Thema. Nicht mehr. Es gab eine Zeit, da fragte mich mein Mann immer mal wieder, wann wir denn wieder Sex haben würden. Ich habe ihm wahrheitsgemäß geantwortet, dass ich einfach nicht kann, dass ich ihn aber trotzdem über alles liebe. Mittlerweile fragt er mich nicht mehr und versucht es auch nicht mehr. Trotzdem bin ich mir sicher, dass auch er mich liebt. Er ist wie eh und je liebevoll, aufmerksam, humorvoll und unterhaltsam. Ich kann nicht feststellen, dass er sich auf irgendeine Art von mir distanziert. Ob es für ihn in Ordnung ist, dass wir nicht mehr miteinander schlafen, weiß ich nicht. Ich frage auch nicht danach. Ich glaube, dass er im Grunde dasselbe denkt, aber zu sehr in Konventionen verhaftet ist, um dies offen auszusprechen. Auch ich mache das ihm gegenüber nicht. Warum nicht? Weil ich keine Notwendigkeit dafür sehe, ihn mit derartigen Ansichten möglicherweise zu verunsichern oder zu verletzen. Wir leben, wie gesagt, ein harmonisches Leben, in dem jeder genug Freiraum hat, um auch noch ein Privatleben zu haben, das keinen anderen etwas angeht. In diesem Fall auch mich oder ihn nicht. Dieser »private Raum« ist für mich die Basis einer funktionierenden Langzeitbeziehung.

Schilderung 8

Eine Frau, 43, seit neunzehn Jahren verheiratet, erlebt eine überraschende Wiederkehr des Begehrens in der Ehe.

Dieses Jahr sind wir neunzehn Jahre verheiratet. Für mich war es eine gute Zeit mit Höhen und Tiefen, mit wenig Sex, immer hin und her, wie man denkt, das müsse so sein. Wir haben drei Kinder. Ich hatte vor der Ehe zwei, drei Freundschaften mit sexuellen Kontakten, mein Mann hatte vor mir keine Freundin. Ich wurde relativ offen erzogen, mein Mann sehr streng. Als seine Mutter beispielsweise einmal ein Kondom in seinem Anzug fand, gab es das größte Theater.

Wir hatten nie leidenschaftlichen Sex, er war für mich immer gewöhnlich. Ich hätte immer gern mehr experimentiert, traute mich aber nicht, das zu sagen, weil ich aufgrund familiärer Umstände immer das Gefühl hatte, wir hätten genug andere Probleme. Sex war eigentlich nebensächlich. Letzten Sommer zeigte mein Mann auf einmal kein sexuelles Interesse mehr an mir. Mich störte das nicht weiter, schien doch sonst alles okay. Im Dezember dann kam aber der Hammer; er erzählte mir, dass er seit Sommer einen Freund habe, er sei eben schwul. Nun, zuerst schluckt man schwer und atmet tief durch. Es war eine schlimme Zeit, ging aber nicht so lange, da sein Freund, als ich darauf bestand, ihn kennen zu lernen, nichts mehr von meinem Mann wissen wollte. In der Folge litt mein Mann, wie ich vorher. Nach Ostern erzählte er mir, dass er wieder jemanden kennen gelernt habe und diesen Mann hin und wieder treffen möchte.

Wir haben nun eine Abmachung ausgehandelt: Mein Mann kann seinen Freund einmal pro Woche am Abend sehen und er kann ein Wochenende pro Monat mit ihm verbringen. Die Wochenenden werden nicht so sehr in Anspruch genommen, die Abende eher.

Da unser Sexualleben seit unserer Abmachung ist, wie es in neunzehn Jahren noch nie war, weiß ich nicht so genau, was ich von all dem halten soll. Die positive Veränderung unserer Sexualität ist im Ganzen zu sehen. Mein Mann sieht mich wieder als Frau, die auch ein Sexleben hat und braucht, er ist nun auch bereit, Experimente zu wagen und Neues auszuprobieren. Er kann mich heute viel besser befriedigen als davor, und wir haben in den letzten drei Monaten mehr Sex gehabt als in den letzten Jahren zusammengezählt. Es ist einfach ein natürliches Begehren beiderseits.

Schwul ist mein Mann wohl nicht, vielleicht ist er bisexuell oder hat eine Midlife-Krise und holt nun Sachen nach, die ihm in seiner Jugend durch eine total strenge Erziehung verwehrt wurden. Ich weiß nun nicht, wie ich mich am besten verhalten soll, denn wie er sagt, möchte er bei uns, seiner Familie, bleiben, braucht aber das andere hin und wieder auch. Ich leide immer sehr, wenn er geht, kenne auch seinen Freund nicht und weiß nie so genau, wo er hingeht. Ich weiß nicht, ob ich ihn zu einer Entscheidung drängen oder der Sache erst mal ihren Lauf lassen soll.

Eigentlich kann ich schon damit leben, ob gut oder nicht, ist sehr von der Tagesstimmung abhängig. Ich würde einfach gern den Freund meines Mannes kennen lernen, aber er sträubt sich noch dagegen. Es wäre für mich beruhigend zu wissen, dass sich sein Freund wirklich nicht outen will. So stellt es mein Mann dar, und das möchte ich von seinem Freund selber hören.

Ich hoffe, wir können mit diesem Arrangement weiterleben, und wenn ich sehe, was mein Mann für uns für Zukunftspläne schmiedet, denke ich, das wird uns auch gelingen. Ich hoffe auch, dass sich unser Sexleben so aufrechterhalten lässt, obwohl ich daran nicht ganz glaube.

Distanzierte Beziehungen

Als distanzierte Beziehungen bezeichne ich jene, in denen die Partner spürbaren beziehungsweise wirksamen psychischen und räumlichen Abstand zueinander halten. In diesen Partnerschaften werden Leidenschaft und Lebensbegleitung als gleichwertig betrachtet, und es wird beiden Bedürfnissen Rechnung getragen.

Distanzierte Partnerschaften in Form von Fernbeziehungen kommen als Folge der flexibilisierten Arbeitswelt zwar immer häufiger zustande, werden dann aber meist als aufgezwungen erlebt. Distanzierte Beziehungen, wie ich sie hier beschreibe, sind nicht mit einfachen Fernbeziehungen gleichzusetzen, sie bedürfen der freien Zustimmung der Partner.

Eine distanzierte Beziehung unterscheidet sich von der arrangierten in einem wichtigen Punkt: Die arrangierte Partnerschaft trägt vor allem den Bedingungen der Harmonie Rechnung. Distanzierte Paare hingegen gehen ebenso auf die Bedingungen der Leidenschaft ein und betrachten Abstand gegenüber der Nähe als gleichwertig, vor allem psychischen Abstand, wie räumliche Distanz ihn mit sich bringt. Lebensbegleitung und Leidenschaft miteinander zu vereinbaren, und das auf Dauer, ist das Ziel distanzierter Partner. Sie berücksichtigen damit eine grundlegende Erkenntnis, die Gunter Schmidt formuliert:

In festen Beziehungen sind intensive sexuelle Erlebnisse nur möglich, wenn sie Ferne schaffen oder gerade geschaffene Ferne wieder überwinden.[52]

Distanzierte Paare haben sich entschlossen, die Ferne nicht dem Zufall zu überlassen, sondern sie zum Bestandteil ihres partnerschaftlichen Lebens zu machen. Sie haben womöglich wiederholt erfahren, wie nachlassende Leidenschaft zum Ende von Beziehungen führte, und begriffen, wodurch die Leidenschaft einschlief. In der alltäglichen Nähe zum Partner wollte es nämlich nicht gelingen, dem Bedürfnis nach Abstand gerecht zu werden. Gerade Beziehungsanfänger favorisieren dauernde Nähe und meiden die meist unbequeme Distanz. Der Schauspieler Miro Nemec berichtet aus der Anfangszeit seiner Beziehungen sinngemäß: »Früher war ich ganz auf Nähe eingestellt. Als meine Freundin eine eigene Schlafdecke wollte, habe ich das mit dem Argument ›Dann können wir ja gleich auseinander ziehen‹ abgelehnt.«[53]

Selbst wenn Partner die erotische Bedeutung des Abstands nachvollziehen können, bleibt dies Wissen meist theoretisch und ohne spürbare praktische Auswirkung auf den Beziehungsalltag. Gerade die innere, emotionale und psychische Abgrenzung fällt in dauerhaft nahem Kontakt schwer, weshalb es wenigen Paaren gelingt, den Abstand zu halten, der ihrer Leidenschaft eine Chance ließe. Weil die Partner sich abhängig fühlen, weil sie ihren Ängsten nachgeben, weil sie von der Wesensergänzung fasziniert sind, weil sie auf eigene Bedürfnisse fixiert sind, weil sie Harmonie wollen und anderes mehr. Distanzierte Paare haben dies begriffen und ihre Konsequenzen gezogen.

So berichtet eine Frau: »Ich kann in der Nähe zu meinem Freund nicht unabhängig bleiben. Ich fixiere mich auf ihn, nehme meine Wünsche nicht mehr deutlich wahr. Deshalb ziehe ich die Distanz getrennter Wohnungen vor. Dort kann ich mich sicher fühlen und brauche keine Angst zu haben, verloren zu gehen.« Diese Frau hat eine pragmatische Lösung ihres Problems gefunden. Und ein Mann stellt fest: »Zeitweilig kam ich mir als Erfüllungsgehilfe der Lebensvorstellungen meiner Frau vor. Ich verhielt mich im Alltag, als ob man mich beauftragt hätte, meine Frau glücklich zu machen. Dabei habe ich mich aus den Augen verloren.«

Distanzierte Paare haben den Alltag mit seinen schleichenden

Gewohnheiten, einschläfernden Annehmlichkeiten, trügerischen Sicherheiten und mangelnden Herausforderungen als eine Ursache für Lustlosigkeit identifiziert und sich entschlossen, seinen Einfluss zu vermindern. In diesem Sinne verfahren sie ähnlich wie Verliebte. Wie gingen Verliebte miteinander um, bevor sie sich zum Paar erklärten und einen gemeinsamen Alltag schufen? Im Wesentlichen wohnten sie getrennt, verfolgten unterschiedliche Interessen und wirtschafteten unabhängig voneinander.

Getrennte Wohnungen, getrennte Lebensbereiche und eine getrennte materielle Basis sind auch die gebräuchlichsten Abstandsformen der distanzierten Beziehung. Aus diesem Alltagsabstand ergeben sich eine Reihe keineswegs nebensächlicher Konsequenzen: Gewohnheiten, Vorlieben, Freundeswahl – von diesem und anderem Individuellen bleibt ihre Beziehung verschont, sie müssen sich darüber weder streiten noch einigen. Wohl aber sind sie darauf angewiesen, sich zu verabreden, wenn sie sich sehen wollen. Sie gehen oft getrennte Wege, weshalb sie immer wieder aufeinander zugehen können. Sie können sich ihrer Beziehung kaum hundertprozentig sicher fühlen, weshalb es ihnen leichter fällt, einander zu respektieren. Sie können einander in Ruhe lassen, weil weniger selbstverständlich ist und jeder auf einen recht selbstbewussten, weil unabhängigen Partner trifft. Durch ihre verminderten Sicherheitsmechanismen und Kontrollmöglichkeiten gewinnen diese Beziehungen an Wert und die Begegnungen darin an Intensität.

Distanzierte Partner bedürfen des psychologischen Appells zum Aufbau »autonomer Persönlichkeiten« nicht, sie zeigen diese relative Unabhängigkeit in ihrer Lebensweise. Aufgrund eines reduzierten Alltagslebens sind räumlicher und psychischer Abstand in distanzierten Beziehungen wesentlich größer; und der Körper braucht nicht derart als Bastion der Eigenidentität zu dienen, wie das in exklusiven Beziehungen nötig scheint. Im Gegenteil. Die Erotik kann ihren Auftrag, Grenzen zu überwinden, nur erfüllen, wenn Grenzen da sind:

Wir führten eine Wochenendbeziehung, und dadurch, dass wir uns selten sahen, war die Sexualität schön. (Schilderung 30)

Je wichtiger Partnern die sexuelle Beziehung ist, desto mehr Wert sollten sie auf solche Unabhängigkeit legen, auf räumlichen und dadurch auch psychischen Abstand. Auch das ist kein neues Wissen, sondern uralt, wie mir ein Leser berichtete. Er wies auf das uralte jüdische Gesetz der NIDA hin. Darin wurde den Ehepartnern monatlich eine vierzehntägige Abstinenz vorgeschrieben, beginnend mit der Regel der Frau. In diesen zwei Wochen durften die Partner einander weder nackt sehen noch berühren, noch im gleichen Bett schlafen. Man kann vermuten, dass hinter dieser Vorschrift der Sinn lag, die Geburtenrate zu erhöhen – indem durch Abstand und Verbot das Begehren geweckt und die Leidenschaft entfacht wurde. Dieser junge Mann befand sich in einer mehrjährigen Beziehung und plante, demnächst zu heiraten. »Dann«, so erzählte er, »werden wir nach dieser Vorschrift leben.« Ich drücke dem Paar beide Daumen, denn wenn es ihm gelingt, diese Regel einzuhalten, wird die Sexualität sicherlich davon profitieren.

Distanzierte Partnerschaften können sehr gut funktionieren, wenn die Partner zu ihrer individuellen Wahrheit stehen. Sie sind dann in der Lage zu sagen: »Wir können in völliger Nähe nicht begehrlich bleiben, unser Verlangen braucht Abstand, und das Verlangen ist uns wichtiger als dauernde Nähe.« Interessanterweise empfiehlt der Paartherapeut Jürg Willi die distanzierte Beziehung älteren Paaren:

In der zweiten Lebenshälfte ... gibt es Bindungen, die über die Partnerbeziehung hinausreichen – die Kinder, das Haus, die soziale Nische, die ein Paar sich geschaffen hat. In solchen Fällen ist Liebe nicht mehr die einzige tragende Kraft. ... Wenn die Beziehung nicht völlig destruktiv ist, rate ich Leuten über 50 oft zum Arrangement: aufgeteilte oder ganz getrennte Wohnungen,

Abbruch der sexuellen Verbindung, aber man bewahrt einen gemeinsamen Freundeskreis, beide nutzen das Ferienhaus oder Ähnliches.[54]

Vielleicht könnte die Liebe auch mit 50 noch eine tragende Rolle spielen, wenn eine solche Distanz vorher eingenommen würde. Dabei drängt sich die distanzierte Beziehung zuweilen geradezu auf. Beispielsweise bei Paaren, die sich wiederholt trennen und doch wieder zusammenkommen, weil sie sich lieben. War derart heftiger Streit nötig, um Abstand überhaupt zu ermöglichen? Auf die Idee, den Abstand zu etablieren und auf diese Weise wiederholte Trennung und dauerhafte Konflikte als Distanzmittel überflüssig zu machen, kommen wenige.

Allerdings scheint hier ein Umdenken stattzufinden. So empfiehlt Cheryl Jarvis Frauen in ihrem Buch, einen »Urlaub von der Ehe«[55] zu nehmen, um in dieser mehrmonatigen Auszeit wieder zu sich, den eigenen Träumen und Möglichkeiten zu finden.

Die verschiedenen Formen einer distanzierten Partnerschaft passen durchaus in den Rahmen der exklusiven Beziehung. Räumlicher und psychischer Abstand schließen weder Treue noch Lebensbegleitung aus. Doch umsonst ist die distanzierte Beziehung nicht zu haben. Ihr Preis besteht in Kontrollverzicht, der eine gewisse Unsicherheit mit sich bringt, und Verzicht auf Bequemlichkeit und tägliche Geborgenheit. Daher erfordert die distanzierte Beziehung eine größere Bereitschaft zum Alleinsein, das zeitweise auch als Einsamkeit erlebt werden kann.

Schilderung 9

Eine Frau, 35 Jahre alt, seit dreizehn Jahren mit dem Ehepartner zusammen, lebt distanziert und führt Nebenbeziehungen.

Mit Jan kam ich zusammen, als ich 22 und er 23 Jahre alt war. Ich hatte bis dahin nur einige Liebschaften gehabt und erst mit einem Mann geschlafen, der mich recht unsanft entjungferte. Jan ist im Gegensatz dazu ein ziemlich femininer Mann, was mich stark anzog. Wir waren beide sehr verliebt ineinander und haben uns vorsichtig und langsam viel Zeit genommen, unseren Sex auszuprobieren. Trotzdem war es für mich von Anfang an nicht die große körperliche Leidenschaft. Der Mann war für mich sofort derjenige, mit dem ich Kinder wollte. Jan gab mir das Gefühl von Sicherheit, Beständigkeit und Familienfähigkeit.

Im Prinzip hatten wir etwa fünf Jahre lang regelmäßig Sex, danach unregelmäßiger, wobei sich relativ schnell herausstellte, daß beiden Sex nicht das Wichtigste war, sondern unsere emotionale Ebene im Vordergrund stand. Es gab auch von Anfang an Phasen, in denen entweder ich oder er einfach keine Lust hatten. Jetzt, wo ich das hier nochmal aufschreibe und mich erinnere, schmerzt es fast. Denn wir hatten auch sehr schöne Zeiten miteinander. Wir haben uns zwar aufeinander eingespielt, sind aber auch schnell in eine Sex-Routine geraten. Ich wusste nicht so recht, wie es anders sein könnte. So habe ich zum Beispiel relativ bald die Lust am Küssen verloren. Jan wollte oft abends Sex, wenn wir im Bett lagen, und ich meist morgens. Das war schon ein Konflikt, und irgendwann hatte ich das Gefühl, gar nicht mehr auf meine Kosten zu kommen.

Orgasmen hatte ich zu Anfang unserer Beziehung keine, und ich hatte das Gefühl, dass es Jan nicht interessierte, was ich vielleicht brauchen würde. Ich kaufte ein Buch, »Mehr Lust«, und bat Jan, darin zu lesen. Das tat er nicht, und irgendwann hörte mein Versuchen auf. Wir, die wir sonst über alles sprechen konnten und eine sehr tiefe Verbindung zueinander verspürten, schafften es nicht, über unseren Sex zu reden. Die paar Versuche endeten in Vorwürfen und Verstocktheiten und Peinlichkeit. Irgendwann war der Sex fast eingeschlafen. Jan wollte zwar öfter mit mir schlafen, war aber durch den ewig gleichen Versuch, mich »anzuheizen«, und unsere ziemlich unkreative Art, in der wir verfuhren, bald selbst abgetörnt. Unsere Sexualität erlebte jeweils nur nach Außenaffären einen Aufschwung und in beiden Schwangerschaften.

Nachdem beide Kinder auf der Welt waren, fühlte ich mich nur noch als Mutter und hatte mein Frausein schlichtweg »vergessen«. Im Laufe der Jahre veränderte sich allerdings doch etwas Wesentliches: Jeder von uns beiden begann sich mehr und mehr um sich zu kümmern. Ich sah also zu, dass ich innerhalb der gewohnten Zeitspanne beim Sex nicht mehr darauf hoffte, von Jan etwas zu bekommen, sondern dass ich es mir quasi selber »besorgte«, wie der Ausdruck so schön sagt. Wir hatten dadurch keinen schlechten Sex, bloß ist meine heutige Vermutung, dass wir uns eigentlich nicht mehr meinten, sondern jeder sich darum kümmerte, seine Erregung abzubauen. Das einst große Liebesgefühl verblich langsam, und es kam mir manchmal vor wie ein gegenseitiges Benutzen: legitim, aber weder romantisch noch leidenschaftlich, noch wirklich du-bezogen.

Trotz allem passten wir recht gut zueinander, beide eher Normalo-Sex-Typen. Wir verstehen uns seit dreizehn Jahren als Paar, leben allerdings seit drei Jahren getrennt, weil Jan sich leidenschaftlich in meine beste Freundin verliebt hat. Der Anlass war ein Tantra-Schnupperkurs, jeweils fünf Wochen lang einen Abend pro Woche. Das hatten meine Freundin und ich uns überlegt, um unsere Ehen wieder aufzupeppen. Ha, schlagartig erwachte unser aller Sexualität und Sinnlichkeit wieder, leider nicht in den theoretisch gewünschten Bahnen, sondern brutal wild und zerstörerisch. Ich verknallte mich erotisch in einen jüngeren Schönling und Jan sich leider in meine Freundin. Er entschied sich dann nach längerem Trennungsversuch, doch nicht mit der Frau zu leben, weil wir uns und unsere Kinder so lieben.

Zunächst sah es so aus, als ob wir noch eine Chance hätten, wieder ein »richtiges« Paar zu werden. Vor genau einem Jahr allerdings, im Urlaub, habe ich, nachdem wir miteinander geschlafen hatten, was mir wieder dieses Gefühl gab, gar nicht gemeint zu sein (wobei ich auch dazu noch sagen muss, dass ihm der Name meiner Freundin rausrutschte), und auch ich ihn nicht wirklich meinte, die Entscheidung getroffen, keinen Sex mehr mit ihm zu haben. Aufgrund unserer Seelennähe, Vertrautheit und Alltagsgenervtheit hatte ich zunehmend das ungute Gefühl, mit meinem eigenen Bruder zu schlafen. Angeblich geht es ihm ähnlich, ich denke aber, es ist natürlich viel komplizierter, und es sind auch beiderseitige Verletzungen dabei. Die Entscheidung hat mich unendlich erleichtert, weil ich mich natürlich ständig selber unter Druck gesetzt hatte, so von wegen, das muss doch klappen. Gleichzeitig stehen wir gerade jetzt an dem Punkt, wo wir sehen, dass wir beide erst Mitte dreißig sind und nicht grundsätzlich auf Sex verzichten wollen und beide das Gefühl haben, wir hätten da was nachzuholen.

Ich komme aus einem Elternhaus, in dem schon der Vater fremdgegangen ist, Jan aus sehr religiösem Hause. Daher war ich immer schon die Zweiflerin, ob denn eine Beziehung ewig halten kann, und habe öfter gesagt, dass ich nicht mehr wisse, ob ich ihn liebe etc. Insgeheim habe ich mich immer in andere Männer verknallt und hatte geheime Affärchen. Ich habe aber nie mit den anderen geschlafen, das war meine Grenze. Im Grunde ging es ums erotische Kribbeln und ums romantische stille Hoffen und Leiden. Ich hatte das Schuldgefühl, dass ich die Untreue war, die den ach so treuen Partner hintergeht. Nach sechs Jahren Beziehung verliebte sich allerdings Jan. Das war die zweite große Krise. Auch diese ging vorüber, und danach entschieden wir uns bald fürs Kinderkriegen.

Neu war die durch beide großen Krisen – wir waren sozusagen quitt – entstandene Offenheit zwischen uns. Plötzlich gestand mir Jan, dass er ebenfalls kleine Kröschen und Affärchen gehabt hatte. Ich erinnere mich an einen bierseligen Sommernachmittag, an dem wir uns etwas schwerzüngig unsere kleinen Treulosigkeiten gestanden. Ich war danach sehr erleichtert. Endlich stand die Waagschale gleich. Wir hatten beide gleich viel »Schuld« auf uns geladen. Unser altes Muster, ich die freiheitsliebende, eher untreue Frau, er der Pastorensohn mit ewigem Treueschwur, dieses Muster relativierte sich und pendelte sich neu ein. Dazu muss ich noch erwähnen, dass sich Jan mit meinem ersten Liebhaber sehr anfreundete und ich der Freundin den Seitensprung mit meinem Partner vergab.

Die dritte große Krise kam nämlich dann, als sich Jan wieder in eine beste Freundin verliebte (die vom Tantrakurs – tatsächlich ein »esoterischer Swingerclub«, wie Sie zutreffend schreiben, Herr Mary, bestens geeignet für lusthungrige Singles, gefährlich für Paare!). In dieser – zunächst – Viererfreundschaft hatten wir im Spaß auch an Partnertausch gedacht. Allerdings fand ich ihren Mann extrem unerotisch.

Diese dritte Krise brachte also eine sehr schmerzliche Trennung mit sich, da ich nicht mitansehen konnte, wie sich im gleichen Haus Mann und Freundin und die vier Kinder vergnügten. Aber wir schafften es quasi nur ein Jahr, getrennt zu sein. In der Zeit hatten wir viele verzweifelte Streits und endlose Diskussionen mit Freunden. Es war keinem von uns beiden möglich, den anderen aus seinem Leben zu streichen.

Inzwischen sind wir wieder zusammen: ernüchtert, realitätsnah und ohne große Illusionen. Es fällt uns schwer, nach außen die ›neue‹ Beziehung zu definieren. Wir lieben uns, unsere Kinder und unser Familienleben (inzwischen in zwei Wohnungen). Wir haben wieder sehr viel mehr Respekt voreinander, und daher fallen auch weniger Alltagsreibereien an; unser Umgangston ist viel vorsichtiger geworden. Wir haben erfahren, was wir wirklich aneinander haben. Wir sind erwachsener geworden und können besser allein sein. Wir haben keinen Sex mehr.

Ich habe wenig Illusionen mehr, was eine »heile« Beziehungswelt betrifft. Ich musste mich aus der gemütlichen, langweiligen, einschläfernden und klein haltenden Symbiose in die Außenwelt begeben, wo ich stark und überlebensfähig bin, aber auch tiefe existenzielle Einsamkeit verspüre. Ich fühle mich kraftvoll und ernüchtert. Ich bin sehr viel monogamer, als ich immer dachte, fühle mich diesem Mann immer wieder zutiefst verbunden und sehne mich doch nach erotischer Leidenschaft mit einem anderen. Diese Zerrissenheit ist für mich extrem gespiegelt im Verhalten von Jan, der mit mir leben und meine Freundin lieben will, wenn ich es mal überspitzt formuliere. Alles in allem habe ich mein warmes Nest verloren und freue mich, dass ich so schön fliegen kann, das hätte ich mir nie zugetraut. Doch der innere Schmerz und die Eifersucht nagen weiter.

Trotzdem ist es eine ungeheure Errungenschaft für mich, uns, dass wir doch die Priorität in unserer wunderbaren Familie mit den zwei tollen Kindern sehen. Es gibt kein einfaches Entweder-oder. Es gibt keine ewig während dauerromantisch-erotische Partnerschaft mit Alltagsversorgungspflichten und Kindern. Und serielle Monogamie hat für mich irgenwie einen traurigen Touch von einer Hoffnung, die immer wieder scheitern muss, eine seltsame Beliebigkeit des hoffnungsvollen Immer-wieder-neu-Anfangens, die ich mir für mich nicht vorstellen kann. Vielleicht bin ich einfach zu realistisch geworden. Genau mit diesem Widerspruch werde ich weiter leben müssen.

Wir werden versuchen, mit Nebenbeziehungen zu leben. Und unsere Regeln müssen sich erst noch bewähren. Ich persönlich möchte wirklich noch einiges aus der Sexualität nachholen und ausprobieren. Leider habe ich zur Zeit keinen Erotikpartner. Ich hoffe noch darauf, dass sich unsere Beziehungswaagschale wieder ausgleicht, wenn ich einen Liebhaber gefunden habe. Vielleicht geschieht auch das Wunder, dass mein Mann und ich es doch nochmal im Bett miteinander ausprobieren. Vielleicht müsste davor allerdings erst mal ein wirkliches Gespräch über unsere Sexualität möglich werden. Manchmal denke ich auch, wir müssen uns beide erst mal austoben, und wer weiß, was in ein paar Jahren ist.

So, ich freue mich, das alles einmal aufschreiben zu können. Es macht mich traurig und sicher zugleich: Ja ja, so ist es!

Ein halbes Jahr nach dieser Schilderung schreibt die Frau:
Noch vor ein paar Monaten schien Sex mit meinem Partner nie mehr möglich zu sein, so »zu« fühlte ich mich innerlich. Nun habe ich seit einiger Zeit eine Affäre, durch die mir klar geworden ist, dass ich keinen anderen Mann als Lebenspartner will als meinen. Bei allen würde über kurz oder lang ein Gewöhnungsprozess einsetzen.

Das Wunderbare aber ist, dass ich plötzlich wieder lustvollen Sex mit meinem Partner haben kann. Es ist, als ob irgendein Schalter umgelegt worden wäre. Dieser »Seitensprung« ist für mich der erste ernst zu nehmende Mann seit langer Zeit. Er passt einfach: Alter, Bildung und Interessen. Er ist aber selber fest liiert, und ich fühle mich ja wieder meinem Mann zugehörig, so dass wir beide sehr schnell wussten, dass wir die Anziehung einfach genießen würden, ohne Konsequenzen zu ziehen.

Es gibt mir viel Kraft und Selbstbestätigung, als Frau und Mensch begehrt und gemocht zu werden. Allein dieses Gefühl hat mich komischerweise beruhigt. Gleichzeitig ist mir aber sofort einiges aufgefallen, was mich an diesem Mann im Alltag sehr schnell nerven würde. Daher ging vermutlich auch relativ schnell einiges an Verzauberung wieder verloren zugunsten eines sehr realistischen Blicks auf jemanden, den ich zwar mag und mit dem ich Erotisches erlebt habe, den ich aber absolut nicht mit Herzschmerz liebe. Dieses Gefühl des Genießens, aber Nicht-Abhängigseins tut mir gut. Außerdem habe ich das Gefühl, jetzt mit meinem Mann mehr quitt zu sein.

Mein Mann weiß grob, dass ich jemanden kennen gelernt habe. Es fällt ihm nicht leicht, aber ich kann ihm versichern, dass es nicht wieder ums Ganze geht – wie bei ihm mit meiner Freundin.

Ich lebe weiterhin getrennt von meinem Partner. Ich/wir möchte/n das auch weiterhin so! Es ist tatsächlich für mich die optimale Variante, ein entspanntes Familienleben mit viel Entlastung zu haben. Ich glaube, jeder von uns vieren profitiert davon. Die Kinder haben dadurch eine sehr intensive Beziehung zu jedem Einzelnen von uns beiden. Unserer Partnerschaft tut die Distanz gut. Wir sprechen uns nicht jeden Tag, laden uns aber bewusst gegenseitig ein und genießen es, in der »Ferienwohnung« des anderen zu sein, in der man alles, was man dort tut oder hilft, freiwillig macht. Ich entwickle wieder Sehnsucht nach der Nähe zu meinem Mann, und in miesen Momenten kommen wir nicht wieder in Versuchung, dem anderen für irgendwas die Schuld zu geben. Oft denke ich, wie schön, dass ich dieses Verhalten oder jene Gewohnheit nicht jeden Tag ertragen muss. Auch der gemeinsame Urlaub ist etwas Wunderschönes, weil wir da für eine begrenzte Zeit wieder zusammenleben, aber immer mit diesem gewissen Freiheitsgefühl im Kopf. Meinem Mann fällt das manchmal schwerer als mir, so ohne klare Definition unserer Beziehung zu leben. Viele Leute sind erstaunt über unsere Entscheidung, nicht wieder zusammenzuziehen.

Ich habe inzwischen das Gefühl, dass Partnerschaften in einer Wohnung ein großer symbiotischer Beschiss sind! Man verliert so leicht das Gefühl dafür, welcher Teil davon man selber wirklich ist. Ich mag inzwischen lieber Abende, wo ich mich langweile oder unzufrieden mit mir bin, als scheinbar gemeinsam verbrachte Zeit, in der zwei Menschen sich unbewusst dazu benutzen, sich nicht ihren eigenen inneren Schweinehunden der Langeweile, der Lahmheit etc. stellen zu müssen – und womöglich noch den anderen als Hinderungsgrund für irgendetwas vorschieben.

Das befreite Gefühl resultiert vor allem aus den neuen Erfahrungen der letzten drei harten Jahre der Trennung und Wiederannäherung. Ich weiß, ich kann alleine leben. Ich habe andere Erfahrungen mit anderen Männern gemacht (mit ein paar jungen Gockeln ein bisschen Pubertät nachgeholt) und mit dem »Seitensprungmann« innerlich durchgespielt, wie es wäre, einen anderen zu haben. Und mich daraufhin bewusst dagegen entschieden. Mein Mann hat auf vielen Ebenen besser abgeschnitten als die anderen. Ich weiß also sehr genau, was, nein, wen ich habe und mit wem ich verheiratet bin. Wir sind vorsichtiger, aber auch härter und klarer als vorher. Das ist nur scheinbar ein Widerspruch.

All das gibt mir ein Gefühl von Freiheit. Dabei weiß ich aber auch, dass ich durch die Kinder extrem stark gebunden bin – und auch sein will. Irgendwie ist das ein aufregender Mix, der ganz viel Lebendigkeit zulässt und hervorbringt. Plötzlich ist mein Mann nicht mehr nur mein »Bruder«, sondern wieder ein attraktiver Mann, der mich und meine Bettvorlieben genau kennt. Der Sex macht mir wirklich wieder Spaß, und ich erlebe das erste Mal, dass ich mich irgendwie von einer gewissen Prüderie freimachen kann. Außerdem beginnen wir sehr vorsichtig, über unsere Bedürfnisse im Bett zu sprechen.

Klar kribbelt es nicht so wie beim fremden Mann, aber der Sex ist vertrauter und mehr auf mich abgestimmt. Ich möchte wohl beides: ab und zu ein kleines Verhältnis, aber im Vordergrund steht mein Partner und meine Familie. Ich empfinde Freiheit und immer wieder das Gefühl der Freiwilligkeit. Diese beiden Grundempfindungen machen den neuen Frühling erst möglich! Der oft gemeinsame Alltag und die neue schöne Bettsituation müssen sich halt immer wieder überprüfen lassen.

Schilderung 10

Eine Frau, 50, war mehrmals verheiratet, ist nun Geliebte und will es sein.

Ich lebe nach einigen Ehen allein. Meinen Geliebten habe ich vor drei Jahren kennen gelernt. Er ist Anfang vierzig, seit zwanzig Jahren verheiratet und kinderlos. Ich habe beide als Ehepaar kennen gelernt und beide nett gefunden. Er fing an, mit mir zu flirten, und ich habe mich zunächst einfach darüber gefreut, weil er mir peu à peu auch als Mann gefiel.

Eine Beziehung zu einem verheirateten Mann habe ich nicht grundsätzlich abgelehnt, habe aber damals gemeint, dass ich es besser vermeiden sollte, weil ich einige Jahre vorher eine Beziehung zu einem verheirateten Mann über ein halbes Jahr hinweg hatte, die sehr schön war, sich aber darauf beschränkte, sich zum Sex zu treffen, was ich auf Dauer als zu unbefriedigend empfand. Ich hatte damals keinen anderen Partner und hätte mir mehr Gespräche zusätzlich zum Sex gewünscht und Beistand in irgendeiner Form. Das konnte und wollte er nicht. Wir haben uns damals in Freundschaft getrennt und mögen uns heute noch.

Nun traf ich wieder einen sehr lieben, netten Mann, und nach etwa acht Wochen hatten wir Gelegenheit, einen Abend mit Freunden ohne seine Ehefrau zu verbringen, und an diesem Abend hat es bei mir gefunkt, so in einem Augenblick, nicht wie ein Funke, sondern eher wie ein mein ganzes Innerstes ergreifendes Gefühl, von den Füßen bis zum Kopf, es war das Gefühl, dass ich ihn lieben werde und dieses Empfinden sehr, sehr stark und unentrinnbar sein wird, mehr eine Ahnung von der Zukunft als Wissen in der Gegenwart. Wir haben uns an diesem Abend nur wie Freunde umarmt und getrennt, aber ich war aufgewühlt und habe sehr viel an ihn gedacht.

In den folgenden Wochen hat er mich täglich angerufen, besucht und sich mit mir unterhalten, mit dem Ergebnis, dass ich schließlich bis über beide Ohren verliebt war und ihm kaum mehr still gegenübersitzen konnte, weil ich ihn endlich, endlich küssen und umarmen wollte. Dann haben wir es geschafft; ich habe seine Wange gestreichelt, und wir haben uns geküsst, und ich kann kaum schreiben, wie wunderschön das war.

Am nächsten Abend hat er mich in meiner Wohnung besucht, und wir haben miteinander geschlafen, und es war traumhaft schön, und ich habe mich rundherum geliebt gefühlt ohne die üblichen Sorgen aller Frauen (bin ich denn auch schön genug, wie wird er meinen Busen finden, muss ich den Bauch einziehen – und was so die nichtigen Sorgen der Frauen sind, die ich zwar belächle, aber früher auch immer hatte, wenn auch in erträglichen Grenzen).

In der Folgezeit haben wir miteinander geschlafen, wann immer es möglich war, drei- bis fünfmal in der Woche und wie die frisch verliebten Teenies, auf dem Tisch oder Teppich oder sogar in der Badewanne. Wir haben uns von unserem bisherigen Leben erzählt, und ich habe die Frage aller Fragen gestellt: Liebst du deine Frau noch, schlaft ihr miteinander? Ich weiß, das sollte man nicht fragen, weil man damit Lügen provoziert, aber auch ich möchte diejenige sein, die am meisten geliebt wird. Nun, er sagte, dass sie seit einigen Jahren nicht mehr miteinander schlafen, aber immer sehr nett zueinander seien, und dass er sie nicht mehr lieben würde.

Ich habe nie mehr nachgefragt, aber ich denke, dass beide recht gut zueinander passen und es schade wäre, so eine alte, stabile Beziehung zu zerstören. Ob er tatsächlich mit ihr schläft oder nicht, beschäftigt mich in Augenblicken der Eifersucht schon, aber ich rede mir dann ins Gewissen und sehe realistisch, dass ein solcher Geschlechtsakt nach zwanzig Jahren von wenig Leidenschaft geprägt sein wird und aus meiner Sicht nichts Erstrebenswertes sein kann.

Ein halbes Jahr habe ich mir über seinen Status als Ehemann keine Gedanken gemacht, wir hatten eine sehr leidenschaftliche Beziehung mit vielen Treffen und Telefonaten und SMS-

Nachrichten und Zettelchenschreiben. Nach einem Jahr war die Liebe gewachsen, die Sexualität ruhiger geworden, aber dennoch immer wieder leidenschaftlich, da wir uns oft nicht sehen können, wenn er beispielsweise im Urlaub ist oder wenn Feiertage sind. Er ist auch ansonsten immer für mich da, ich schreibe ihm Mails und kann ihm meine Sorgen erzählen, und er gibt mir Ratschläge und hilft auch, wo er kann – für mich eine gänzlich neue Erfahrung, da immer ich diejenige war, an die man sich anlehnte. Er kann mit meinen Stimmungsschwankungen umgehen, er ist von gleich bleibendem Temperament, ohne gefühllos zu sein, er hat sehr großes Einfühlungsvermögen und überlegt sich seine Worte gut, während ich manchmal zu reichlich spontanem Verhalten neige.

Inzwischen schlafen wir etwa einmal pro Woche miteinander und freuen uns beide sehr darauf und gehen dann sehr glücklich und entspannt auseinander. In meinen früheren Beziehungen habe ich mich oft unverstanden und allein gefühlt, jetzt fühle ich mich trotz der ungewöhnlichen Gesamtkonstellation geliebt und aufgehoben. Ich würde gern mehr Zeit mit ihm verbringen, das ist aber nicht machbar oder schwierig auf Dauer. Oft denke ich darüber nach, was ich ihm gebe; außer Sex sind es wohl Zustimmung, Bewunderung, ehrliche Freude über jede Minute des Zusammenseins, des Voneinander-Hörens. Er genießt es sicher auch, geliebt zu werden, und braucht es.

Die Liebe in der Ehe nach langen Jahren ist sicher von anderer Qualität, aber da kann ich nicht mitreden, so lange habe ich es nie ausgehalten und bin froh, sonst hätte ich meinen Liebsten nicht kennen gelernt und säße zu Hause mit einem Mann Anfang fünfzig, der fremdgeht, und ich würde mir Gedanken machen, ob das eine Ehe oder eine müde WG ist.

Der momentane Stand ist, dass ich hoffe, dass unsere Beziehung so lange wie möglich hält. Das Traurige am Partnerwechsel ist, dass man einen Freund verliert. Ich habe den Wunsch, über das Ende der sexuellen Beziehung die Freundschaft zu erhalten. Der Alltag kann unsere Liebe nicht töten, und die immer wieder neue Trennung wird unsere sexuelle Beziehung lange am Leben erhalten. Und ich wünsche mir, dass eine Trennung ohne Schmerz vonstatten geht, damit ich seine Bilder nicht zerreißen möchte und seine Briefe aufheben kann wie bisher. Ich sammle alles und werde als Oma lächelnd im Lehnstuhl sitzen und die alten Briefe lesen. Als Ergebnis, dass Liebe das Wichtigste ist und Sex sechzig Prozent einer Beziehung. Ohne Sex ist alles nichts, wohl auch nicht die restlichen vierzig Prozent. Wenn man nicht mehr das Bedürfnis hat, jeden Zentimeter des Partners zu küssen, ist die Liebe dabei zu sterben, das sehe ich so. Was soll das für eine Liebe sein, wenn Partner sich abends nicht zur Begrüßung küssen, wenn sie in verschiedenen Zimmern Fernsehen schauen? Das Grauen pur! Ich habe jetzt nicht das Bedürfnis, nach anderen zu suchen, auch in den früheren Beziehungen war das so. Ob mein Partner mir treu ist, weiß ich nicht. Ich denke, er sieht es ähnlich wie ich. Bei einer guten Gelegenheit wird er sicher nicht anderweitig nein sagen, aber ich glaube, das würde uns nicht ernstlich gefährden, es sei denn, er hätte das Bedürfnis, es mir zu sagen. Das möchte ich aber nicht, die Größe habe ich nicht, auch wenn ich rational weiß, dass Liebe kein Kuchen ist, bei dem man Angst haben muss, ein zu kleines Stück zu bekommen.

Realistisch denke ich, dass sich auf Dauer der Niedergang des Sex auch bei uns auswirken wird, und das macht mich traurig, trotz aller Erkenntnisse, die ich gewonnen habe. Auf Sex möchte ich natürlich nicht verzichten. Wenn es wieder jemanden geben wird, bin ich offen dafür. Liebe ist etwas, das keiner Planung zugänglich ist. Liebe in jeder Hinsicht zu praktizieren, nicht nur mit einem Partner, ist sicher die beste Voraussetzung, um einem neuen Partner zu begegnen.

Vielleicht miete ich mir dann ab und zu einen Mann, wenn es niemanden mehr gibt, der mich begehrenswert findet, aber da habe ich bis jetzt noch keine Sorgen. Ich lese, seit ich dreizehn

Jahre alt war, die Bekanntschaftsanzeigen und stelle fest, dass Männer zum Heiraten jüngere Frauen suchen und zum Fremdgehen Partnerinnen bis 55 und 60 Jahre. Da habe ich ja noch Aussichten, was zu finden in der Not, falls die sich mal einstellt. Wenn es dann tatsächlich keinen Partner mehr gibt, komm ich auch zurecht, ich lebe ja ohnehin allein, unterbrochen von lieben Besuchen. Freunde können Partner auch weitgehend ersetzen, außerdem habe ich eine sehr liebe Tochter, die auch noch da ist und mich sehr stabilisiert bei allem und meine Beziehung gutheißt, was mich freut. Ich bin durch und durch Optimist, vielleicht erklärt das mein grundsätzliches Mich-aufgehoben-Fühlen in dieser Welt und das Vertrauen auch in neue Beziehungen.

Schilderung 11
Eine Frau, 39, war neun Jahre verheiratet, ist geschieden und lebt seit fünfzehn Monaten in distanzierter Beziehung.

Schon früh hatte ich Lust am Berühren meines Körpers entdeckt und praktiziere seitdem regelmäßig Selbstliebe. Zwischen 16 und 20 habe ich lustvolles und unkompliziertes Petting erlebt.

Das »erste Mal« hatte ich lange hinausgeschoben, weil ich Angst davor hatte. Mit knapp 20 zwang ich mich regelrecht dazu, mit einem unsensiblen Partner, und es hat ziemlich wehgetan. Mit dieser Beziehung begann eine Phase der »Selbstvergewaltigung«, die bis zur Schwangerschaft mit meinem ersten Kind drei Jahre dauerte. Mein Freund hat in dieser Zeit regelmäßig in mich hineinmasturbiert, wie ich es heute sage. Vorspiel, Streicheln etc. gab es nicht. Der Verkehr tat ständig weh, die Beziehung endete schließlich.

Danach war ich mit meinem späteren Mann zusammen, etwa zwei Jahre lang. Wir hatten ein- bis zweimal pro Woche für mich schmerzhaften Verkehr, aber große seelische Nähe dabei. Ich dachte immer, meine Scheide sei zu eng und ich müsse die Schmerzen aushalten. Tatsächlich aber hatte ich keine Ahnung, worauf es ankam.

Dann begann eine Phase periodischer Enthaltsamkeit, die etwa acht Jahre dauerte. Wir hatten geheiratet, und ich schwor mir, nichts mehr mitzumachen, was keinen Spaß macht. Ich lehnte daraufhin die Annäherungsversuche meines Mannes ab. Etwa alle zwei Monate kam das Gefühl hoch, ich müsse es mit Sex wieder probieren, und ich ging auf ihn zu. Der Sex tat meistens weh, und es machte nur ab und zu Spaß, wenn ich mich selbst dabei anfasste. Petting oder Vorspiel gab es nicht oder nur ganz kurz. Danach hatte ich für eine Weile wieder genug von dem Frust.

Ich hätte diesen Mann gar nicht heiraten dürfen. Ich war damals so wenig ich selbst, dass ich andere über mich bestimmen ließ. So ließ ich mich von meinen Eltern, meinem Ex-Mann und seinen Eltern überreden zu heiraten, wohl weil ich schwanger war. Wir hatten keine gemeinsamen Freizeitinteressen, keine gemeinsamen geistigen Interessen, mit der Folge, dass ich auf den für mich wichtigen geistigen Austausch über Ansichten und philosophische Fragen verzichten musste. Ich lebte mit meinem Ex in einem kleinen Dorf; er hat zu dieser konservativen Lebensweise gepasst. Ich dagegen war schon immer eher progressiv und neugierig auf alternative Lebensstile. Wir hatten große Kommunikationsprobleme, verstanden uns gegenseitig nicht, und es bestand keine Übereinstimmung der »Körperchemie«, kein gegenseitiges Interesse füreinander. Ich habe ihn nicht richtig geliebt, weil ich nicht wusste, wie man das macht; das, was ich lebte, war auf jeden Fall keine Liebe.

Schließlich trennte ich mich von meinem Mann, und es folgte eine Phase, die etwa neun Jahre währte und die ich mit dem Begriff »Erwachen« überschreibe. Während dieser Zeit hatte ich sieben kürzere Beziehungen, die zwischen zwei Monaten und drei Jahren dauerten. Beim Petting hatte ich nun wieder Spaß und anflugsweise auch beim Verkehr, aber nur in Verbindung mit meiner Hand. Allerdings war ich in dieser Zeit nur mit Männern zusammen, deren Sexualerleben in irgendeiner Weise »gestört« war, weshalb der Verkehr selbst oft nur eine untergeordnete Rolle spielte. Ich habe wohl verklemmte Männer angezogen, weil ich selbst zu verklemmt und angstvoll war.

Mit der Beziehung zu meinem jetzigen Freund, die vor fünfzehn Monaten ihren Anfang nahm, begann eine intensive Luststeigerung. Mit ihm bin ich nicht nur mit einem Mann zusammen, dessen Sexualerleben sich gesund anfühlt, er ist darüber hinaus auch ein entwickelter, wundervoller Liebhaber. Das heißt, er beherrscht seinen Körper und kann seinen Orgasmus steuern. Wir können beliebig lange (auch Stunden) vereinigt sein, und er kann dabei den Zeitpunkt seines Höhepunkts bestimmen. Oft ist ihm das aber gar nicht wichtig, so dass es nicht stattfindet. Ich denke, dass mein Sexualerleben nur durch diese Komponenten das werden konnte, was es heute ist.

Zu Beginn unserer Beziehung hatte ich beim Sex einen »Spaßfaktor« von 3 bis 4 (auf der Skala von 1 bis 10; 1 = kaum Spaß; 10 = Ekstase) und gelegentlich einen Orgasmus in einer bestimmten Stellung. Heute empfinde ich häufig Lust zwischen 6 und 7, manchmal sogar zwischen 8 und 9 und habe Orgasmen in mehreren Stellungen. Wir spielen viel miteinander und probieren vieles spontan aus. Das Zusammensein mit meinem Freund, ob mit Vereinigung oder mit Petting, ist wunderschön.

Wir leben nicht zusammen, sehen uns zweimal die Woche und schlafen fast jedes Mal miteinander. Unsere sexuellen Begegnungen erlebe ich als spontan, nicht zielorientiert, verspielt, phantasievoll, zeitlos, manchmal eher wie eine innere Massage, häufig lustvoll bis total geil. Die von uns derzeit gelebte Beziehungsform entspricht weitgehendst meinen Vorstellungen. Anfangs hatte ich mit den Vorstellungen meines Freundes, die eventuelle Polygamie einschließen, große Mühe. Seit wir zusammen sind, äußerte er zwar noch nicht den konkreten Wunsch, mit anderen Frauen zusammen zu sein, dennoch haben mir seine Erzählungen von seinem Leben vor unserer Zeit Angst gemacht. Selbst relativ harmlose Geschichten, wie andere Frauen zu massieren, haben mich stark beunruhigt.

Wir sprechen in regelmäßigen Abständen über diese Themen und Möglichkeiten, weil es immer wieder auf den Tisch kommt, und vielleicht auch deswegen, weil ich eine »Tiefseeforscherin« in Sachen Austausch bin. Wir sprechen über die Lust auf andere. Bisher hat nur mein Freund Phantasien mit anderen Sexualpartnern. Für mich ist es ungewohnt und daher beunruhigend, das zu hören, ich muss aber erkennen, dass vermutlich viele Männer polygame Phantasien haben, aber es nicht wagen, das vor der Partnerin zuzugeben.

Inzwischen kann ich mir sogar vorstellen, dass wir uns mit einem anderen Pärchen gegenseitig massieren. Es fühlt sich an, als würden wir einander mit der Zeit immer mehr entgegenkommen. Bei mir entsteht die Neugierde, ob ich das genießen könnte, wenn mein Freund dabei ist. Sexuelle Gefühle würden mit Sicherheit bei dem einen oder anderen entstehen. Eindeutig sexuelle Handlungen kann ich mir im Moment nicht vorstellen.

Bezüglich des Fremdgehens haben wir schon verschiedene Absprachen ausprobiert; im Moment gilt die Vereinbarung, dass jeder selbstverantwortlich entscheiden kann, was er in seinem Privatleben macht. Ich möchte nicht wissen, was er macht, es sei denn, ich frage danach. Ich selbst kann mir im Augenblick nicht vorstellen, dass ich mit einem anderen Mann intim sein kann/will, weil ich verliebt bin und weil ich mir einbilde, ich müsste dazu in einen anderen Mann verliebt sein.

Und welchen Preis zahle ich nun? Ich nehme in Kauf, dass ich immer wieder mehr oder weniger stark beunruhigt bin, wenn wir über nicht konventionelle Beziehungsformen sprechen. Im Moment bin ich wunschlos glücklich, schließe es aber nicht aus, dass sich meine Bedürfnisse verändern.

Wünsche habe ich trotzdem, wenn auch ganz anderer Art. Mein Wunsch ist, dass wir beide auch in Zukunft den Mut haben, authentisch zu sein und zu unseren Bedürfnissen zu stehen. Wichtig ist dabei, gleichzeitig unsere eigenen wie auch die Bedürfnisse und Gefühle unseres Partners ernst zu nehmen. Keiner soll das Gefühl haben, dass er auf die Befriedigung wesentlicher Bedürfnisse dem Partner zuliebe verzichten muss. Theoretisch kann ich mir Veränderungen in jeder Richtung vorstellen. Was diese Veränderungen dann mit mir machen, ist natürlich etwas ganz anderes.

Aber ich wünsche mir, dass auch ich meinen Horizont immer mehr erweitere, was unkonventionelle Beziehungsformen anbelangt.

Schilderung 12

Ein Mann, 39, ledig, lebt in distanzierter Beziehung.

Ich lebe seit vier Jahren in einer festen Beziehung mit einer drei Jahre jüngeren Frau, nachdem ich zuvor bereits drei langjährige Beziehungen hatte. Meine Partnerin und ich wohnen jedoch nicht zusammen, sondern treffen uns nur an den Wochenenden oder hin und wieder auch einmal unter der Woche. Wir verbringen allerdings unseren Urlaub gemeinsam und treten in der Öffentlichkeit, bei Familie und Freunden, ganz normal als Paar auf.

Dass wir getrennte Wohnungen haben, liegt primär an meiner Einstellung zur Paarbeziehung. Ich spüre keinen Wunsch nach einer klassischen Kleinfamilie mit Kindern, gemeinsamem Haushalt etc. Ich bin ein Mensch, der gern viel Zeit allein verbringt und der über seine Freizeit, seine Prioritäten und Finanzen in einem Maße selbst verfügen möchte, wie dies im Rahmen der Verantwortung für eine Familie nicht möglich wäre.

Darüber hinaus bin ich prinzipiell ein Gegner des »klassischen« Beziehungslebens, in dem durch eine gemeinsame Wohnung und den gemeinsam verbrachten Alltag gerade den besonderen Gefühlen, die sich bei der Begegnung mit dem geliebten Menschen ergeben, schon frühzeitig und effektiv die positive Spannung, das eigentlich Besondere, genommen wird. Ich sehe es nicht als erstrebenswert an, das Alltagsleben mit meiner Partnerin mehr als unbedingt notwendig zu teilen, und will sie auch nicht als Trostspender benutzen, wenn ich einmal nicht so gut gelaunt bin.

Ich lebe nach der Überzeugung, dass man die guten Seiten des Lebens mit seinem Partner teilen und die schlechten Seiten möglichst mit sich selbst ausmachen sollte, und ich halte wenig von Beziehungen, die auf dem Prinzip des Sich-gegenseitig-Brauchens aufgebaut sind und die zwischen Menschen eingegangen werden, bei denen zumindest der eine von beiden ernste Schwierigkeiten hätte, sein Leben auch nur zeitweise auf sich allein gestellt zu meistern.

Feste Zweierbeziehungen betrachte ich als hoffentlich erfreuliche Überschneidungen von Interessen und Weltbildern, in unserer Gegenwart jedoch nicht mehr als die existenzielle Notwendigkeit, die sie in früheren Zeiten sicher einmal dargestellt haben. Lediglich die Wahl zu haben, entweder »Single« mit mehr oder weniger oberflächlichen, fragilen Freundschaften und kurzlebigen »Affären« sein zu können oder sehr schnell in die Zwänge und Ausschließlichkeiten einer klassischen monogamen Paarbeziehung einschwenken zu müssen, bietet mir persönlich schlichtweg zu wenig Alternativen.

Der Wunsch, mein eigenes Beziehungsleben offener und flexibler zu führen, hatte sich bei mir persönlich schon recht früh, wohl angeregt durch meine offene und liberale Erziehung, im Alter von nicht einmal 18 Jahren konkretisiert und in den vergangenen zwei Jahrzehnten durch verschiedene persönliche Erfahrungen, eine Vielzahl an Lektüre und Diskussionen immer weiter entwickelt.

Obwohl ich sicher nicht überdurchschnittlich attraktiv oder charmant bin, denke ich, dass mein offener und unverkrampfter Umgang mit dem Thema und mein klares Bekenntnis zu erotischen Kontakten ohne die üblichen Besitzansprüche vielen Frauen, insbesondere wenn sie bereits längere Zeit in einer festen Paarbeziehung leben, entgegenkommt, weil ich ihnen die Möglichkeit gebe, sich weitgehend frei von Zwängen zu ihren eigenen erotischen Gefühlen und Phantasien zu bekennen, und sie sich bei mir dennoch auch als Persönlichkeit angenommen und nicht auf ihre Sexualität reduziert fühlen.

Gerade im Rahmen dieser Freundschaften wurde für mich während der letzten Jahre immer deutlicher, dass wohl die Mehrzahl der Frauen sich ein sinnlicheres, vielfältigeres (Sexual-) Leben wünscht. Leider hofft wohl immer noch die Mehrzahl der Frauen – und auch der Männer – die Erfüllung dieser Wünsche allein innerhalb der monogamen Paarbeziehung realisieren zu können, was nach meiner Auffassung praktisch einer Quadratur des Kreises gleichkommt.

Die typische Erwartungshaltung, sowohl bei Frauen als auch bei Männern, dass sich möglichst alle erotischen Wünsche und Phantasien ausschließlich auf den Beziehungspartner konzentrieren sollten, man sich allerhöchstens noch »Appetit holen« darf, jedoch »zu Hause gegessen« wird, ist in meinen Augen eine Illusion, ein bedauerlicher Irrweg des menschlichen Zusammenlebens beziehungsweise ein Relikt aus unserer evolutionären Vergangenheit, das nichts mit den tatsächlich vorhandenen Gefühlen und Bedürfnissen zu tun hat und viel Leid und Frustrationen verursacht.

Mein Bekenntnis zu Sinnlichkeit, Sexualität und Erotik als, im weitesten Sinn, »Lebensstil« und grundlegende Quelle des Lebensglücks erfordert fast zwangsläufig eine Abkehr vom gesellschaftlich anerkannten Monogamie-Ideal. Eifersüchtig alle näheren Kontakte meiner Partnerin zu anderen Männern von vornherein zu unterbinden oder zu überwachen war für mich seit jeher nicht akzeptabel, da solche Kontakte für mich ein zentraler Aspekt der Lebensfreude und eine wichtige Quelle des Selbstbewusstseins sind, die ich mir selbst nicht nehmen lassen und auch meiner Partnerin keinesfalls verwehren möchte.

Leider ist es für Frauen noch weit schwieriger als für Männer, sich zu einem solchen Lebensstil zu bekennen und ihn dauerhaft zu leben, was wohl nicht zuletzt mit den immer noch wirkenden Erziehungsprinzipien und der leider auch heute noch verbreiteten Praxis zu erklären ist, nach der Frauen lieber für ihre Versorgung und Absicherung mit sexueller Ausschließlichkeit »bezahlen« und als Garant für diese Absicherung diese Ausschließlichkeit auch von ihrem Partner verlangen.

Ich hatte meiner jetzigen Freundin gegenüber schon sehr früh, schon nach wenigen Wochen unserer Bekanntschaft, meine Haltung zum Thema Treue, meine allgemein liberale und offene Einstellung klar zur Sprache gebracht. Wie sich sehr schnell herausstellte, waren unsere sexuellen Phantasien und Vorlieben durchaus kompatibel, und meine Partnerin nahm jeden meiner Vorschläge für neue Erfahrungen und Experimente (bis hin zum Partnertausch) in diesem Bereich sehr positiv auf. Sie fühlte sich dadurch sogar offensichtlich befreit und erleichtert, da sie in der Vergangenheit aufgrund ihrer Wünsche in dieser Hinsicht ein für Frauen wohl typisches schlechtes Gewissen entwickelt hatte. Hier gab es keinerlei Meinungsverschiedenheiten, und ich musste sie nie bedrängen oder zu irgendetwas überreden.

Leider wird meine Partnerin bis heute immer wieder von sehr starken Verlustängsten und Eifersuchtsanfällen heimgesucht. Sie bewegt sich dabei in einem permanenten und extremen – für mich durchaus nachvollziehbaren – Zwiespalt, da sie es einerseits sehr begrüßt, in mir einen offenen, auch und insbesondere im sexuellen Bereich unverkrampften Partner gefunden zu haben, vor dem sie auch exotische Wünsche und Phantasien nicht verstecken muss. Gleichzeitig stellt meine liberale Einstellung für sie eine ständige Bedrohung dar, da sie weiß, dass ich auch noch lockere Kontakte zu anderen Frauen pflege und es mir nicht gelingt, ihren ganz besonderen Stellenwert für mich und meine Zuneigung zu ihr so deutlich zum Ausdruck zu bringen, dass ihre Zweifel hierdurch dauerhaft zerstreut würden.

Schilderung 13
Ein Mann, 37, lebt in einer distanzierten Beziehung.

Ich hatte erst mit 23 Jahren meine erste sexuelle Begegnung. Davor war ich zu feige, auf eine Frau zuzugehen. Ich hatte Angst, mich zu blamieren, und auch Angst vor Aids.

Das erste Mal war mit einem befreunden Pärchen und entpuppte sich als Reinfall. Ich wollte es einfach mal gemacht haben. Das zweite Mal war die blöde Tussi mit dem Höschen, wie weiter unten beschrieben. Da habe ich mir fest vorgenommen, keiner Frau zu trauen. Das war mir der Spaß (Sex) nicht Wert (mein Leben zu riskieren). Es gab einige Affären mit älteren Frauen, bei denen es nur um Sex ging. Dann habe ich mich in Ute verliebt. Das erste Mal eine Frau, die einige Jahre jünger war. Die ersten Male war unser Sex aufregend, dann sind wir in unsere gemeinsame Wohnung gezogen. Danach ging es mit unserem Sex bergab, bis nichts mehr lief, sie hatte keine Lust mehr. Reden war nicht möglich, sie hat geblockt. Ich habe es nicht verstanden, und eines Tages ist sie zu einem anderen gezogen.

Ich habe seit elf Monaten eine Beziehung und davor eine achtjährige Partnerschaft gelebt, die nicht einfach war. Wir haben sehr viele Machtkämpfe geführt, in allen Lebensbereichen, natürlich auch in der Liebe und Sexualität. Darum war meine Sexualität nicht befriedigend, und ich habe mich nicht sehr geliebt und begehrt gefühlt. Leistungsdenken beim Sex hat alles nur noch verschlimmert. Ich wollte einfach ein guter Liebhaber sein, doch das habe ich in dieser Beziehung nicht geschafft.

Deshalb haben wir zusammen Tantra-Gruppen besucht. Dort haben wir gelernt, besser mit unserer Sexualität umzugehen, und vor allem, miteinander zu reden. Dadurch haben wir einiges ausprobiert, beispielsweise Partnertausch und andere Partner nebenher. Einige dieser Erfahrungen haben meine Wunden geheilt, sie waren sehr wichtig für mich. Dadurch konnte ich vergleichen – auch mich selber – und sehr viel lernen und erkennen und fand mich dann selbst gut.

Die wichtigste Erkenntnis war: Ich habe Angst vor Frauen und dem Sex mit ihnen, ich vertraue ihnen nicht, sie sind eine Bedrohung für mich. Das hat sicher auch mit meinen ersten sexuellen Erlebnissen zu tun. Damals hat eine Frau im Eifer des Gefechts ihr Höschen beiseite geschoben und mein Glied einfach reingeschoben, ohne Kondom! Ich habe die nächsten Wochen Todesangst gehabt, wegen Aids. Seitdem war ich eigentlich immer auf der Hut. Nach Ende der achtjährigen Beziehung habe ich immer ein Kondom benutzt. Die folgenden Beziehungen waren locker, spaßig, lustvoll, und es war immer beiden Beteiligten klar, dass es nur um Sex geht. Keine Zukunftspläne, keine Verbindlichkeiten, keine Verpflichtungen, aber leider auch keine Nähe und kein Sich-Einlassen.

Dann habe ich Alicia kennen gelernt, auch auf einem Tantra-Seminar. Somit war das Thema Sex, Treue und Offenheit von Beginn unserer Beziehung an dabei. Zu diesem Zeitpunkt hatte ich unverbindliche Vorstellungen von der Liebe, von Beziehungen. Ich wollte mich nicht an eine einzige Frau binden, ich wollte sexuelle Freiheit.

Doch dann habe ich mich sehr in Alicia verliebt und angefangen, alles in Frage zu stellen, auch weil sie mit meiner Einstellung Probleme hatte und hat. Die ersten Male im Bett waren etwas verkrampft, doch es hat sich sehr schnell entspannt, und ich erlebe wunderbaren Sex mit ihr. Der Sex wird immer besser, und das liegt daran, dass ich mir keinen Stress mehr mache und auch vom Kopf her nichts mehr will. Es entsteht einfach.

Das Wort »Vereinigung« triff es besser als Sex. Ich liebe ihren Körper, ihren Duft, ihre Wärme, und dann muss ich sie küssen und will ihr ganz nahe sein. Und dann wird die Lust größer. Wenn wir vereinigt sind, fühle ich mich geborgen. Diesen Zustand möchte ich möglichst lange erhalten, und deshalb zögere ich den Orgasmus lange hinaus. Das habe ich bis jetzt mit keiner Frau erlebt, und ich hatte schon mit einigen Sex, aber eben nicht in dieser Qualität. Wir sind jetzt über zehn Monate zusammen, und unser Sex wird immer besser und spannender. Unsere Sexualität ist verspielt, und das ist sehr entspannend. Wir haben auch immer weniger Tabus. Selbstliebe vor dem anderen haben wir praktiziert, und dass ich mich regelmäßig selbst liebe, wenn ich allein bin, ist Alicia auch bekannt.

Wir leben nicht zusammen, sehen uns einmal unter der Woche und am Wochenende. Eine gemeinsame Zukunft planen wir nicht, weil sie zwei Kinder hat und das nicht einfach ist. Ich genieße meinen Freiraum, auch wenn ich manchmal Sehnsucht nach Zusammenleben habe.

Das Thema Treue ist nicht aktuell, weil mich andere Frauen momentan nicht reizen. Wir haben das Thema schon öfter auf dem Tisch gehabt, als Planspiel. Unsere Vereinbarung lautet: Jeder muss wissen, was er tut und was er mit sich vereinbaren kann. Und wenn der andere danach fragen sollte, ist die Wahrheit angesagt. Was dann passiert, ist offen.

Dass ich das Thema Sex so betone, liegt daran, dass es für mich so erfüllend ist. Das war früher nicht der Fall. Früher war es schön, aufregend und befriedigend. Diese Beziehung ist aber mehr als Sex, ich vertraue Alicia und kann über alles mit ihr reden. Ich liebe sie. Ich habe auch vorher geliebt, aber auf Sparflamme. Mehr kannte ich bis dahin nicht.

Für die Zukunft habe ich keine Vorstellungen. Diese würden mich und meine Spontaneität momentan nur einschränken. Wichtig ist es, herzlich und offen zu bleiben, und ansonsten möchte ich einfach spüren, was anliegt. Es gibt noch so viel zu entdecken in meinem Innersten.

Schilderung 14
Ein Mann, 40 Jahre alt, erzieht allein vier Kinder und lebt momentan in distanzierter Beziehung.

Kennen gelernt habe ich meine Ehefrau, als sie 18 und ich 22 war. Am Anfang hatten wir nicht viel Gelegenheit, miteinander zu schlafen. Wenn sich Möglichkeiten boten, haben wir diese genutzt. Je öfter dies der Fall war, desto mehr experimentierten wir. Als sie schwanger wurde, zogen wir zusammen und heirateten ein Jahr später. Der Grund war, dass wir noch ein weiteres Kind haben wollten und dieses dann ehelich zur Welt kommen sollte, damit auch ich somit alle Rechte und Pflichten hatte.

Während aller vier Schwangerschaften hatten wir recht häufig sexuellen Verkehr, mehrmals in der Woche. Meine Ex-Frau sagte während aller Schwangerschaften, dass sie das Miteinander-Schlafen viel intensiver erleben würde. In den letzten ein bis eineinhalb Jahren vor der Trennung nahm das Miteinander-Schlafen ab. Dies ging mehr von meiner Frau aus.

Nach zwölf Jahren verließ sie mich und die Kinder. In der Zeit bis zur endgültigen Trennung gab es eine Phase der Annäherung, auch in sexueller Hinsicht. Obwohl für uns beide klar war, dass eine Wiedervereinigung zu der Zeit nicht in Frage kam, hatten wir einige Male sexuellen Verkehr. Vielleicht aufgrund der Enthaltsamkeit und des Entzugs war es sehr intensiv und erlebnisreich.

Warum meine Frau in der Ehezeit nicht mehr mit mir schlafen wollte und was die Gründe für die Trennung waren, ist mir bis heute nicht klar. Nach der Trennung hatten wir zwar einige gemeinsame Termine bei der Eheberatung, wobei ich erfuhr, dass ich ihr die »Luft zum Leben« nehmen würde und sie eine Beziehung mit einem Arbeitskollegen hatte. Ferner erfuhr ich, dass sie eine Abtreibung hatte vornehmen lassen, wobei sie mir nicht sagen konnte oder wollte, ob das Kind von mir war oder aus dem Seitensprung hervorgegangen war.

Im Sommer vor sechs Jahren ist meine Frau an einem Nachmittag mit der Bemerkung, sie müsse zum Arzt, gegangen. Nach einigen Stunden erhielt ich einen Anruf, in dem sie mir mitteilte, sie käme die nächste Zeit nicht nach Hause. Nach einer Woche hatten wir wieder direkten Kontakt, aber meiner Bitte, wieder nach Hause zu kommen, wollte sie nicht nachkommen. Als sie erfuhr, das ich mir bei der Ehe- und Lebensberatung einen Termin besorgt hatte, wollte sie mit dorthin. Sie nahm an einigen Terminen teil, ließ dann plötzlich einen Termin platzen und kam nicht wieder.

Bis vor zwei Jahren hatten wir, meine Kinder und ich, unregelmäßigen Kontakt zu ihr. Seitdem beschränkte sich ihr Kontakt zu uns auf vier Postkarten beziehungsweise Briefe an die Kinder – jedoch ohne Absenderangaben. Dadurch ist eine Kontaktaufnahe von Seiten der Kinder oder mir nicht möglich. Die Scheidung und die Sorgerechtsregelung erfolgte während ihrer Abwesenheit.

In der Zeit ohne Partnerin, wie auch jetzt mit einer neuen Partnerin, habe ich manches Mal an die Zeit mit meiner Exfrau zurückgedacht. Für mich war es, glaube ich, wichtig, mich in dieser Zeit als Mann zu erleben. Oft war es der Fall, dass ich die körperliche Nähe vermisst hatte und dann von Frauen, zumeist meiner Ex-Frau, träumte und mir vorstellte, mit ihr/ihnen zu schlafen. Mit Selbstbefriedigung stillte ich den »Trieb«.

Da ich, als allein erziehender Vater mit vier Kindern, an keine Chance für mich glaubte, eine neue Partnerin zu finden, aber auch keine Versuche machte, weil … ja, warum? Noch immer Treue? Nachdem die Ehe geschieden war, hatte ich bis zum Beginn der neuen Partnerschaft keine sexuelle Beziehung zu einer Frau. Weder einen Besuch im Puff, ein One-Night-Stand oder sonst etwas.

Vor zwei Jahren traf ich eine alte Freundin wieder. Sie hat auch Kinder, ist nicht verheiratet und litt zu jener Zeit ebenfalls an einer gescheiterten Beziehung. Aus den anfänglichen sporadischen Treffen und Telefonaten entwickelte sich im Laufe der Zeit eine größere Nähe, die schließlich auch zu sexuellen Kontakten führte. Diese Kontakte sind ebenso wie die allgemeinen Kontakte sporadisch und unregelmäßig. Es gibt Zeiten – wie im Moment –, da sind es nur telefonische Kontakte, da weder sie noch ich im gleichen Augenblick Zeit füreinander haben.

Für die Zukunft habe ich mir noch keine Vorstellungen/Gedanken gemacht. Für mich ist es im Moment unvorstellbar, mit einer Frau zusammenzuziehen. Das weiß meine jetzige Freundin. Sie hat dazu eine andere Einstellung. Durch verschiedene Umstände kommt es immer wieder vor, dass wir uns manchmal einige Wochen nicht sehen. Das macht mir bezogen auf Sex keine Probleme. Umso schöner ist es dann, wenn man sich sieht und miteinander schläft.

Serielle Beziehungen

Serielle Monogamie bezeichnet ein Phänomen, das stetig zunimmt, seit Partner über Anfang und Ende ihrer Beziehungen selbst bestimmen können. Es meint eine treue Partnerschaft und zugleich leidenschaftliche Liebesbeziehung, die nur bestehen bleibt, solange diese beiden Bedingungen erfüllt sind. Geht die Leidenschaft verloren, verliert die ansonsten möglicherweise intakte Beziehung ihren Wert, sie wird aufgelöst und schließlich durch eine neue ersetzt.

Die serielle Beziehungsform beruht auf romantischen Liebesvorstellungen, die heute vor allem von jungen Leuten als Modell genommen werden und die sie unbeabsichtigt zu Beziehungswechslern werden lassen:

Sexologische Untersuchungen zeigen, daß vor allem die Jugendlichen Liebe als ein partnerschaftliches Verhältnis betrachten ... [Die Liebe] wird als einmalig empfunden und ist im gesuchten Idealfall die große Liebe, die ein Leben lang hält. [Die Jugendlichen] verlieben sich nicht auf Zeit, nicht vorläufig oder probehalber, sondern suchen die feste, vertrauensvolle, dauerhafte Liebesbeziehung und wenden sich voll und uneingeschränkt der geliebten Person zu.[56]

Feste und dauerhafte, vertraute und leidenschaftliche, volle und uneingeschränkte Liebe – in solchen Vorstellungen ist das Beziehungsparadies auf Erden verwirklicht und Bindung und Begehren, Jahrtausende lang als einander widerstrebend betrachtet, sind in lebendiger Harmonie und harmonischer Lebendigkeit vereint. Das kann nicht ohne Folgen bleiben:

Dieser geliebten Person wollen sie auch treu sein. Partnerwechsel ist dann nicht ein Durchbrechen des Liebe- und Treue-Ideals, sondern die Folge davon. Ebenso kann die moderne Bindungsunlust nicht als Gegentendenz betrachtet werden, sie ist ebenfalls eine Folge des Ideals, sich (nur) mit einem bestimmten, einem vertrauenswürdigen, einem geliebten und liebenden Partner einzulassen.[57]

Häufiger Partnerwechsel ist demnach eine Folge der eigenen Ansprüche und der Schwierigkeit, auf Dauer die an den Partner gerichteten Erwartungen diesem selbst zu erfüllen. Doch die seriellen Partner bleiben ihrem Ideal treu; und weil es in der Praxis nicht gelingen mag, dauerhaft gebunden und begehrlich zu sein, alles für immer mit einem zu haben, werden Beziehungen oft gewechselt und schließlich zögerlicher eingegangen. Wer schon mehrmals das Karussell der großen Liebe befuhr und noch immer nicht beim wahren Partner ankam, der entwickelt tatsächlich eine gewisse Bindungsunlust, weil es ihm zunehmend schwerer fällt, das zerbröckelnde Ideal seiner Liebe hochzuhalten.

Professor Starke, von dem die Zitate stammen, äußerte die Ansicht,[58] dass man den jungen Menschen helfen sollte, ihre Ideale zu erreichen, anstatt ihr Liebesideal zu kritisieren. Gut gemeint, aber wohl kaum zu machen. Experten versuchen sich seit geraumer Zeit daran, und sie scheinen dabei nicht voranzukommen, und immer ist es die Dauer, an der die Bemühungen scheitern.

So ist es nur konsequent, wenn Partner die Bedingung der Dauer schließlich aufgeben und seriell leben. Auch das ist kein neues Phänomen und kein Beweis einer irgendwie gearteten, modernen Beziehungsunfähigkeit, wie wir am Phänomen der Winkelehe sehen:

Winkelehe: Liberale Eheform im Spätmittelalter, 1563 vom Konzil von Trient für null und nichtig erklärt. Der Bräutigam fragt in einem Winkel des Hauses die Braut, ob sie ihn zum Ehemann haben will. Antwortet sie mit Ja, so ist die Ehe geschlossen und gültig. Sie kann auf beiderseitigen Wunsch problemlos wieder gelöst werden. Für die Winkelehe ... sind Kirche, Staat und Verwandtschaft nicht erforderlich. Allein die Eheleute entscheiden.[59]

Nach welchen Kriterien mögen sich die Eheleute im stillen Winkel füreinander entschieden haben? Wahrscheinlich in nicht geringem Umfang nach ihren Gefühlen, so wie es seriell monogame Partner heute auch tun. Formen der seriellen Partnerschaft sind also nicht neu, sondern entsprechen dem Bedürfnis, wechselnden Gefühlen und der individuellen Bedeutung von Begehren und Leidenschaft Rechnung zu tragen.

Begehren und Leidenschaft können einen derart hohen Stellenwert im Gefühlsleben eines Partners einnehmen, dass eine Beziehung ohne sie keinen Wert zu haben scheint. Und wie die Schilderungen zeigen, fällt es manchem leichter, einen neuen Partner zu finden, als um die schwindende Sexualität in der bestehenden Beziehung zu kämpfen. Die Betroffenen sprechen dann von der »Halbwertszeit des Begehrens« oder vom »Rhythmus des Begehrens«, wie beispielsweise diese Frau:

In meinen Beziehungen habe ich immer eine Art magischer Fünfjahresgrenze erlebt, länger sind sie nie leidenschaftlich gewesen. (Schilderung 15)

Eine andere Frau musste lernen, ihr serielles Beziehungsverhalten zu akzeptieren, sogar entgegen ihrer Absichten:

Gern würde ich mich auch, wie Konstantin Wecker einmal gesungen hat, von »Romanen verderben« lassen, aber das Leben hat mir solche Träume nicht gelassen. (Schilderung 18)

Serielle Partnerschaften werden der Tatsache gerecht, dass Beziehungen nicht im luftleeren Raum hängen, sondern in konkrete Lebenszusammenhänge integriert sind und gesellschaftlichen Bedingungen unterliegen. Einige Schilderungen zeigen beispielsweise besonders deutlich den Zusammenhang zwischen Lebensphasen und Partnerschaft. Wenn etwa die Kinder aus dem Haus sind und in den Jahren des Familienprojektes keine zusätzlichen wesentlichen Bindungen entstanden, kann die Partnerschaft beendet sein. Auch berufliche Veränderungen, unterschiedliche Interessen und differierende persönliche Entwicklungen können die serielle Monogamie als Beziehungsform praktikabel erscheinen lassen.

Liebe, Treue und Begehren, das sind die Bedingungen der seriellen Beziehung. Alles mit einem und dauernd, das ist zugleich eine verdammt hohe Erwartung. Deshalb muss die Beziehung dieser Erwartung weichen, sobald sie die an sie gestellten Bedingungen nicht mehr erfüllen kann, oder sie wird den übrigen Lebenszusammenhängen geopfert, beispielsweise der Karriere. Der mit dem wiederholten Partnerwechsel einhergehende Verzicht auf langfristige Lebensbegleitung gehört deshalb zum Preis, den Anhänger serieller Beziehungen aufbringen müssen. Doch nicht wenige Paare ziehen die emotionale Intensität dieser Beziehungsform der Verlässlichkeit einer Lebenspartnerschaft vor, weshalb die serielle Beziehung heutzutage zu den häufigsten Beziehungsformen gehört.

Schilderung 15
Eine Frau, 51 Jahre alt, dreimal verheiratet, lebt seriell.

In meinen Beziehungen habe ich immer eine Art magischer Fünfjahresgrenze erlebt, länger sind sie nie leidenschaftlich gewesen. Mit 15 habe ich einen schnuckeligen 17-Jährigen kennen gelernt, mit dem ich dann gut vier Jahre »gegangen« bin, wie das so hieß. Nach einem Jahr süßen Pettings haben wir miteinander geschlafen, und ich habe mich ziemlich geärgert, dass ich nicht schon früher damit angefangen hatte. Es war sehr schön, gleich beim ersten Mal. Wir haben dann Gelegenheit gehabt, miteinander den Urlaub zu verbringen, und kamen aus dem Bett quasi nicht mehr raus, dreimal täglich Liebe, Gott, war das schön.

Mit 19 zog ich in eine andere Stadt, um dort zu studieren. Wir sahen uns entsprechend weniger, und ich merkte, dass es noch andere Männer auf dieser Welt gibt. Ich hatte mich auf den ersten Blick in einen Studenten mit blauen Augen verliebt und wollte kurze Zeit später Schluss machen, aber die Familie sorgte für eine Heirat. Diese hielt genau zwölf Tage. Geschlafen haben wir schon miteinander, darüber hinaus gab es nur Streit.

Mit 25 Jahren lernte ich den Vater meiner Tochter kennen. Nach einem halben Jahr heirateten wir, und ich muss zu meiner Schande gestehen, dass das Sexualleben so uninteressant war, dass ich beim besten Willen nicht sagen kann, wie oft wir miteinander schliefen. Es war Missionarsstellung, und sonst gar nichts. Aber er hatte andere Qualitäten, aus meiner damaligen Sicht. Ich war glücklich für fünf Jahre.

Dann lernte ich einen sehr lieben Studenten kennen, und ich war drauf und dran, zu Hause auszuziehen. Ich erklärte meinem Mann, dass ich mich trennen möchte, er drohte mit Selbstmord, und dann war da noch die kleine Tochter. Ich machte Schluss mit meinem Engel, ich Idiot, und blieb bei meinem Mann. Dann kamen die finsteren Jahre in einer sexlosen Ehe-WG, nicht fünf, ich habe nachgerechnet, sieben Jahre! Gut, ich bin ab und zu fremdgegangen, aber das war nicht die Liebe, die ich gesucht habe. Dann habe ich endlich die Trennung geschafft und mein Leben wieder genossen.

Mit 40 habe ich meinen dritten Ehemann kennen gelernt, persönlich lag er mir eigentlich nicht so sehr, ich wusste irgendwie von Anfang an, dass sein Pessimismus auf die Dauer untragbar ist, aber ich dachte, mein Optmismus steckt ihn an. Persönlichkeitsspezifisch war auch Sex bei ihm nicht von Fröhlichkeit geprägt, er hatte stark sadistische und masochistische Neigungen, die ich zum Teil sehr lustvoll mit auslebte. Da unsere Beziehung liebevoll und von Vertrauen geprägt war, blieb Raum genug für solche Experimente, die ich so nicht missen möchte, obwohl die Ehe auseinander ging. Ich fand es sehr schön, gefesselt zu werden, Sex als fauler Genießer, einfach herrlich. Die totale Hingabe, weil man wehrlos ist, das hat was. Fremdgegangen bin ich sehr selten, ich war zufrieden mit meinem Sexualleben und habe nur ein paar Mal mit einem anderen Mann geschlafen, den ich einfach lieb habe, aber er hatte nichts mit meinen Ehen zu tun.

Ja, und auch hier wieder die magische Fünfjahresgrenze. 1996 habe ich es nicht mehr ausgehalten in seiner Gegenwart und habe abrupt die Beziehung beendet. Das ist ein Prozess, Sex, kein Sex, der sich innerhalb doch recht kurzer Frist abspielt, und ich denke, für den Partner kam es jeweils überraschend, weil die Fünfjahresgrenze nicht für alle Menschen zu gelten scheint. Nach meiner ersten Ehe war ich nicht mehr bereit, wieder eine sexlose Ehewohngemeinschaft zu praktizieren, und habe mich diesmal sofort und endgültig getrennt.

Es ist einfach grauenhaft und traumatisierend, wenn ein Mann aufgrund einer Ehe mit mir schlafen möchte und ich keine Neigung habe, überhaupt nicht, null. Ich habe es ein- oder zweimal im Leben über mich ergehen lassen, natürlich nicht sehr überzeugend und für beide entsetzlich frustrierend.

Man fühlt sich wie eine Prostituierte, man soll und will nicht. Für andere finde ich es okay, Partnertausch oder Swinger-clubs oder was weiß ich, das hält die Beziehung frisch, wenn man eine alte Beziehung unbedingt fortführen will, weil der Partner nett ist. Aber ich mag es nicht.

Ich habe immer nach meinem Herzen spontan entschieden und denke, es ist richtig. Als ich verheiratet war, habe ich nicht lange glücklich gewirkt, nur in den ersten Jahren. Später haben mich Freunde darauf angesprochen, dass ich meine Fröhlichkeit verloren hätte und ungesellig geworden sei. Heu-te sehe ich in den Spiegel und lächle mich an.

Ich habe nie im Leben probiert, Beziehungen am Leben zu er-halten durch besondere Versuche, die Sexualität spannender zu gestalten. Ich bin bei Gelegenheit fremdgegangen, aber nur locker, nicht im Sinne einer Auffrischung, sondern weil mir je-mand begegnet ist, den ich einfach gern hatte und sexy fand. Auch eine Nebenbeziehung, um eine Ehe zu stabilisieren, die im Begriff ist, sich aufzulösen, habe ich nie probiert. Massive Langeweile kehrte regelmäßig nach fünf Jahren ein. Ich habe das akzeptiert und wollte es nicht ändern, sondern lieber den Partner wechseln, auch wenn das nicht von einem Tag auf den anderen ging, ein Ablösungsprozess findet natürlich immer statt.

Sex habe ich immer genossen. Ich hatte nie den Eindruck, dass Männer nur an sich selbst denken, egoistisch seien, nicht ge-nug Vorspiel betreiben und, und, und. Ich habe eher den Ein-druck gehabt, dass Männer in erster Linie wollen, dass es den Frauen gut tut, das ist das Wichtigste, und daher auch das hohe Ziel, der »Sie-muss-einen-Orgasmus-haben«-Glaube. Ich möchte lieber keinen Orgasmus bei einem Mann; auf ho-hem Niveau verrückt werden und bleiben vor Lust, das ist mir viel wichtiger, Orgasmus kann ich alleine. Quickies finde ich wunderbar, aber Männer trauen sich heute kaum noch, we-gen des Vorspiels und so! Wenn ich jemanden begehre, brau-che ich eigentlich vorher gar nichts und möchte gleich meinen

Süßen fühlen. Vorspiel ist wohl mehr für Alt-Ehen, in denen man tausend Minuten braucht, um überhaupt auf Touren zu kommen.

Von Abstinenz in der Beziehung halte ich nichts. Masturbation hat aus meiner Sicht nichts mit den Beziehungen zu tun, habe ich immer praktiziert, seit ich 13 war oder so. In der Beziehung, außerhalb der Beziehung, gleichermaßen stark oder schwach. Das ist einfach eine andere Form der Sexualität.

Schilderung 16
Eine Frau, 56 Jahre alt, lebt seriell entgegen eigener Sehnsüchte.

Erste sexuelle Erfahrungen machte ich mit 20, mit 23 begann eine sechsjährige Beziehung. Zuerst waren wir uns treu, in den letzten beiden Jahren ging mein Partner ab und zu fremd, was ich aber erst gegen Ende der Beziehung merkte. Dieses Wissen hat das Ende der Beziehung beschleunigt, war aber nicht der wesentliche Grund. Wir waren geschäftlich miteinander verwoben, ich hatte ihm Geld geliehen, und wir hatten oft Meinungsverschiedenheiten. Als ich merkte, dass er eine bereits drei Monate bestehende Beziehung zu einer Angestellten nicht abbrechen würde, fuhr ich allein in Urlaub. Als ich zurückkam, war er ausgezogen. Mein sexueller Bedarf während der gesamten Beziehung war nicht besonders groß gewesen. Es gab damit aber keine Probleme, die mir aufgefallen wären oder worüber wir gesprochen hätten.

Anschließend hatte ich eine Beziehung mit gemeinsamer Wohnung und Treue auf beiden Seiten. Er war sieben Jahre jünger, männlich, groß, breitschultrig, stark, blond, so eine Art Wikinger. Ich wusste, dass er viel sexuelle Erfahrung gesammelt hatte, das hat mich wohl angeregt, vielleicht auch herausgefordert. Vielleicht konnte ich dadurch Hemmungen abbauen, da ich mich ihm ansonsten überlegen fühlte. Für mich war immer klar, dass diese Beziehung nicht lange dauern würde, zu groß waren die sonstigen Unterschiede. Nach knapp drei Jahren bat ich ihn auszuziehen.

Die nächste Beziehung begann mit heftiger Verliebtheit, ein äußerst charmanter Mann, sechs Jahre jünger als ich. Wir passten von Anfang an sexuell wunderbar zusammen. Jede Begegnung war, als ob sich zwei Pole anzögen. Nach mehr als einem Jahr musste mein Freund beruflich bedingt hundert Kilometer entfernt wohnen, kam nur noch mittwochs und am Wochenende nach Hause. Er war ehrgeizig und hätte mir gern materiell etwas geboten, aber ich schien wohl schon alles zu haben. Irgendwann lernte er eine Kollegin kennen, die wegen ihrer Scheidung finanziell schlecht zurechtkam. Er wollte mit uns beiden leben, was ich abgelehnt habe. Er zog dann auf meinen Wunsch hin aus. Wir haben am Sex sogar noch zwischen den Umzugskartons Spaß gehabt. Es muss wohl etwas mit der passenden »Chemie« zu tun gehabt haben, aber das schien für ein gemeinsames Leben nicht zu reichen.

Auch mein Ehemann war jünger als ich, acht Jahre. Er war sportlich und sah gut aus. Es gefiel ihm, dass ich selbstbewusst und sexuell zugänglich war. Wir haben oft zusammen geschlafen, aber für mich war es mehr eine sportliche Herausforderung und das Genießen seiner Bewunderung. Ich wurde ungewollt bereits nach wenigen Monaten schwanger. Eigentlich wollte ich nicht heiraten, hatte bereits mit einer ebenfalls allein erziehenden Freundin geregelt, wie wir gemeinsam unsere Kinder aufziehen würden, ohne dass ich meinen geliebten Job aufgeben müsste. Dann haben wir doch geheiratet, und unsere Ehe wurde eine ziemliche Katastrophe, beide hatten wir eine völlig unterschiedliche Auffassung von Kindererziehung. Auch der zweite Sohn wurde ungeplant nach drei Ehejahren geboren. Unsere Interessen waren völlig verschieden: mein Mann sehr extrovertiert, sportlich, materialistisch, ich lese gern, bin tierlieb, mehr an Geist als an Geld interessiert. Außerdem denke ich, dass ich meinen Mann nie »richtig« geliebt habe, was auch immer das heißt. Ich habe in den letzten beiden Ehejahren unter einem Vorwand nur mit Kondom mit meinem Mann geschlafen, weil ich es sonst nicht ertragen konnte. Als ich aus beruflichen Gründen den materiellen Hintergrund fand, ein eigenes Leben zu führen, bin ich ausgezogen.

Etwa drei Jahre lang hatte ich keinerlei sexuelle Kontakte, auch keine Kontakte zu Männern auf privater Ebene. Danach hatte ich für fast drei Jahre eine sehr innige Beziehung zu einem verheirateten Mann, der den sexuellen Kontakt zu seiner

Frau nur ganz am Anfang für einige Monate aufgab. Obwohl wir bis zum Ende unserer Liebesbeziehung oft und intensiv Sex hatten, wollte er aus verschiedenen Gründen nicht auf sexuelle Kontakte zu seiner Frau verzichten. Dies hat mich in der gesamten Beziehung sehr gestört und verletzt, vor allem weil ich wusste, dass der Sex mit seiner Frau nicht nur eine Pflichtübung, sondern Ausdruck einer langjährigen Vertrautheit und Zuneigung war. Von meiner Seite aus hat diese Tatsache letztendlich zur Lösung der Liebesbande geführt und mir meine innere Freiheit wiedergegeben. Seither sind wir nur noch freundschaftlich verbunden. Bis dahin hatte ich keine anderen sexuellen Kontakte, hätte es auch nicht gewollt und gekonnt.

Zur Zeit habe ich wieder eine Beziehung, zu einem sieben Jahre jüngeren Mann, in der intensive sexuelle Kontakte eine große Rolle spielen. Über meine Zukunft in sexueller Hinsicht mache ich mir die geringsten Sorgen. Mein momentaner Partner hat ein fast unwirkliches Gespür für meine Wünsche und geht auf jede Anregung ein. Ich denke, dass es weitestgehend an mir liegt, wie mein Sexualleben aussieht. Ich fühle mich durchaus in der Lage, einen Mann dazu zu bringen, sich auf ein für uns beide äußerst befriedigendes Spiel einzulassen.

Leider stelle ich immer wieder fest, dass hier alle Erkenntnis und alles Diskutieren nicht hilft. Mein Verstand kann noch so sehr Einsicht zeigen, meine Gefühle lassen sich nicht lenken. Mein »Bauch« möchte den anderen immer ganz, auch wenn ich weiß, welchen Druck das erzeugt. So blieb mir immer nur der Ausweg in die serielle Monogamie, obwohl das nicht zu meinem Lebenstraum passte. Ich hoffe manchmal, dass die gerade bestehende Partnerschaft die Ausnahme von der Regel sein könnte und hält.

Ich kann Schwierigkeiten, aber keine Eintönigkeit ertragen. Was passieren wird, wenn ich noch um einiges älter bin, ob mein Interesse dann erlischt, vermag ich nicht vorherzusagen.

Schilderung 17
Eine Frau, 35, folgt den Spuren des Begehrens.

Ich hatte mit 19 mein »erstes Mal«, mit meiner ersten Liebe. Es war wirklich wie bei zwei Magneten, wir hatten eine wahnsinnig schöne und lange Nacht zusammen. Wir zogen uns körperlich unheimlich an, vor allen Dingen sein Geruch machte mich jedes Mal schwach. Aber wir wurden nie ein richtiges Paar. Beenden konnte ich diese sexuelle Anziehung erst, als ich mich zum zweiten Mal »unsterblich« verliebte.

Dieser Mann war dreizehn Jahre älter als ich, sah blendend aus und hatte ein Sportstudio in einer Nachbarstadt. Alle Alarmglocken läuteten bei mir: »Der ist dir drei Nummern zu groß, er kann tausend andere Frauen haben«, aber ich roch ihn und konnte es nicht lassen. Als wir das erste Mal miteinander schliefen, war ich fix und fertig. Der ganze Mann fühlte sich fest an, er war völlig durchtrainiert, gleichzeitig total zärtlich und verschmust. Seitdem habe ich meine absolute Vorliebe für richtig sportliche Männer. Emotional habe ich die Geschichte aber nicht in den Griff bekommen. Ich habe mal gelesen, bei Verliebten zeigen sich ähnliche Symptome wie bei Verrückten, und genauso habe ich mich gefühlt: nicht mehr ich selbst, gleichzeitig totale Angst, dass er mit mir spielt. Ich kannte ihn gerade mal zwei Monate, da habe ich das Ganze schon wieder beendet, weil ich nicht wusste, wie ich meine Gefühle aushalten sollte.

Aber mein Selbstbewusstsein war dadurch gestiegen, dass ich diesen tollen Mann bekommen hatte, und seitdem zeige ich Männern, wenn sie mir gefallen. Ich habe einfach gelernt, dass die Männer, die auf mich zugehen, meist nicht mein Typ sind, also gehe ich auf die anderen zu, die mir gefallen. Außerdem habe ich damals selbst angefangen, intensiv mindestens zwei- bis dreimal die Woche Sport zu treiben, und das ist auch heute noch so. Mein Körper und mein Wohlbefinden haben sich dadurch positiv verändert, und ich lerne beim Sport auch eher die Männer kennen, die mir gefallen. Sportler trifft man nicht unbedingt in Kneipen.

Der dritte wichtige Mann in meinem Leben, Wolfgang, war etwas schüchtern. Er gefiel mir, war intelligent, sehr aufmerksam, es machte Spaß, etwas mit ihm zu unternehmen. Ich verliebte mich ein bisschen, und wir wurden ein Paar. Über zwei Jahre führten wir eine Wochenendbeziehung, weil wir zweihundert Kilometer auseinander wohnten, aber das klappte gut. Sexuell hatten wir Spaß. Es war nicht die Liebe, die mir die Knie weich machte, aber ich fühlte mich wohl. Dann überraschte er mich mit dem Vorschlag zusammenzuziehen. Ich war über so viel Auf-mich-Zugehen total erfreut und hatte Lust, es auszuprobieren. Für Freunde waren wir das »Vorzeigepärchen«, aber wir hatten zu der Zeit auch jeder individuelle Probleme. Wir redeten zwar, trotzdem konnten wir uns irgendwie nicht wirklich helfen. Parallel dazu ging unsere Sexualität den Bach runter. Als es mir besser ging, hatte ich zwar irgendwann wieder Lust auf Sex mit ihm, aber er blockte immer stärker ab. Die letzten zwei Jahre schliefen wir genau fünfmal miteinander, und nur dann, wenn wir woanders und nicht daheim waren! Ich litt sehr unter unserem »Problem«.

Dann setzte sich auf einer Party plötzlich dieser Mann zu mir, Michael, wir tanzten und flirteten. Schließlich fragte er grinsend, was es sonst doch nur im Film gibt: »Gehen wir zu dir oder zu mir?« Zu mir wollte ich auf keinen Fall, also gingen wir zu ihm. Ich erlebte die zum damaligen Zeitpunkt intensivste sexuelle Nacht meines Lebens. Ich war ausgehungert, dieser Mann hatte Erfahrung, gab und forderte. Er hatte eine unglaubliche Kondition und konnte mehrfach nacheinander. Wir haben uns völlig verausgabt. Ich bin im Morgengrauen lächelnd nach Hause gelaufen und musste immer an John Wayne denken, wenn er vom Pferd steigt.

Zu Hause schlief ich lächelnd ein, ohne schlechtes Gewissen. Beim Aufwachen wurde mir bewusst, was ich da angestellt hatte, aber ich grinste und dachte bloß: »Was für ein Glück, dass er nur meinen Vornamen kennt, jetzt kann ich selber entscheiden, ob wir uns jemals wiedersehen!« Aber am Nachmittag war er am Telefon. Er machte klar, dass er sehr eindeutig an mir interessiert sei, als Sexualpartnerin. Bei ihm war gerade eine langjährige Beziehung zu Ende gegangen, er suchte keine neue Beziehung, aber ich gefiel ihm.

Ab da schlief ich in meinem Zimmer, Wolfgang fragte nicht nach. Mit Michael traf ich mich heimlich, und wir fielen jedes Mal übereinander her, an den unmöglichsten Orten. Nach zwei Wochen beichtete ich Wolfgang die Affäre aus innerem Druck, aber er hatte es bereits geahnt. Er gab unsere Beziehung sofort auf, machte keine Szene, meinte, er könne es verstehen. Er hatte unsere Entwicklung vorausgeahnt, weil ihm das nicht zum ersten Mal passierte. Zwei seiner früheren Beziehungen waren genauso kaputtgegangen, er verlor die sexuelle Anziehung zu seinen Freundinnen jedes Mal, wenn sie zu viel Alltagsnähe hatten. Er hatte gehofft, dass das mit mir nicht wieder passieren würde.

Mit Michael hatte ich ein halbes Jahr lang eine leidenschaftliche Affäre. Mein Wohlbefinden und mein Selbstbewusstsein wuchsen immens, noch nie hatte mir vorher jemand so deutlich gezeigt, wie sehr ich ihn sexuell reizte, es blieb aber die ganze Zeit unverbindlich. Ein halbes Jahr später geschah dann, wovon ich glaubte, es würde mir nicht mehr passieren: Im Sportstudio trainierte ein neuer Mann, und bei mir schlug der Blitz ein! Ich überlegte überhaupt nicht, ging auf ihn zu, sprach ihn an, und wir mochten uns. Er wurde meine ganz große Liebe!

Ich war es, die ihn verführte, und es war wunderschön, weil ich bereits zu diesem frühen Zeitpunkt sehr viel für diesen Mann empfand. Antonio half mir, wo er konnte, aber ich war auch verunsichert, weil von ihm auch gleichzeitig so viel Distanz kam. Wenn wir außerhalb der Wohnung waren, fasste er mich nicht an und flirtete auch nicht mit mir. Ich liebte ihn, aber mir fehlten »Beweise«. Wir sprachen nicht dieselbe »Liebessprache«, ich wollte Worte, er Taten, und wir stritten uns immer wieder heftig. Sexuell wurden diese Spannungen dann gelöst, da konnten wir uns meist irgendwie verständigen und zueinander zurückfinden.

Das Kommunikationsproblem und einige andere töteten nach zweieinhalb Jahren diese sehr temperamentvolle Beziehung. Ich war aufgrund der ewigen Streitereien mit meiner Kraft am Ende und machte Schluss. Wir litten beide sehr lange unter dieser Trennung. Nach der Trennung sagte er mir, dass ich die zweite Frau in seinem Leben war, der er hätte sagen können, dass er sie liebt. Aber er hat mir nie gesagt »Ich liebe dich«. Das hätte ich mir so gewünscht, und ich habe es ihm wohl zu oft gesagt.

Dann kam Hans. Wir haben uns über zwei parallele Kontaktanzeigen kennen gelernt, sehr lange telefoniert, uns gleich toll verstanden und am Telefon viel gelacht. Für mich war dieser bemerkenswerte Zufall so etwas wie ein positives Schicksalszeichen. Als wir uns ein paar Tage später zum ersten Mal trafen, wusste ich, als ich ihn sah, sofort: »Er ist nicht mein Typ!« Doch wir hatten einen sehr schönen und lustigen Abend und wussten, dass wir uns wiedersehen wollten. In den nächsten Wochen warb er intensiv um mich, mit Blumen, Kärtchen, Hilfsangeboten beim Renovieren meiner Wohnung, und es kam auch immer mal wieder zum Händchenhalten. Die Kommunikation entwickelte sich bei uns problemlos, und er wurde für mich sehr schnell ein wichtiger Mensch in meinem Leben.

Und immer noch wusste ich: »Er ist eigentlich nicht mein Typ.« Zwar groß und schlank, aber halt kein Sportler. Irgendwo ziehen mich »echte Kerle« an. Er war von Anfang an einfach nur sehr lieb. Ich war zu dem Zeitpunkt recht lange solo und hatte das Bedürfnis nach einem Mann und auch wieder nach einer Beziehung und dachte: »Probier's doch einfach, vielleicht knackt ja das Eis, und du verliebst dich in ihn«, obwohl ich so etwas bisher nie erlebt hatte.

Ich habe ihn dann nach einer Party bei Freundinnen leicht angeschwipst besucht und deutlich gezeigt, dass ich mit ihm ins Bett wollte. Es war eine schöne Nacht. Ab da schliefen wir regelmäßig und relativ stressfrei miteinander. Aber etwas stimmte immer noch nicht bei mir, Hans hingegen war sehr verliebt. Ich war in den seltensten Fällen die, die sich Sex wünschte, er ergriff meist die Initiative. Wir haben viel gekuschelt, und dabei habe ich mich wahnsinnig wohl gefühlt, aber wenn es dann ins Sexuelle kippte, fühlte ich mich immer öfter unwohl. Er hat viele Vorschläge zu gemeinsamen Lösungsansätzen gemacht, aber irgendwie dachte und fühlte ich immer, da ist etwas falsch, es muss aus mir selbst heraus kommen, so, wie ich es mit anderen Männern kannte, die ich begehrt hatte.

Wir haben darüber geredet. Er hätte es auch ausgehalten, wenn ich mal fremdgegangen wäre, weil er wusste, wie sehr mir dieses reine Verlangen und die Lust, die daraus entsteht, fehlten. Aber das ist nicht meine Art. Wenn ich mit jemandem zusammen bin und ihn liebe, bin ich treu. Ich habe mich nach über einem Jahr von ihm getrennt. Kurz danach bekam ich ein Angebot von einem Mann, der sehr attraktiv ist und mich körperlich sehr anzieht. Mit diesem lebe ich seit etwa vier Monaten eine leidenschaftliche Affäre. Wir treffen uns aber nur sehr unregelmäßig und wissen beide, dass aus uns kein Paar wird. Außerdem gibt es noch andere Frauen in seinem Leben. Ich leide darunter nicht, worüber ich selbst überrascht bin, ich finde das eher spannend, weil ich diese Situation noch nie vorher hatte und es gleichzeitig genieße, dass keiner an mir zerrt! Ich habe zusammen mit ihm Phantasien, die wir beide hemmungslos ausleben. Solche Phantasien hatte ich zum Beispiel in der Partnerschaft mit Hans nicht, da hat es mich eher entfremdet, wenn wir dieses Thema anschnitten. Phantasien kann ich nur entwickeln, wenn ich leidenschaftlich empfinde. Die Beziehung mit Hans war harmonisch und ruhig, da passte es für mich einfach nicht hinein.

Ich habe es mir in den Monaten, bevor ich mich von Hans trennte, nicht leicht gemacht. Ich habe mich reflektierend mit meiner Persönlichkeit und meinem Beziehungsverhalten und intensiv mit dem Für und Wider unserer Beziehung auseinander gesetzt. Aber als dann mein Trennungsentschluss gefallen war, war ich trotz der schönen Anteile, die ich vermisse, sehr erleichtert. Schade, dass es nicht geklappt hat, die Vorzeichen standen so gut, von Anfang an.

Außer rationalen Gründen gibt es bei der Liebe auch immer Bauchentscheidungen oder rein emotionale Anziehung, bis hin zur körperlichen beziehungsweise sexuellen Anziehung, und wenn da etwas fehlt, dann geht's halt los mit dem Grübeln und den Problemen. Fünfzehn Monate waren Hans und ich ein Paar, und es war insgesamt sehr harmonisch und schön, aber die Lust an der Lust und das Verlangen nach Verliebtsein war bei mir stärker. Ich bin fast 35, aber irgendwie sind diese Gefühle noch genauso dominant wie mit 20!

Was mir mein ganzes Leben lang bei meinen Sexualpartnern aufgefallen ist und immer sehr wichtig war, ist (abgesehen davon, dass sie sich für mich gut anfühlen müssen) ihr Geruch! Mir sind schon Männer nur dadurch aufgefallen und sympathisch beziehungsweise unsympathisch gewesen. Bei meiner jetzigen Affäre ist es absolut deutlich: Wenn ich ihn rieche, schaltet bei mir ein Schalter auf Lust um, das ist fast schon animalisch, gefällt mir aber auch irgendwie.

Hans konnte ich am Anfang nicht riechen, er hatte für mich keinen spezifischen Geruch. Zum Ende schlug das um, da roch ich manchmal irgendetwas Unangenehmes. Meine Beziehung zu Hans war so »mental«, das ich nur am Anfang öfter Lust hatte, mit ihm zu schlafen. Alle anderen oben beschriebenen Männer hatten für mich einen »leckeren« Geruch, vor allen Dingen im Nacken. Ich mochte es unheimlich gern, nach dem Sex, oder auch einfach nur so, mit meiner Nase an ihrem Hals oder Nacken einzuschlafen.

Phantasien, in denen andere Männer eine Rolle spielen, hatte ich während meiner leidenschaftlichen Partnerschaften nie. Ich bin in einer Partnerschaft meist so »hungrig« auf diesen Mann und seinen Körper, dass ich alles sehen und ihn bewusst spüren will und dann keine Phantasien brauche. Auch beim Onanieren stelle ich mir fast ausschließlich Sex mit dem aktuellen Partner vor, der aber einfach zu dem Zeitpunkt nicht »greifbar« ist.

Im Moment möchte ich meine Sexualität ausleben und genießen und tue das auch. Mein Problem ist, dass ich noch nicht weiß, wie ich das mit meinem anderen Wunsch nach vertrauter Partnerschaft und eventuell einem Kind vereinbaren soll. Irgendwie bezweifle ich immer mehr, dass beides zusammen funktioniert, aber ich kann auf meine Leidenschaft in einer Beziehung (noch immer) nicht verzichten!

Schilderung 18

Eine Frau, 37, zweimal verheiratet, wird bald eigene Wege gehen.

Aus einem verklemmten Elternhaus kommend (ich musste tatsächlich mit den Händen über der Bettdecke schlafen...), als Gesamtschulbesucherin jedoch mit anderen Auffassungen vertraut und fast fünfzehnjährig, fand ich es an der Zeit, mein Gefühl von »Erwachsensein« zu untermauern. Mein Freund war 19 Jahre alt. Streicheln, küssen und Petting waren schöne Erfahrungen, aber die »richtige« Sexualität war mir noch fremd. Damals kannte ich den Begriff nicht, heute weiß ich, dass es etwas mit Initiation zu tun hatte. Wir verabredeten uns zu unserem gemeinsamen »ersten Mal«. Wir waren unerfahren, unromantisch, unbeholfen, unsicher, und ich hatte danach eher das Gefühl, eine gesellschaftliche Verpflichtung erfüllt zu haben.

Mit diesem jungen Mann war ich mit Unterbrechungen drei Jahre befreundet. Eine Schwangerschaft hatte ich der Tatsache zu »verdanken«, dass mein Freund »etwas« getrunken hatte und nicht einsehen wollte, dass ich gerade jetzt keinen Sex wollte. Ohne Kondome, dafür mit Muskelkraft ausgestattet, überwältigte er mich. Wir fuhren dann nach Groningen, und er zahlte die Abtreibung. Ich habe während dieser ersten festen Beziehung immer wieder sexuelle Kontakte zu anderen Männern gehabt, jedes Mal, wenn ich fortgeschickt wurde. Kurz vor meinem 18. Geburtstag und unserer Verlobung bekam ich Panik, denn ich wollte ihn nicht, kein Leben in einer Bundeswehrsiedlung und keinen alkoholkranken Mann. Ich ging.

Danach folgten One-Night-Stands und diverse Beziehungsversuche. Ich lebte in Wohngemeinschaften. Dadurch lernte ich unterschiedliche Lebensentwürfe, diverse Moralvorstellungen und deren Unterwanderung kennen und stellte fest, dass ich eine gewisse Attraktivität besaß. Ich suchte Geborgenheit, Unterschlupf, Intellektualität, sexuellen Genuss, Kontrollverlust und Verbindlichkeit ohne Fußangeln. Vieles davon habe ich gefunden. Es gab aufregende Situationen, prickelnde Stunden, vorgetäuschte Orgasmen und eine Reihe von Missverständnissen und Traurigkeit.

Es gibt drei oder vier Männer, die mich bis heute emotional sehr berühren; die wichtiger waren, die mich tiefer beschäftigen als die anderen, weil ich der »Partnerlüge« auf den Leim gegangen bin. Es war eben *nicht* möglich, erfüllte Sexualität und den berühmten Alltag zu verbinden. Ich suchte auch so etwas wie ein Zuhause, und es ist schwer, dem Partner/der Partnerin eine sexuelle Attraktion, ein verlässliches Familienmitglied, ein/e Organisator/in des Alltags und ein Mensch mit hinreichend Freiraum zu sein. Ich habe mit fast achtzig Männern geschlafen.

Meinen ersten Ehemann lernte ich kennen, als ich mit seiner Schwester in einer Wohngemeinschaft lebte. Er besuchte uns oft, kochte, half beim Reparieren, und wir haben uns lange und gut unterhalten. Ohne je darüber geredet zu haben, war klar, dass er mit mir in meinem Bett schlief. Wir kuschelten uns aneinander und schliefen wohlig ein. Er gab mir das Gefühl von Vertrautheit, Sicherheit, und ich durfte so sein, wie ich war, ohne Leistungsdruck und Aufregung.

Ich lebte, wie so oft, ein unstetes Leben: unregelmäßige Dienstzeiten, viele Freizeitaktivitäten, ich machte meinen Motorradführerschein, rauchte Gras und Dope und Nikotin. Ich hatte viele Schwärmereien und One-Night-Stands. Er hat vieles davon mitbekommen und sich schließlich in mich verliebt. Ich fand ihn durchaus attraktiv, aber ich verspürte keine erotische Anziehung. Er war liebevoll und zärtlich, aber ich war nicht in ihn verliebt. Genau das aber gab den Ausschlag. Er wäre eben keine »Laune«. Ich sagte ihm, dass er bestimmt eine Freundin möchte, die weniger stressig und unstet wäre. Doch er sagte, dass er mich unter dem chaotischen Gewusel erkannt hätte. Ich bat um Zeit. Etwa zwei Monate schlief ich mit keinem Mann. Ich wollte wissen, ob mir das Knistern fehlen würde, da ich wusste, dass er unter Untreue sehr leiden würde. Da ich die Nähe zu ihm nicht verlieren wollte, weil er so ein bezaubernder Mensch war, mich vorbehaltlos annahm, war ich bereit, eine Freundschaft zu beginnen. Ich gehörte fortan noch mehr zur Familie, als es durch das Zusammenleben mit seiner Schwester schon spürbar war. Ich hatte eine Familie! Diese war herzlich, man hörte einander zu, es gab ein Klavier, und ich lernte, wie man Fisch isst. Die Sprache war angenehm, und ich wurde respektiert und angenommen.

Bis wir das erste Mal miteinander schliefen, vergingen Monate, aber ich habe damals schon geahnt, dass man mit seinem großen Bruder nicht schlafen sollte. Es war sehr zärtlich und rührend. Ich hatte das Gefühl, sehr geliebt zu werden. Es schien vollkommen, wir zogen zusammen. Als er sein Studium abgeschlossen hatte, zwei Jahre später, heirateten wir. Jetzt war er der Akademiker und ich die passende Gattin, die seine Karriere unterstützen konnte. Erste Probleme tauchten auf. Ich hatte Angst, vereinnahmt zu werden. Dazu kam, dass ich die erste Sexualpartnerin meines Mannes war. Er war Mitte zwanzig und fand Sexualität nicht so wichtig; ich solle ihm sagen, was mir gefalle, er würde alles für mich tun. Toll. Mir wäre das Spüren von Begehren wichtig gewesen; ich war Anfang zwanzig und sehr an Sexualität interessiert. Mir fehlte die Vitalität seinerseits. Zudem war er sehr gern zu Hause, ich weniger. Unsere Interessen lagen weit auseinander. Er fand, dass das Motorrad zu gefährlich sei, ich verkaufte es. Ihn störte das Rauchen, und nach und nach landete ich auf dem Küchenbalkon. Unsere Kontakte wurden geringer. Ich redete mit ihm: Er fühlte sich ganz wohl. Ich redete wieder mit ihm, und ich redete ein drittes Mal mit ihm. Dann zog ich tränenüberströmt aus. Er respektierte das und ließ mich gehen, half mir sogar beim Umzug. Ich war danach unendlich traurig, da ich diesen geliebten Menschen verlassen und somit enttäuscht hatte.

Inzwischen habe ich diverse Beziehungsversuche hinter mir. Zwei will ich schildern, weil sie mir vieles verdeutlicht haben.

Gerd lernte ich über eine Kontaktanzeige kennen. Er hatte eine phantastische Stimme und drückte sich wunderschön aus. Ich bekam ein Foto und war schockiert: Der Mann war schön! Und den sollte ich treffen? Mein Selbstbewusstsein war zumindest angeschlagen, doch mein Selbstwertgefühl war stärker. Mit Herzklopfen und relativ verhaltensgestört öffnete ich am Tag unseres Treffens meine Wohnungstür. Davor stand ein völlig verunsicherter junger Mann, der Pralinen mitgebracht hatte. Seine Stimme zitterte, und wir gingen in ein Restaurant. Er brachte mich nachts zurück. Wir standen auf einer Kreuzung vor meinem Haus, und ich fragte ihn, ob er lieber von einem Lkw überfahren werden wolle oder mit mir schlafen möchte. Er entschied sich für das Letztere.

Das war der Anfang. Ich reiste ihm hinterher. Regen, Kälte, Anstrengungen, alles kein Problem, denn ich liebte ihn. Mit ihm bekam ich mitten in der Stadt einen Parkplatz, der schönste Platz im Restaurant wurde gerade frei, und es hörte auf zu regnen, wenn er aus dem Auto stieg. Unsere Sexualität war phantastisch und unsere Gespräche tief. Ich hatte immer das Gefühl, die begehrenswerteste, klügste und schönste Frau zu sein. Spät habe ich bemerkt, dass *ich* immer reiste. Er hatte zwar Zeit, aber leider auch anhängliche Ex-Freundinnen, und es gab noch mehr sexuell interessante Wesen. Ich machte Schluss. Heute bereue ich, unsere »Beziehung« beendet zu haben, dass ich meine Eifersucht über diese einzigartigen Momente gestellt habe.

Jürgen lernte ich ebenfalls über eine Kontaktanzeige kennen: Ich rief an. Wir telefonierten sechseinhalb Stunden. Wir lachten, weinten, erzählten uns sehr private Dinge. Wir hatten uns verliebt, ohne zu wissen, wie alt wir sind, wie wir aussehen oder was wir beruflich machen. An den folgenden Tagen telefonierten wir stundenlang. Etwa zwei Wochen später besuchte ich ihn. Seine Haustür öffnete sich, wir umarmten uns. Ich habe nie wieder einen Menschen so zittern gespürt; wir hatten uns »erkannt«.

Wenige Wochen später zog ich zu ihm. Er war fröhlich und großzügig zu seinen Freunden. Er verschob Besprechungen, nur um mit mir morgens länger reden zu können. Er bot mir an, dass ich meine Arbeit aufgeben könne, da er sehr gut verdiente. Das wollte ich nicht, weil ich seit meinem 16. Lebensjahr mein Geld selber verdiente. Es entsprach nicht meinen Wertvorstellungen, »die blonde Tussi von einem reichen Mann« zu sein. Sexuell war es unbeschreiblich. Spontan, zärtlich, wild, verwegen, ruhig.

Doch, und da geht es schon wieder los, der Alltag war nicht ganz einfach. Er schloss nie das Haus oder sein Auto ab. Ich fühlte mich jedoch sicherer, wenn keiner das Haus ohne Vorankündigung betreten konnte. Die Nachbarn, Freunde konnten jederzeit herein. Mir gefiel das nicht. Ich wollte zum Beispiel nicht beim Sex auf der Treppe oder im Flur »erwischt« werden. Jürgen schloss nun auch das Haus ab, aber es entsprach nicht seiner Art. Ich konnte mich nicht mit allen und allem identifizieren; vieles war mir noch nicht vertraut. Ich reagierte überlastet, überfordert, traurig. Er sah alles humorvoller, lockerer. Kurz und gut: Irgendwann kam ich nach Hause, und er eröffnete mir, dass »die Fröhlichkeit gewichen« sei. Er liebe mich, ich solle jedoch bald ausziehen. Ich stotterte, wir weinten beide. Ich zog recht bald aus.

Es folgten ein abgebrochener Selbstmordversuch und ein Gewichtsverlust von zehn Kilo meinerseits. Ich ging meiner Arbeit nach, war sehr beherrscht, sah aber nach und nach wie ein lebendes Skelett aus. Ich habe fünf Jahre gebraucht, bis ich innerlich loslassen konnte. Eines sollte mir nie wieder passieren: abends nach Hause zu kommen und kein Zuhause mehr zu haben. Und mir ist klar geworden, dass Traurigkeit und Überforderung nicht sexy sind.

Romantische Verklärung, Alltag und Sexualität dauerhaft mit einem Menschen zu leben, ist mir unmöglich. Damals fühlte ich mich schuldig, weil ich zu viel oder zu wenig war, falsch gehandelt hatte etc. Heute weiß ich, dass ich den Anfang liebe, dass ich mir selbst ein Zuhause sein muss, dass ich richtig bin und handle. Es lag nicht an dem jeweiligen Partner; es lag an der »Erlösungslüge«, dass diese beiden Beziehungen gescheitert sind. Natürlich bin ich auch heute meiner Konditionierung nicht völlig entkommen, aber ich bin doch mit meinen Unfertigkeiten, meiner Traurigkeit, meinem Wunsch nach Zugehörigkeit und meinem Drang nach Autonomie recht fröhlich unterwegs. Dazu kommt, dass ich mir von niemandem vorschreiben lassen will, wen ich grüße, einlade, umarme, küsse und mit wem ich mich unterhalte. Es ist mein Leben und meine Sexualität.

Heute bin ich seit zwei Jahren mit meinem besten Freund verheiratet, den ich seit zehn Jahren kenne. Wir haben keine gemeinsame Sexualität. Dies ist auch die Grundlage unseres Zusammenseins und wurde von uns bis ins Detail, wie zum Beispiel Eifersucht, andere mögliche Sexualpartner etc. besprochen. Wir haben ein Haus gebaut. Wir lieben uns jedoch. Mein Mann ist der Mensch, der mich schon in fast allen Situationen erlebt hat. Wir reden stundenlang miteinander und teilen viele Auffassungen. Wir beraten uns, wir helfen uns und haben dennoch auf zwei Etagen zwei eigenständige Leben.

Zu seinem Geburtstag schrieb ich ihm folgende Worte: »Das Leben hat mich gelehrt, dass man mit seiner Liebe nicht befreundet sein kann; Du hast mich gelehrt, dass man seinen Freund lieben kann.« Inzwischen hat sich meine berufliche Tätigkeit verändert, ich reise sehr viel, so dass wir in aller Ruhe wieder auseinander ziehen werden. Ich möchte wieder allein leben; über meine Zeit und Kraft selber bestimmen und finanzielle Planbarkeit zurückgewinnen. Wenn das Haus verkauft ist, werden wir unser Arrangement beenden und endlich mal wieder gemeinsam an die See fahren.

Gern würde ich mich auch, wie Konstantin Wecker einmal gesungen hat, von »Romanen verderben« lassen, aber das Leben hat mir solche Träume nicht gelassen.

Schilderung 19

Eine Frau, 32 Jahre alt, ledig, sucht sexuelle Erfüllung in einer Beziehung.

Bei meinem ersten Mal war ich 19, hatte mir also viel Zeit genommen, was es aber nicht besser machte. Es war schrecklich, er war unromantisch, unbeholfen, fürchterlich nervös und tat so gar nichts, um es mir angenehm zu machen, obwohl er wusste, dass es mein erstes Mal war. Es war eher anstrengend als entspannend.

Danach habe ich einen sensiblen, einfühlsamen, kreativen Mann kennen gelernt, der das Gegenteil von meinem ersten Freund war. Unser Sexleben ließ aber schnell nach. Wir waren eineinhalb Jahre zusammen, danach verliebte er sich, was mich eigentlich nicht großartig berührte. Als er sich schließlich für mich entscheiden wollte, wollte ich nicht mehr. Wir blieben aber gute Freunde.

Dann kam mein erster Knaller! Ich verliebte mich fürchterlich in einen drei Jahre jüngeren Mann. Wir fühlten uns sexuell sehr frei, probierten viel aus, viele verschiedene Stellungen, und das mehrmals am Tag. Das war toll, aber leider hielt das Ganze nur drei Monate, weil er sich trennte (er meinte, weil er mit einer anderen »rumknutschte«). Ich habe damals fürchterlich gelitten. Ein halbes Jahr etwa, aber je mehr ich darüber nachdachte, desto klarer wurde mir, dass es nur im Bett gut lief. Wir hatten uns nicht viel zu sagen, aufgrund fehlender gemeinsamer Interessen (ich hatte keine Lust auf Kiffen und Fußball).

Danach verliebte ich mich in unerreichbare Typen, die nichts von mir wollten, außer Sex. In dieser Zeit machte ich interessante Erfahrungen mit Nackt-nebeneinander-Schlafen ohne Gefühle, und zwar mit einem lieben, aber schwierigen Mann, der keine Beziehung mit mir wollte. Als ich einige Jahre später mit diesem Mann schlief, hatte ich meinen ersten wirklichen Orgasmus, der von ganz alleine kam. Toll!

In den nächsten Mann habe ich mich wieder fürchterlich verliebt, er hat sich aber auch gegen mich entschieden, so dass es wieder nur drei Monate dauerte. Zu ihm pflege ich immer noch einen herzlichen Kontakt! Daran schloss sich eine Single-Zeit mit verschiedenen sexuellen Erlebnissen an, die mich auch nicht befriedigten.

Mit meinem jetzigen Freund bin ich seit zwei Jahren zusammen, seit einem Jahr wohnen wir zusammen. Er verliebte sich schnell in mich, war aber von Anfang an nicht unbedingt mein Typ, weil er mir in sexueller Hinsicht nicht entsprach. Er beichtete mir seine Gefühle sehr früh, wovon ich mich unter Druck setzen ließ. Aber ich konnte mich toll mit ihm unterhalten und hatte endlich das Gefühl, dass mir jemand zuhörte, egal, was ich erzählte. Nur sexuell lief bei mir gar nichts ab! Nachdem ich ihm sagte, dass es mit uns nichts wird, und er darauf gut reagierte, löste sich bei mir etwas, und ich entschied mich, nachdem ich bemerkte, dass ich ihn vermisste, doch für ihn.

Sexuell gestaltete es sich leider von Anfang an schwierig. Ich hatte bestimmte Vorstellungen von gutem Sex, die er nicht zu erfüllen vermochte. Anfangs war er so blockiert, dass fast gar nichts lief. Dann versuchten wir es nur noch etwa einmal pro Woche. Es wurde nochmals merklich weniger und die Probleme immer größer. Wir probierten einiges aus, zum Beispiel, uns zu verbieten, miteinander zu schlafen, oder uns vorzunehmen, es beim Vorspiel zu belassen. Es half ein wenig, insofern als er beim Sex nicht so viel darüber nachdachte, ob er es gut und richtig macht. Sein Ziel war immer, es mir so angenehm wie möglich zu machen, dabei vergaß er sich selbst.

Wir schliefen immer seltener miteinander (etwa einmal in zwei Monaten) und mittlerweile so gut wie gar nicht mehr (etwa einmal in vier bis fünf Monaten). Unser Sex ist dann zwar schön, nur leider verkrampft. Er ist interessanterweise der Einzige, bei dem ich so gut wie jedes Mal einen Orgasmus bekomme! Dabei beteuert er mir, dass es ihm nicht wichtig sei, mit mir zu schlafen, ihm mache die Situation gar nichts aus. Das kann ich aber nicht wirklich glauben. Ich merke, dass er manchmal schon gern mehr Sex hätte, sich aber nicht traut, es mir zu zeigen. Er ist sehr zurückhaltend, wartet meine Reaktionen ab, und genau das ist mein Problem. Sex ist zwischen uns einfach nicht natürlich oder zwanglos.

Ich wünschte mir, dass er sich mal fallen lassen könnte und den Respekt davor oder vielleicht sogar vor mir verliert; dass Berührungen, Umarmungen einfach selbstverständlich werden. Ich weiß durch frühere Beziehungen, dass ich mich gut fallen lassen kann und mir Sex viel Spaß macht. Leider nehme ich mich bei meinem Freund zurück, weil er mir vermittelt, dass »Sich-fallen-Lassen« unmoralisch ist (er benutzt beispielsweise nie das Wort »geil«). An dieser Stelle muss ich noch erwähnen, dass mein Freund fast fünfzehn Jahre älter ist als ich, wobei ich denke, dass »Sich-nicht-fallen-lassen-Können« eigentlich nichts mit dem Alter zu tun haben muss. In manchen Einstellungen ist er aber eindeutig älter als ich.

Ich habe ihm nach einem dreiviertel Jahr mal zu erklären versucht, was ich schön finden würde. Er fühlte sich sofort unter Druck gesetzt, weil er davon überzeugt ist, sich nicht ändern zu können. Dabei geht es mir nicht um eine Veränderung, sondern darum, dass er lernt, seinen Gefühlen freien Lauf zu lassen. Das Ende vom Lied ist, dass ich das Thema nicht mehr ansprechen mag und mich in solche Bücher wie Ihres flüchte. Im Nachhinein habe ich aber festgestellt, dass ich mich nicht damit abfinden möchte, keinen Sex mehr zu haben. So bin ich fremdgegangen, um herauszufinden, woran es nun eigentlich liegt. An mir liegt es nicht, das fand ich dabei heraus. Mein Freund weiß nicht, dass ich fremdgegangen bin, und er wird es auch nicht erfahren, da es für mich keine Bedeutung hatte. Es tat mir nur einfach gut! Ich habe es ohne schlechtes Gewissen getan. Ich hatte schon seit längerem ein Angebot dafür, und so ergab es sich, daß ich es wahrnehmen wollte und dies auch tat. Ich wusste schon, wie viel Spaß es mir mit diesem

Mann macht, da wir mal eine Affäre hatten, und so freute ich mich schon darauf. Es tat mir unheimlich gut, mich mal wieder so intensiv zu spüren und vor allem als Frau zu erleben! Ich kann mich bei diesem Mann sehr gut fallen lassen und mich schön und begehrenswert fühlen, ohne dass er mir das sagen muss.

Ich habe herausgefunden, dass mein Freund an seiner steifen Art etwas ändern müsste, damit ich Lust auf ihn bekomme. Er ist schrecklich verklemmt. Ich habe jetzt mit ihm darüber gesprochen. Er hat genau so reagiert, wie ich es befürchtet habe. Mit Schuldzuweisungen und Trotz. Ich habe ihm auch vorgeschlagen, einen Paartherapeuten aufzusuchen, wogegen er nichts hat. Ich würde mich auch gern darum kümmern, nur habe ich seitdem zusätzlich den Eindruck gewonnen, dass er sich immer mehr zurückzieht. Wir leben hier gemeinsam einsam!

Meine Phantasien sind nicht außergewöhnlich. Ich mag es vor allem locker und ungezwungen. Dass man auch mal spaßeshalber das Wort »Ficken« oder »Bumsen« benutzt. Dass man sich mal einen Poklaps gibt oder sich eindeutige Blicke auf einer Party zuwirft, wo dann klar ist, was hinterher passiert. Meine Phantasien sind eher zärtlicher, verspielter Natur. Ich mag auch Schmierereien mit Farbe o. ä. Für solche Spielchen ist mein Freund leider nicht locker genug. In Träumen erscheinen eher fremde, gut aussehende Männer, die mich begehren, in den Arm nehmen, mich wissen lassen, dass sie »auf mich stehen«. Vor allem nehmen sie das Ruder in die Hand, und ich lasse mich treiben.

Ich kenne die Phantasien meines Freundes. Sie beschränken sich darauf, mich im Kleid zu sehen, ohne etwas darunter, dann könnte er wohl »wild« werden. Wir haben es schon ausgelebt, war auch sehr schön, nur ist mein Problem mittlerweile, dass er mich mit seiner Art einfach nicht anmacht! Ich liebe meinen Freund, und mein größter Wunsch wäre, dass unser Sex leicht wird. Ich habe nur keinen blassen Schimmer, wie ich es ihm beibringen kann, ohne ihn zu verletzen (ich müsste ihm ja sagen, dass es an seiner zurückhaltenden Art liegt, die er ja wohl nicht einfach abstellen kann. Er würde sich also wieder unter Druck gesetzt fühlen).

Es tut gut, das alles mal rauszulassen. Danke für Ihr Ohr und Ihr Interesse!

Schilderung 20

Eine Frau, 32, verliebt sich über das Internet, sucht Harmonie und guten Sex.

Beim ersten Mal war ich 17, und es war völlig daneben. Das zweite Mal: Ich war 19, der Mann fünfundzwanzig Jahre älter, wir hatten eine dreijährige Beziehung, der Sex war schön und die Beziehung war auch gut. Nach der Trennung war ich ca. ein halbes Jahr allein und hatte dann etwas Nachholbedürfnis. Ich hatte einige One-Night-Stands, ziemlich fade. Der nächste Mann war achtzehn Jahre älter, die Beziehung war sehr problematisch, wir passten überhaupt nicht zusammen, der Sex war – im Nachhinein gesehen – auch nicht toll. Die Trennung war hart, danach war ich drei bis vier Jahre allein und hatte wohl Bindungsangst. Zwischendurch wieder einige kleine Affären mit bindungsscheuen Männern.

Dann war ich knapp zwei Jahre mit einem verheirateten Mann zusammen. Wir sahen uns einmal die Woche und hatten sehr guten Sex. So guten Sex hatte ich vorher noch nie. Ich fand diesen Mann zunächst sexuell gar nicht attraktiv. Es wundert mich sehr, dass sich so etwas dann doch einstellen kann. Diese Beziehung hat mich allerdings auch sehr verletzt, weil es keine Zukunftsaussichten gab. Darunter hat aber die sexuelle Anziehung nicht gelitten. Ich habe dann den Arbeitsplatz gewechselt, um die Trennung einfacher durchzuziehen. Das hat auch geklappt, allerdings ist es noch so, dass ich ihn nicht sehen darf, weil dann die Anziehung sofort wieder da ist.

Meinen derzeitigen Partner habe ich vor sieben Monaten über das Internet kennen gelernt. Wir haben uns bis jetzt jeweils dreimal in der Woche gesehen, und in zwei Wochen zieht er zu mir. Wir beide haben wirklich das Gefühl, dass wir sehr gut zueinander passen und dass die Substanz super ist. Ich möchte auch nicht mehr allein leben.

Sich so kennen zu lernen ist sicher ein sehr ungewöhnlicher Weg, aber bis jetzt läuft alles gut. Zum Sex mit ihm kann ich noch gar nicht so viel sagen, weil wir erst zwei- bis drei mal Sex hatten. Der war nicht schlecht, aber so richtig gut wird Sex meiner Meinung nach erst nach einigen Malen (vier bis acht oder so). Es gab allerdings schon eine Situation, die ich nicht einordnen kann. Bei unserem dritten Wiedersehen wollte er nicht mit mir schlafen, weil er so viel im Kopf hatte (der Umzug, der noch nicht richtig vollendet war, usw.). Das hat mich sehr verletzt, und ich dachte sofort, dass kann nichts werden. Aber ich glaube, dass ich ihn da mit dem verheirateten Mann verglichen habe, der mir so was »nie geboten hätte«.

Wir haben darüber auch offen gesprochen, und er sagte mir, dass alles wieder normal werden würde, wenn er erst hier wohnt. Das hoffe ich und werde das nötige Verständnis aufbringen. Wir verstehen uns in allen anderen Bereichen sehr gut.

Ich würde sagen, dass ich die Neigung hätte, wenn der Sex nicht klappen sollte, eventuell ab und zu wieder mit dem verheirateten Mann zu schlafen. Diesen Gedanken verbiete ich mir allerdings, weil ich ein furchtbar schlechtes Gewissen hätte. Ich würde es andersherum ja auch nicht tolerieren. Aber Sex ist mir schon sehr wichtig, und ich hoffe, dass ich niemals in diese Situation komme. Aber genau das ist ja das Problem, das so viele Menschen haben.

Ich hoffe, dass der Sex erst mal noch lange mit Leidenschaft und Spannung verbunden bleibt. Ich möchte eine harmonische Beziehung haben, Heirat und Kinder können sein, wenn alles gut passt und es sich ergibt, muss aber nicht unbedingt sein. Man kann auch ohne diese Dinge gut auskommen. Ich möchte, dass wir uns gut verstehen, über alles reden können und viel lachen.

Die Trennung von dem verheirateten Mann ist ja noch nicht so lange her, und die neue Beziehung findet ja im Moment noch gar nicht richtig statt. Manchmal quält mich die Vorstellung, dass ich vielleicht nie wieder so guten Sex haben werde. Ich habe ja jetzt noch diesen idealen Vergleich, den ich aber wahrscheinlich nur in meiner Phantasie so hoch bewerte. Wenn ich dann aber diesen Gedanken habe, dass – wenn es vielleicht nicht so gut laufen wird – ich mich ja ab und zu mit meinem vorherigen Freund treffen könnte, verdränge ich diesen ganz schnell. Mich beunruhigt aber doch sehr, dass dieser Gedanke hin und wieder kommt. Dann geht es manchmal so weit, dass ich mir einrede, man kann mehrere Menschen lieben, ich würde ja niemandem was wegnehmen, und dass ich dem vorherigen Mann ja wehgetan habe, und die Liebe ist allumfassend und für jeden da. Das ist wahrscheinlich völliger Quatsch. Ich denke, dass so etwas erst nach langer Zeit in einer Partnerschaft vorkommen darf.

In der Beziehung mit dem verheirateten Mann habe ich den Preis gezahlt, dass ich ihm nicht wichtig genug war, als dass er sich für mich hätte scheiden lassen, also teilweise große Einsamkeit. In der neuen Partnerschaft gilt bis jetzt Treue. Masturbation allerdings auch, wir sind ja derzeit noch getrennt. Wenn man dann zusammenlebt, habe ich kein Bedürfnis mehr danach. Mein Freund findet es allerdings anregend, wenn man vor dem Partner masturbiert. Das kann ich mir überhaupt nicht vorstellen.

In die Zukunft kann man ja leider nicht sehen. Ich bin noch guter Hoffnung. Im gewissen Sinne könnte ich mir vorstellen, in einer langjährigen Partnerschaft unter gewissen Umständen fremdzugehen. Allerdings nur, wenn beide einverstanden sind.

Parallele Beziehungen

Viele Partner lehnen distanzierte Beziehungen ab, weil sie die Alltagsbegleitung minimieren. Und sie schließen serielle Beziehungen aus, da sie keine dauerhafte Lebensbegleitung bieten. Deshalb geben Menschen, die partnerschaftliche Verlässlichkeit und leidenschaftliche Intensität miteinander verbinden wollen, den Anspruch der Exklusivität auf und führen parallele Beziehungen.

Liebe und Besitz, Spiel und Ernst, irdische und himmlische Liebe: Das lässt sich nicht zuordnen und hängt doch in seinen Polaritäten zusammen. Der ernsthaft geliebte Lebenspartner, mit dem ich Kinder aufziehe, ist nicht immer der, mit dem ich spielen, Abenteuer erleben kann.[60]

Eine parallele Beziehung hat zweifellos die Aufgabe, dem Partner das, was in der Hauptbeziehung nicht zufriedenstellend vorhanden ist, trotzdem erlebbar zu machen – zumeist eben Spiel, Abenteuer und Leidenschaft. Wer meint, dies würde auf »Defizite« oder einen »Mangel« der Partnerschaft hinweisen, geht davon aus, dass eine Beziehung alles geben müsse.

Eine Parallelbeziehung kann sowohl zu einem kurzfristigen Geliebten als auch zu einem dauerhaften Nebenpartner entstehen. Unter den Praktikern dieser Beziehungsform finden sich solche, die »zufällig« in Nebenbeziehungen »ausrutschten« und so von deren Vorteilen überzeugt wurden, wie auch Paare, die sich bewusst für diese Beziehungsform entschieden. Nach einer Talkshow berichtete mir eine Zuhörerin, wie sie zu ihrer Nebenbeziehung kam. Ihr Mann litt an einer schweren Krankheit, die sexuellen Kontakt unmöglich machte. Über einen mehrjährigen Zeitraum hinweg pflegte sie ihn liebevoll, bis zu seinem Tode. Natürlich lag das sexuelle und erotische Leben in dieser Partnerschaft brach, weshalb die Frau – auch auf den ausdrücklichen Wunsch ihres Mannes hin – eine erfolgreiche Nebenbeziehung aufbaute.

In diesem speziellen Fall erscheint die Nebenbeziehung nachvollziehbar und praktizierbar, weil es den Partnern aus körperlichen Gründen nicht möglich war, Sex miteinander zu haben; und die Partner ernten sogar Respekt für eine Liebe, die so viel Weitherzigkeit zeigt. Anders hingegen wird geurteilt, wenn eine Partnerschaft »bloß« aus emotionalen oder psychischen, also aus weniger einsehbaren Gründen, die Sexualität nicht bieten kann. Dann werden die Betreffenden gern als Versager bezeichnet, und jeglicher Respekt wird ihnen verweigert. Sie werden im Gegenteil als »unreif« angesehen.

Überhaupt scheint das Problematisieren paralleler Beziehungen eine beliebte Beschäftigung von Experten zu sein. Da wird so getan, als sei Liebe, Intimität und Nähe nur in festen Partnerschaften möglich. Doch Nähe oder Intimität und auch Liebe können nicht allein für die exklusive Dauerbeziehung in Anspruch genommen werden. Nähe wird von Menschen sehr unterschiedlich erlebt, beispielsweise als geistige, emotionale oder körperliche Nähe, und hat sich schon immer auf verschiedene Menschen bezogen. Lediglich die geistige und emotionale Nähe zu anderen wird allgemein nicht tabuisiert, wohl aber die körperliche Nähe und die Sexualität. So etwas wird dann in argumentativer Akrobatik gerechtfertigt.

Es muss einen klaren Unterschied in der Qualität der Paarbeziehung zu allen anderen Beziehungen des sozialen Netzes geben. Dieser qualitative Unterschied ist ein Unterschied im Grad der Intimität. ... Diese Intimität drückt sich am stärksten und »handgreiflichsten« in einer wechselseitigen und auf Dauer gepflegten gemeinsamen Sexualität aus. Darum ist es unvermeidlich, dass eine zweite auf Dauer angelegte sexuelle Außenbeziehung die Intimität der Paarbeziehung auf Dauer zerstört.[61]

Es »muss« einen Unterschied geben, andernfalls sei Schlimmes »unvermeidlich«. Die Partnerschilderungen zum Thema parallele Beziehungen widerlegen solche fundamentalistisch anmutenden Aussagen. Einige Experten schließen sich der Verteufelung der Nebenbeziehung aber nicht an, sondern berichten von gegenteiligen Erfahrungen:

In vielen Fällen ist die heimliche Liebe aber auch die konzertante Oberstimme zu dem Basso continuo der verpflichtenden, auf Haushalt und Kindererziehung gerichteten Liebe ... so kann eine heimliche Liebesbeziehung mehrere Ehen überdauern.[62]

Das Hohelied der Treue

Eine weitere Form der Problematisierung paralleler Beziehungen stellt die Idealisierung der Treue dar. Treue sei Ausdruck partnerschaftlicher Reife, wer sich liebe, sei automatisch treu, und umgekehrt, wer nicht treu sei, liebe nicht wirklich. Diejenigen, die das Hohelied der Treue singen, vergessen leicht, dass hinter dieser so genannten Reifeleistung oft die pure Angst steht oder anderes.

Die absolute Treue bietet ein Höchstmaß an Sicherheit. Sie ist ein hoher menschlicher Wert, kommt aber im Alltag nicht immer durch moralische Selbstdisziplin oder uneingeschränkte Hingabe an das Du zustande. Sie kann geradeso gut aus geringen Triebspannungen, chronischer Depression oder Trägheit gespeist sein.[63]

Treue, krass gesprochen, als Form partnerschaftlichen Autismus? Sicherlich öfter, als man denkt. Mit der Idealisierung exklusiver Intimität und sexueller Treue sind die Argumente gegen Nebenbeziehungen jedoch nicht erschöpft. Gern wird den Partnern Angst eingeredet, mit angeblich unvermeidbaren Konsequenzen der Untreue. Dadurch würden Wunden gerissen, die nie mehr zu heilen seien, Vertrauen würde gebrochen, das nicht mehr herzustellen wäre. So erscheint schon eine Affäre als absolute Bedrohung einer Beziehung. Doch weniger Panik wäre angebrachter:

... während wir dazu neigen, die heimliche Liebe moralisch abzuwerten und den Treuebruch nicht als Problem, sondern als Versagen anzusehen. Dem ist entgegenzuhalten, dass die durchschnittlich gute Partnerschaft ohne weiteres einige heimliche Liebschaften verkraften kann.[64]

Treue ist kein Wert an sich. Ihr Wert entsteht einzig im Zusammenhang einer konkreten Beziehung, in dem sich zeigt, ob hinter diesem Verhalten freiwillige, aus Liebe entstehende Hinwendung zum Partner oder erzwungene, aus Angst geborene Einschränkung der Lebendigkeit steht. Treue als Indikator für Vertrauen anzusehen ist daher wenig sinnvoll. Man kann es auch aus entgegengesetzter Perspektive betrachten:

Die Toleranz für heimliche Liebe in einer Beziehung sagt also viel aus über die Qualitäten des Vertrauens.[65]

Wer auf die Liebe seines Lebenspartners vertraut, kann sich toleranter verhalten. Für ihn hat der Seitensprung eine ganz andere Bedeutung, nämlich die einer Bereicherung, so, wie das über Jahrhunderte auch in unserer Kultur der Fall war. Früher wurde der Seitensprung oft als »Ausrutscher« gewertet. Unseren Vorfahren waren solche Standpunkte möglich, weil der sexuelle Treuebruch die Versorgungsaufgabe der Partnerschaft nicht in Frage stellte. Da eine Partnerschaft dem materiellen Überleben diente, erschien Untreue weniger bedrohlich als in der modernen Paarbeziehung, deren Aufgabe in emotionaler und erotischer Rundumversorgung besteht (weshalb sie ja so gefährdet ist).

Aus dem Anspruch auf sexuelle Erfüllung innerhalb einer Beziehung folgt das Recht, diese anderswo zu suchen, wenn sie in der gegenwärtigen nicht mehr zu haben ist. Wo nur noch eine Liebe gilt, nämlich die leidenschaftlich-sexuelle, wird jede externe Affäre zu einer Gefährdung für die bestehende Beziehung.[66]

Wo aber kein Anspruch auf die »eine Liebe« besteht, stellt auch eine Affäre keine Gefahr dar. Bei Partnern, die die illusorische Vorstellung aufgegeben haben, *alles für immer* von einem Menschen zu bekommen, die auch nicht länger glauben, einem Partner *alles geben* zu können, und die zum Verzicht auf Leidenschaft als Teil ihres Lebens nicht bereit sind, verhält es sich ähnlich. Ihr Vertrauen bedarf der sexuellen Treue nicht. Das ist auch eine Form von Reife, in meinen Augen zumindest.

Beschwörung des Vertrauens

Allzu leicht wird von einem Bruch partnerschaftlichen Vertrauens gesprochen, wenn es zu Seitensprung oder Nebenbeziehung kommt. Doch was ist eigentlich Vertrauen, und worin besteht der Betrug? Vertrauen entsteht durch die Gewissheit, vom Partner geliebt und begehrt zu sein. Und wozu ist es wichtig, geliebt und begehrt zu werden? Wenn ich geliebt werde, bin ich als Mensch etwas wert! Und wenn ich begehrt werde, bin ich als als Mann/Frau etwas wert! Ich kann sicher sein, meiner sicher, selbstsicher. Es ist der Verlust dieser existenziell empfundenen Sicherheit, an dem gelitten wird, wenn ein so genannter Betrug passiert.

Die Nebenbeziehung meines Mannes hat mich völlig aus dem Gleichgewicht gebracht. Nicht ich bin mit der Situation umgegangen, sie ist mit mir umgegangen. Die Scharte ist noch da. Ich fühle mich nicht mehr geborgen in unserer Beziehung. (Schilderung 5)

Es ist der Verlust eines Gefühls, das beklagt und dann einge-fordert wird, wenn es zur Untreue gekommen ist. Betrogene reagieren, als würde seitens ihres Partners ein Versprechen gelten in der Art: »Ich werde nie etwas tun, was unerträgliche Gefühle von Unsicherheit und Bedrohung bei dir auslösen könnte.« In einer anderen Schilderungen findet sich eine ex-akte Beschreibung dieser Zusammenhänge:

Ich arbeite daran, meine Eifersucht beziehungsweise Unsicher-heit in der Beziehung (seitdem er mich betrogen hat, fühle ich mich nicht genug geliebt, brauche ständig Bestätigung und Anerkennung von meinem Mann), in den Griff zu kriegen, weil mich das total nervt und es auch sehr anstrengend ist. (Schilderung 25)

Schon die Vorstellung, der Partner liebe jemand anderen, ist meist unerträglich. Viele Partner haben deshalb die Treue zur Bedingung gemacht, weil sie eine Partnerschaft nicht ertragen könnten, die nicht das Gefühl grundlegender Sicherheit ver-mittelt.

Mit anderen Worten: Je weniger Selbstvertrauen und damit Sicherheit ein Mensch aus sich selbst schöpft, desto mehr Vertrauen und damit Sicherheit soll ihm seine Partnerschaft vermitteln. Dieser Zusammenhang zwischen Beziehungsver-trauen und Selbstvertrauen lässt sich etwa bei Menschen mit übertriebener Eifersucht beobachten. Diese lernen zu ent-spannen, sobald sie die gesuchte Sicherheit selbst entwickeln, beispielsweise indem sie einen Beruf ausüben, statt zu Hause zu bleiben, einen eigenen Freundeskreis aufbauen, statt sich auf den Partner zu verlassen, oder sich auf andere Weise un-abhängiger von der Beziehung machen.

Im Laufe der Beziehungsgeschichte eines Menschen kann sich, zum Beispiel aufgrund wiederholter Trennungserfahrung, ein ausgeprägtes Selbstvertrauen bilden. Etliche der Schilderun-gen zeigen solche Partner, die über genügend innere Sicherheit verfügen, um Seitensprünge oder Nebenbeziehungen zu ertragen und sogar entspannt zuzulassen.

Der Mythos Eifersucht

Das Phänomen der Eifersucht dient als zusätzliches Argument gegen die parallele Beziehung. Dabei handelt es sich um einen krisenhaft erlebten emotionalen Zustand, der mit der Gefahr auftaucht, den Partner zu verlieren. Schon die Befürchtung dieses Verlustes reicht aus, starke emotionale und körperliche Angst- und Hassreaktionen bei Menschen auszulösen.

Zwar gibt es individuelle Unterschiede sowohl, was das Auslösen, als auch, was die Bedeutung von Eifersucht betrifft. Ein Partner deutet bereits Blicke auf sexuell attraktive Personen als Bedrohung, während ein anderer erst von Gefahren ausgeht, wenn der Partner tatsächlich mit jemand anderem Verkehr hat, oder sogar erst dann, wenn sich dieser mit realen Trennungsabsichten trägt. Gleichwohl kann man davon ausgehen, dass Eifersucht in unserem Kulturkreis bei jedem Partner auftritt und gefürchtet wird.

Um Eifersucht wird daher viel Gehabe und Geheimnis gemacht, sie wird für unausrottbar erklärt, den Genen zugerechnet und anderes mehr. Dabei ist es eine psychologische Binsenweisheit, dass Eifersucht ihre Bedeutung in frühkindlichen familiären Zusammenhängen erhält, wo der Verlust der wesentlichsten Bezugsperson, der Mutter, lebensbedrohlich erscheinen musste. Eifersucht ist daher weder ein Geheimnis, noch gehört sie zur Natur des Menschen, sie ergibt sich vielmehr aus Beziehungsstrukturen, weshalb eine amerikanische Mormonin sagen kann:

Wir sind Polygamisten in vierter oder fünfter Generation, mein Vater hatte vier Frauen. Ich bin so aufgewachsen, es hat mich nie gestört.[67]

Der amerikanische Psychologe Ralph Hupka betont die kulturellen Aspekte der Eifersucht und stellt die These auf, dass es kaum Eifersucht gibt in Gesellschaften, die folgende vier Kriterien erfüllen: Privatbesitz spielt kaum eine Rolle, sexuelle Befriedigung ist leicht zu finden, Elternschaft hat wenig Bedeutung, und die Ehe ist keine Voraussetzung für ökonomisches Überleben oder soziale Anerkennung.[68]

Vergleichbare Kriterien scheinen für Partner in Nebenbeziehungen zu gelten: Sie sind materiell unabhängig voneinander, verfügen miteinander über zusätzliche Möglichkeiten sexueller Befriedigung, planen keinen gemeinsamen Nachwuchs und haben sich moralischer Verhaltenszwänge entledigt. Sie können daher die Eifersucht eingrenzen.

Gern wird angeführt, dass ein Kampf gegen die Eifersucht vergebens sei und kein Mensch unseres Kulturkreises sie je hinter sich lassen könne. Das mag ja überwiegend stimmen, ist aber gar nicht nötig. Wichtiger, als die Eifersucht loszuwerden, ist es, mit ihr umzugehen. Menschen, die Nebenbeziehungen leben, brauchen daher eine größere Bereitschaft, sich mit den Zusammenhängen ihrer Eifersucht auseinanderzusetzen, sie auszuhalten oder gegebenenfalls zu mildern. Dazu gehören unter anderem der Umgang mit Regression, also mit den emotionalen Zuständen der Kindheit, und die Entwicklung von Selbstbewusstsein und relativer Unabhängigkeit[69] sowie klare Regeln. Auf die Bedeutung von Regeln zur Eingrenzung der Eifersucht gehe ich auf den Seiten 235 ff. noch weiter ein.

Fragmentierung

Oftmals müssen sich Menschen, die parallele Beziehungen führen, den Vorwurf anhören, sie betrieben eine problematische Fragmentierung von Bedürfnissen. Sie wollten beides oder alles haben, Leidenschaft und Liebe und Begehren, sie praktizierten sozusagen den Gipfel der Unverfrorenheit. Ja, das ist so. Doch ist der gängige Versuch, beides und alles mit einem einzigen Menschen für immer zu haben, eigentlich nicht noch größenwahnsinniger? Zwar soll die Ehe alles liefern, was Partner brauchen, aber Anzeichen dafür, dass sie diesen Auftrag erfüllen kann, gibt es nicht. Und was sind Bordelle und Masturbation anderes als Fragmentierungen? Das ist so alt wie die Menschen, es taugt nicht als Argument gegen Nebenbeziehungen.

Ob jemand mit der Aufteilung seiner Bedürfnisse auf verschiedene Partner zurechtkommt, darüber kann er selbst befinden. Daher bringt eine wie auch immer gerechtfertigte moralische Verurteilung der Nebenbeziehung nichts. Es sprechen im Gegenteil manche gute Gründe für diese Beziehungsform.

Der erotische Reiz des »reinen« Liebesverhältnisses liegt darin, dass hier zwischen den körperlichen Begegnungen die erotischen Phantasien nicht abreißen, sondern sich ungestört weiterentwickeln.[70]

Geliebten fällt es leichter, das Feuer der Leidenschaft lebendig zu halten, weil sich ihre Sehnsüchte und Phantasien aneinander entzünden können, weil ihre Illusionen nicht durch den Alltag gestört und gelöscht werden. Und wie eine Schilderung zeigt, wird unter Umständen die Sexualität in der Lebenspartnerschaft durch die Nebenbeziehung belebt:

Parallel dazu lief eine zunächst noch sehr schöne, durch die anderen Beziehungen eher noch befruchtete Sexualität mit meinem Ehepartner. (Schilderung 26)

Es lassen sich noch weitere Gründe für Seitensprünge und Nebenbeziehungen finden. Sie sind soziokultureller Art und gehen über individuelle Gesichtspunkte und emotionale Bedürfnisstrukturen hinaus.

Die heimliche Liebe erscheint sozialgeschichtlich als inoffizielle, inividualisierte Nachfolgerin der Orgie, der Selbst- und Normvergessenheit.[71]

Sexuelle Orgien gab es in allen Kulturen und allen Zeiten. Ihre Aufgabe war es, Menschen vom Druck gesellschaftlicher Regeln zumindest zeitweise zu entlasten. In der sexuellen Freizügigkeit des Karnevals begegnen wir letzten Spuren solcher Rituale. Bilden wir vermeintlich aufgeklärten Menschen uns ein, auf Orgien und Rituale gänzlich verzichten zu können? Warum sollte es uns gelingen, gerade die unberechenbare Sexualität von der Aufgabe zu erlösen, zur Normvergessenheit beizutragen? Dank Psychologie und Paartherapie etwa?
Sexualität ist weit mehr als Dienst an der Partnerschaft, mehr als ein Mittel der Paarbindung. Unter anderem ist sie eine Möglichkeit, sich in erotischem Erleben zu vergessen.

Zu den bösartigsten Einreden gegen die heimliche Liebe gehört es, dass sie zu einer Art innerer, andauernder Untreue führt. Der oder die Eifersüchtige neigt sehr häufig zu der Phantasie, dass, wer doch intensive Erotik mit einem oder einer Dritten erlebt hat, zu Partner oder Partnerin ungern, mit der Vorstellung einer zweiten Wahl, zurückkehrt. Solche Einwände lassen die ekstatische und selbstvergessen machende Beschaffenheit jeder gelingenden Erotik glatt außer Acht.[72]

Die Nebenbeziehung erfüllt neben den orgiastischen zugleich erotische Bedingungen, die im Verstoß gegen Normen und Gebote, in Grenzüberschreitungen bestehen. Hierauf wurde bereits eingegangen. Das alles zeigt: Nebenbeziehungen haben Sinn, sie sind machbar, und sie werden geführt. Das bedeutet aber wiederum nicht, dass sie einfach zu führen wären.
Akzeptabel wird die außereheliche Sexualität, wenn sie klaren Regelungen unterliegt, so wie das in den Ortschaften der südlichen Adria üblich ist. Dort gibt es, wie Helen Fisher in einer

Betrachtung des Ehebruchs schreibt, ein institutionalisiertes Netz sexueller Bindungen und außerehelicher Affären.

Wie der Psychologe Lewis Diana berichtet, stellt in den Städtchen an der mittleren und südlichen Adriaküste der Ehebruch eher die Regel als die Ausnahme dar ... Am beständigsten sind ... Beziehungen zwischen Männern und Frauen, die jeweils mit anderen Partnern verheiratet sind. Viele halten Jahre oder sogar ein ganzes Leben lang ... so herrscht, obwohl Untreue unter den Erwachsenen gang und gäbe – und wegen mangelnder Privatsphäre auch den meisten bekannt ist – ein Kodex absoluten Stillschweigens. Das Familienleben darf nicht untergraben werden.[73]

Nebenbeziehungen als sinnvolle Entwicklungen

Regression aushalten, Selbstbewusstsein entwickeln, Regeln finden – das ist ganz sicher anstrengend, und wer in ein Dreieck oder Viereck gerät, erlebt zweifellos emotional belastende Situationen. Selten handelt es sich hierbei jedoch um Zufall, sondern es birgt einen Sinn, und jeder Beteiligte kann von der Situation profitieren. Eine Nebenbeziehung bietet nämlich Herausforderungen. Sie ist ein Lehrstück in Selbstbehauptung, Abgrenzung und Öffnung, in der Begegnung mit eigenen Ängsten und der Sehnsucht nach Weitung, im Ja-Sagen und Nein-Sagen. Drei- oder Viereck sind letztlich Aufforderung dazu, Klarheit und gegebenenfalls mehr Unabhängigkeit zu finden, weshalb sie nicht selten dort entstehen, wo zu viel an Unklarheit und Abhängigkeit herrscht.

Gerade für den Seitensprung trifft dies zu. Er kann dem Paar oder einem Partner wichtige Entwicklungsanstöße liefern. Der Psychoanalytiker Michael Lukas Moeller liefert ein Beispiel dafür. Seine Klientin berichtet nach einer Affäre ihres Ehemannes:

Es ist, als ob die Gestalt von Alice wie ein großer Vogel an dem Ei, das noch im Nest war, gepickt hätte, und ich sei herausgekrochen.[74]

Der Seitensprung als Geburtshelfer von Individualität und Eifersucht als mobilisierende Kraft? In der Tat, positiv genutzte Eifersucht mobilisiert letztlich nicht Wut gegen den anderen, sondern Kraft für sich selbst und stärkt den Selbstwert.

Das Beispiel einer Frau aus meiner Beratung geht in eine ähnliche Richtung. Ihr Mann wollte sich das Recht auf dauernde Seitensprünge sichern, ihr aber selbiges verwehren. Dazu musste das Argument herhalten, für Männer sei der Seitensprung etwas anderes. Der Mann ging weiter fremd, und die Frau wurde eifersüchtig. Ihre Eifersucht transportierte auf einer gehörigen Welle von Wut die Aussage: »Ich will das auch für mich haben.« Sie nahm sich das Recht – unabhängig von seiner Drohung, sie zu verlassen – und erlebte sich daraufhin stärker.

Nebenbeziehungen leiten Entwicklungen ein, deren tieferer Sinn sich nicht sofort offenbart. Ich erinnere mich in diesem Zusammenhang an ein faszinierendes Beispiel für so eine Entwicklung: Eine verheiratete Frau wollte eine Nebenbeziehung führen, woraufhin ihr Mann verlangte, sie solle aus dem gemeinsamen Haus ausziehen. Sie tat dies unfreiwillig, zog mit dem Geliebten zusammen und geriet nun in große Trauer. Dadurch realisierte ihr Ehemann, der inzwischen ebenfalls eine neue Partnerin hatte, wie sehr sie ihn trotz Nebenbeziehung liebte, was wiederum seine Liebe zu ihr berührte. Nun wünschte er sich, der »Sonntagsmann« zu sein, also ihr Geliebter. Oberflächlich gesehen ein ziemliches Chaos. Ein Paar, das aus dem Ehestatus aussteigt, um eine Geliebtenbeziehung einzugehen. Was die Partner davon haben? Sie suchen ihre Wahrheit, die Wahrheit ihrer Herzen, was schwierig, schmerzlich, aber auch schön und glückbringend erlebt wird.

Auch in weniger krassen Fällen können Nebenbeziehungen die Partnerschaft beleben:

Meine Ehe hat sich durch die dreijährige Nebenbeziehung verändert. Sie hat sich von einer automatisch, traditionell laufenden in eine in vielen Bereichen offene, kritisch hinterfragbare Beziehung gewandelt. Mit den darin liegenden Chancen, aber auch Gefährdungen leben wir nun. (Schilderung 1)

Chancen der Geliebtenrolle

Jede Rolle im Dreieck oder Viereck von Nebenbeziehungen bietet eine Chance, auch die Geliebtenrolle. Wer sich aber heute beispielsweise als Geliebter outet, wird mit Seufzern und Mitleid bedacht. Der arme Mann, die arme Frau! Ihnen wird das Recht auf eine »echte« Beziehung verwehrt. Sie werden »ausgebeutet«! Doch das alles greift zu kurz. Der Geliebtenstatus ist kein Unfall. Geliebte suchen diese Rolle auch deshalb aus, weil die Situation ihnen Vorteile verschafft, selbst wenn sie diese nicht realisieren. Oft handelt es sich um Menschen, die lange Zeit der Liebe fern blieben und nun Möglichkeiten suchen, von einer sicheren Entfernung aus, langsam und ihrem Tempo und Mut entsprechend, sich auf das Lieben wieder einzulassen.

Ich erinnere mich an solch einen Fall. Eine Klientin hatte sich in einen verheirateten Mann verliebt. Natürlich glaubte sie, der Platz an seiner Seite stünde ihr zu, und sie sparte nicht an Vorwürfen und Forderungen. Eines Tages endlich stand der Mann vor ihrer Tür, er hatte seine Ehefrau verlassen. Dies löste jedoch nicht die erwartete Freude, sondern Panik aus, woraufhin sie die Beziehung zu ihrem restlos verblüfften und entsetzten Geliebten abbrach.

Ein Dreieck bietet dem/der Geliebten Sicherheitsabstand. Vor und zurück, sich Zeit lassen, ausprobieren, einige Züge tun, dann schnell ans Ufer zurück, bis er/sie sich eines Tages zu schwimmen getraut und selbstbewusst genug ist, eine feste Beziehung zu fordern. Wie es dann weitergeht, ob er/sie den Partner bekommt oder nicht, ist unwichtig. Die Situation hat in jedem Fall ihren Sinn erfüllt, denn der ehemals zurückhaltende Geliebte, die ehemals bescheidene Geliebte haben sich in selbstbewusste Menschen verwandelt und sind bereit, das Abenteuer Liebe erneut zu wagen.

Oft wollen Geliebte auch gar nichts anderes, als Geliebte zu sein:

In der Folgezeit haben wir miteinander geschlafen, wann immer es möglich war, drei- bis fünfmal in der Woche und wie die frisch verliebten Teenies, auf dem Tisch oder Teppich oder sogar in der Badewanne. ... Inzwischen schlafen wir etwa einmal pro Woche miteinander und freuen uns beide sehr darauf und gehen dann sehr glücklich und entspannt auseinander. (Schilderung 10)

Der Geliebtenstatus verleiht Freiheit, ähnlich wie »distanzierte Paare« sie erleben. Dann sagt eine Geliebte: »Ich kann mir gar nicht vorstellen, mit dir zusammenzuleben, lieber genieße ich, was ich mit dir habe.« Wahrscheinlich gehören etliche der Frauen aus den Schilderungen, die wesentlich jünger sind als ihre Männer, zu dieser Gruppe. Ihre Männer sind 60 Jahre alt oder älter, deren Sexualität geht zurück, sie selbst sind um die 40 und erleben die erotischen Höhepunkte ihres Lebens. Wozu sollten sie ihre Männer verlassen, zumal diese nicht selten recht entspannt auf den Seitensprung oder die Nebenbeziehung schauen?

Ich lasse meinen Mann jetzt mehr oder weniger in Ruhe, und er bleibt oft bis nach Mitternacht vor dem Fernseher oder im Büro und scheint damit zufrieden zu sein. Das ist wohl so, nach so vielen Ehejahren und in einem Alter von 55 Jahren. Sexuell wird es zwischen mir und meinem Mann wohl noch zurückgehen, deshalb werde ich weiterhin Geliebte haben. Mein Mann hat auch seine eigenen Interessen, die ich ihm lasse. (Schilderung 22)

Fasst man das Gesagte zusammen, so stellen parallele Beziehungen reale Optionen im Beziehungsleben der Partner dar, und es ist möglich, zeitweise oder langfristig zweigleisig zu fahren. Wenn solche Nebenbeziehungen dauerhaft sein und die Hauptbeziehung nicht gefährden sollen, bedarf es vor allem der inneren Gewissheit, genau das und nichts anderes zu wollen:

Wer seinerseits in einer festen Beziehung lebt, keine Trennungsabsichten hat und gut von seinem Partner oder der Partnerin spricht, ist der stabilste Bundesgenosse in einer heimlichen Liebe.[75]

Parallele Beziehungen können heimlich oder offen, als Geliebtenbeziehung oder dauernde Nebenbeziehung bestehen und unfreiwillig »passieren« oder absichtlich herbeigeführt werden. Dauerhafte Nebenbeziehungen, vor allem, wenn sie offen ausgesprochen sind, bedürfen klarer Regeln. Diese entstehen aus teilweise heftigen Auseinandersetzungen und Verhandlungen. Solche Regeln sind von Paar zu Paar verschieden. Die Schilderungen der Partner geben Hinweise darauf.
Natürlich bezahlen auch die »Parallelen« einen Preis für ihre Unverfrorenheit und ihr kleines Paradies. Dieser besteht neben latenter Unsicherheit in stetiger Anstrengung bei der Koordination beider Beziehungen, aber auch in einer relativen Zerrissenheit, die sich aus dem Hin- und Herwechseln zwischen den Partnern ergeben kann. Auch das schlechte Gewissen, das sich bei genauem Hinhören als Stimme der Angst erweist, den Lebenspartner oder den Sexualpartner zu verlieren, muss ausgehalten werden.

Ein Mann, 66, liebt seine Frau seit sechsundvierzig Jahren, auch leidenschaftlich noch, und führt parallele Beziehungen.

Vor sechsundvierzig Jahren lernte ich meine Frau kennen, vor dreiundvierzig Jahren haben wir geheiratet. Ich hatte gerade das erste Semester hinter mir. Meine Vorstellung von der Ehe war schon als Schüler, dass ich, wenn ich eine »Frau fürs Leben« gefunden haben würde, mich deswegen nicht von der Welt abschirmen und auch nicht vor anderen Frauen die Augen verschließen wollte. Die Ehe erschien mir schon damals als Käfig, selbst wenn es ein goldener ist.

Gleich im ersten Semester verliebte ich mich in eine Chilenin, die sehr bestürzt war, als ich verheiratet aus den Semesterferien zu ihr zurückkam. Sexuell ist nie etwas zwischen uns gewesen, doch wir sind bis heute gut befreundet. Wenig später lernte ich im Zug eine Frau kennen. Wir verliebten uns heftig ineinander und trafen uns häufig, doch aus Rücksicht auf meine Frau wollte sie nicht mit mir schlafen. Sie ist seit vielen Jahren eher unglücklich verheiratet. Wir besuchen uns gelegentlich, schreiben uns dafür öfter an eine Deckadresse, wegen ihres Mannes. In unseren Briefen und Telefonaten gibt es keine Tabus, und nicht selten mündet ein Telefonat in gemeinsames Masturbieren. Geschlafen haben wir bis heute noch nicht miteinander, obwohl es mich sehr reizen würde.

Dafür verliebte ich mich dann später in Tina, zwei Jahre älter als ich, verheiratet und Mutter. Tina war sehr attraktiv, doch ihr Mann, mit dem sie immer noch verheiratet ist, schlief nicht mehr mit ihr, nachdem die Kinder in die Welt gesetzt waren. Nun, mit mir kompensierte sie diesen Mangel umso hinreißender, bis sie sich nach etwa acht Jahren einem anderen Liebhaber zuwandte, den sie schon aus ihrer Jugend kannte. Ich litt ziemlich unter dieser Trennung, tröstete mich dann aber nach einiger Zeit mit Bea, dreizehn Jahre jünger als ich, die gerade einen Kollegen von mir geheiratet hatte. Wir trafen uns von Familie zu Familie, und es entwickelte sich eine sehr enge Freundschaft, die bald auch in eine sexuelle Beziehung über Kreuz mündete. Wir machten wiederholt gemeinsam Urlaub. Sie bekamen Kinder. Das sexuelle Interesse meiner Frau an Beas Mann ließ allmählich nach, aber Bea und ich blieben noch etliche Jahre in heißer Liebe zusammen. Wir trafen uns ein- bis zweimal die Woche und machten die verrücktesten Sachen, in der Sauna, im Wald, auf irgendwelchen Parkplätzen, im Museum oder sonstwo, auch zu Hause natürlich.

Mit Tina hatte sich das Verhältnis inzwischen wieder normalisiert, und wir trafen uns gelegentlich gemeinsam mit ihrem Lover, meiner Frau und meiner Freundin Bea. Bei einer solchen Gelegenheit entdeckten Tinas Freund und Bea ihr Interesse aneinander, und es dauerte nicht mehr lange, bis Bea sich von mir trennte. Ich habe damals so darunter gelitten, dass ich mich in ärztliche Behandlung begeben musste, und es tröstete mich auch nur wenig, dass Bea zugleich ihren Mann verließ.

An die ärztliche Behandlung schloss sich dann noch eine längere Gesprächstherapie an. Mir selbst konnte die Therapeutin überhaupt keinen Rat geben. Sie hat lediglich zugehört, um meiner Frau dann irgendwann in einem Einzelgespräch zu empfehlen, sich tunlichst von mir scheiden zu lassen. Nun gut, ich habe mich dann schließlich selbst therapiert, unter anderem mit der Realisation eines beruflichen Projektes; aber nicht zuletzt durch die liebevolle Zuwendung und den Trost meiner Frau.

Nach gut einem Jahr ergab es sich dann, dass die alte Liebe zu Tina, die ja nun auch verlassen dastand, wieder aufflammte. Mit Tina bin ich inzwischen sechsunddreißig Jahre in Freundschaft verbunden, und unsere sexuellen Begegnungen, durchweg einmal pro Woche, sind so leidenschaftlich wie eh und je. Dazu unternehmen wir viel gemeinsam mit meiner Frau – Theater, Konzerte, Ausstellungen u. a.

Nun ist es nicht so, dass meine Frau die stille Dulderin wäre. Sie ist sehr attraktiv, und auch wesentlich jüngere Männer bemühen sich noch um sie. Auch sie hat im Laufe der Jahre verschiedene Liebschaften gehabt, für deren Verwirklichung ich gelegentlich Beistand geleistet habe, und ich habe sie ebenfalls nach einer schmerzlichen Trennung zu trösten versucht. Wir haben keine Geheimnisse voreinander, während unsere Sexualpartner ihre Verhältnisse meist geheim halten mussten. Meine Frau hatte allerdings durch ihren sehr dominanten Vater, für den Mädchen nur die Hälfte zählten, nachhaltige Komplexe, und es dauerte lange, bis sie sich davon befreien konnte. Sie hat in den ersten Jahren schon Angst gehabt, mich zu verlieren, was ich natürlich nicht verstehen konnte, da für mich diese Bindung endgültig war. Auch fehlte ihr wohl mancher Zärtlichkeitsbeweis, da ich eher ein kopfgesteuerter Mensch bin. Für so demonstrative Zärtlichkeiten und so phantasievolle Kosenamen, wie wir sie im Freundes- und Bekanntenkreis beobachten konnten, hatte ich immer nur ein Lächeln. Die meisten dieser Bärlis und Pussikätzchen sind längst geschieden.

Tatsache aber ist, dass unsere Lebensgemeinschaft trotz allem auch nach jetzt 46 Jahren immer noch auch eine Sexualpartnerschaft mit gegenseitigem leidenschaftlichem Begehren ist. Wir schlafen seit je in einem französischen Bett unter einer Decke, und die wenigen Wochen, die wir berufsbedingt in den vielen Jahren getrennt verbringen mussten, bedeuteten für uns jedes Mal ein besonderes Opfer. Sex miteinander ist für uns beide so schön wie früher, und das gegenseitige Begehren hat trotz aller sonstigen Beziehungen nicht im Geringsten nachgelassen. Im Gegenteil, wir machen auch heute noch die verrücktesten Sachen, wie sie andere kaum in ihrer Sturm-und-Drang-Zeit erleben.

Das Bedürfnis, andere Menschen kennen zu lernen und gegebenenfalls mit anderen auch ins Bett zu gehen, braucht wohl keine weitere Erklärung. Tanzlokale alter und neuer Prägung waren und sind beliebte Gelegenheiten dazu. Betriebsfeste und Kegelausflüge, Karneval, Urlaub(sreisen) von der Ehe sind weitere gesellschaftlich etablierte Ventile. Doch kommt ein Seitensprung ans Licht, ist der Teufel los. Wieso eigentlich, wenn doch (fast) alle die gleichen Bedürfnisse haben? Auch die »serielle Monogamie« ist doch letztlich nur ein Selbstbetrug. Kein Partner kann dabei wissen, wie lange die Liebe, nein, die Leidenschaft, anhält. Erfahrungsgemäß bei den meisten ja nicht allzu lange. Also schwingt die Angst ständig mit. Und wenn die Leidenschaft dahin ist, ist auch meist von Liebe nicht mehr die Rede. Die Leute gehen eben unter völlig falschen Voraussetzungen eine Bindung ein, unter der sie dann bald zu leiden beginnen und ausbrechen.

Ich meine, dass der Sexualität im bürgerlichen Leben viel zu viel Bedeutung beigemessen wird, was den moralischen Wert betrifft. Sex ist für mich wie Essen und Trinken, Musikhören oder ein Ausstellungsbesuch. Alles das ist sinnliches Erleben und letztlich nur eine Frage des Niveaus. Mein musikalischer Gott ist Mozart! Aber betrüge ich ihn, wenn ich Beethoven oder Bach höre? Liebt eine Mutter ihr erstes Kind weniger, wenn ein zweites und drittes kommt? Hat je eine Frau ihren Mann gefragt, wenn er sie in ein schönes Lokal zum Essen eingeladen hat, ob sie denn nicht mehr gut genug koche? Und ist es nicht auch eine Form des Betruges, der Untreue, wenn ein Mann ernsthafte Dinge nie mit seiner Frau diskutiert hat, weil sie ihm dafür nicht intellektuell genug erschien, schon allein weil sie eine Frau war? Um Probleme zu bereden, hat Mann ja Freunde, Kumpel, Arbeitskollegen. Mein Zusammensein mit Freundinnen hielt mich mit Sicherheit bis heute weit weniger von meiner Familie ab, als Männer im allgemeinen durch Kneipe, Stammtisch, Sportplatz oder sonstige Unternehmungen mit Männern ihren Familien an Zeit entziehen. Das nehmen die Frauen aber gelassen hin, solange kein Sex im Spiel ist!

Und auch wenn Schiller sagt: »Die Leidenschaft flieht, die Liebe muss bleiben«, so kann ich hier nur noch einmal betonen, dass bei uns auch die Leidenschaft geblieben, vielleicht sogar eher noch gewachsen ist. Sei es die leidenschaftliche Lust, in die Oper zu gehen, englische Landschaftsgärten zu erleben oder Kunst, oder sei es ein heißer Flirt auf irgendeiner Fete, in einem Café über drei Tische hinweg, während einer Vernissage, mitten unter zig Leuten, der dann vielleicht zu einer leidenschaftlichen Liebesnacht, vielleicht aber auch zu einer dauerhaften Freundschaft führt. Sex muss nicht immer im Spiel sein, muss aber auch nicht krampfhaft ausgeschlossen werden – nach dem dummen Motto: Appetit holen darf man sich draußen, aber gegessen wird zu Hause!

Ob es einen Preis und Lohn unserer offenen Ehe gibt? Der Preis für diese Lebensform, die anfängliche Sorge und Angst meiner Frau, ist längst bezahlt und vergessen, wie ich hoffe. Der Lohn für uns beide: gegenseitige Achtung und volles Vertrauen, getragen von einer tiefen Zuneigung, nachhaltige Begeisterungsfähigkeit und die dafür notwendige Freiheit, spontan sein zu können und zu dürfen.

Schilderung 22

Eine Frau, 40, seit fünfzehn Jahren mit einem fünfzehn Jahre älteren Mann verheiratet, führt heimliche Nebenbeziehungen.

Mein Mann und ich lernten uns 1980 kennen. Seine Stimme fand ich sehr erotisch, und es gab viele Schlüsselreize, die mich sofort ansprachen. Sein Temperament war schon immer weniger stark ausgeprägt als meines, und ich genoss die Aufgabe, ihn für mich zu gewinnen. Ich war sehr erfolgreich damit, und wir hatten eine aufregende Zeit miteinander, im Bett und auch sonst. Wir waren schwer verliebt, und mir war klar: Der ist es! Wir hatten tolle Pläne, die alle zu unserer Zufriedenheit in Erfüllung gingen, mit einigen Überraschungen natürlich. Wir bekamen die süßesten Kinder auf der Welt, haben uns ein sehr schönes Zuhause aufgebaut, er bekam seine Wunschstelle. Ich bin glücklich mit meinen Aktivitäten zu Hause, mit meinen Hobbys. Wir haben gesicherte Einkommensquellen und stehen finanziell gut da. Wir haben einen netten Bekanntenkreis und auch gute Freunde, und wir reisen gern.

In letzter Zeit bin aber nur ich der Motor dafür. Früher waren meine Wege auch immer die meines Mannes, heute braucht er mehr Ruhe. Ich gehe gern aus und treffe nette Leute, auch das meistens mit einer Freundin. Ich fahre gern in die Großstadt und flaniere, kaufe nette Sachen für unser Haus oder für mich, und das meistens auch mit einer Freundin. Er fragt nur, ob ich einen angenehmen Tag hatte, und schaut sich das Mitgebrachte nur an, wenn ich damit ankomme. Ich habe mein eigenes Auto, natürlich mein eigenes Konto mit eigener Geldquelle und meinen eigenen PC und meinen eigenen Kopf.

Wir teilen unsere Alltagssorgen, unsere Interessen zum Teil und unser Bett, wenn wir müde sind. Bin ich im Bett nicht initiativ, so vermisst er nichts. Zum Kuscheln kommt oft die ganze Familie in unser Bett, und sonntags bekomme ich Kaffee ans Bett gebracht. Ich genieße meine Familie und sehe sie als super Arbeitsplatz an.

Mein Mann und ich sind die Eckpunkte unserer Familie. Wir lieben einander wie zwei Bäume, die mit den Kronen ineinander gewachsen sind. Für mich ist Liebe der obere Endpunkt einer Skala, die bei Hass anfängt. In der Mitte etwa ist Respekt und ganz oben kann es feurig, leidenschaftlich, brüderlich, mütterlich oder platonisch zugehen. Wir sind füreinander da, wenn wir gebraucht werden, wir planen zusammen, besprechen den Alltag, kuscheln und leben harmonisch miteinander. Das Feuer von früher ist aber erloschen in einem allmählichen Prozess, was ich für ganz normal halte.

Es ist natürlicherweise so gekommen, dass wir unsere körperlichen Genüsse außerhalb der Lebensgemeinschaft suchen, und ich bin fast sicher, dass nur ich es so mache. Meine heiße Leidenschaft gehört einem Mann, der vierhundert Kilometer entfernt wohnt. Wir treffen uns schon mal drei Tage im Hotel und verlassen das Bett nur zum Essen. Es ist eine neue Welt für mich, die sich vor zwei Jahren auftat, und ich genieße *es* sehr. Wir machen *es* oft am Telefon. Das geht nur mit ihm, da haben Stimmen bei mir eine sehr stark auslösende Wirkung.

Leidenschaft schafft Leiden, und ich hatte eine ganze Weile mit meinem Anspruchsdenken zu kämpfen, denn ich war nicht seine einzige Sexpartnerin. Auch mit ihm verband mich Liebe, er war wie ein zweiter Ehemann, und ich konnte nur schwer ertragen, dass er mir nicht treu war. Aber ich war es auch nicht; und so musste ich lernen, das zu akzeptieren. Dabei haben mir drei weitere, sehr kurze Liebschaften geholfen. Inzwischen habe ich begriffen, dass es Liebe auch außerhalb der Ehe gibt. Dort bekomme ich alles, was ich bei meinem Mann nicht mehr finde.

Ich unternehme keine Versuche, meine Ehe zu »retten«, weil ich nicht das Gefühl habe, dass etwas kaputt ist, auch habe ich kein schlechtes Gewissen. Es gibt keinerlei Vereinbarung zwischen mir und meinem Mann. Aber ich mag ihn nicht verletzen, und selbst will ich auch nicht verletzt werden. Ich liebe meinen Mann und lasse das Thema völlig außen vor. Er ist außerdem kein eifersüchtiger Mensch und ist um seine Ruhe oft ganz froh. Das Thema Sex war natürlich Gesprächspunkt bei uns, aber es gab nie Konflikte deshalb. Ich mag einfach keinen Streit und keine Vorwürfe und er wohl auch nicht. Wenn es nicht schön war, habe ich nie gejammert, sondern versucht, ihn zu animieren, aber das ist mir irgendwann zu anstrengend geworden.

Es ist für mich einfach, Anerkennung von anderen Männern zu bekommen, und da habe ich irgendwann zugegriffen; und es war natürlich viel aufregender und spektakulärer als zu Hause. Ich lasse meinen Mann jetzt mehr oder weniger in Ruhe, und er bleibt oft bis nach Mitternacht vor dem Fernseher oder im Büro und scheint damit zufrieden zu sein. Das ist wohl so, nach so vielen Ehejahren und in einem Alter von 55 Jahren.

Sexuell wird es zwischen mir und meinem Mann wohl noch zurückgehen, deshalb werde ich weiterhin Geliebte haben. Mein Mann hat auch seine eigenen Interessen, die ich ihm lasse. Mein Weg nach der Brutpflege geht in eine Welt voller Möglichkeiten, ich fühle mich freier und jünger als vor zehn Jahren. Mein Mann ist bedeutend älter als ich und denkt schon über den Ruhestand nach. Ich möchte mit meinem Mann zusammen bleiben, in einem erheblich kleineren Haus, mit vielen Möglichkeiten, kulturelle Veranstaltungen zu besuchen, zu verreisen und mit netten Menschen zusammen zu sein, solange unsere Gesundheit es uns ermöglicht.

Eine Frau, 44, seit sechzehn Jahren verheiratet, führt Neben-
beziehungen.

Ich erfuhr eine etwas frauenfeindliche Erziehung seitens meiner Mutter: »Männer wollen nur das Eine«, »Eine Frau kommt nie zum Mann«, »Es tut sehr weh, mit einem Mann zu schlafen, so weh, als ob man ein Kind bekommt«, »Eine Frau zeigt einem Mann nicht, dass sie ihn gut findet, rennt ihm nicht hinterher«. Das Pendant dazu war mein Vater, ein klassischer Macho, der sich von meiner hübschen damenhaften Mutter bedienen lassen hat, der wichtig war, Angst einflößte und keine Nähe, sondern Strenge walten ließ mit Kommentaren wie: »Zieh dir etwas an, sonst werden die Dienstboten verrückt«, »Binde dir die Haare zusammen, sonst musst du dich nicht wundern, dass du eines Tages vergewaltigt wirst«. So kann ich wohl von mir behaupten, in sexualfeindlichen Rahmenbedingungen groß geworden zu sein.

Dann kam ich in ein Internat. Dort gab es sechzig Jungen und dreißig Mädchen. Mein Marktwert war sehr hoch, aber ich hielt mich eisern und wurde erst kurz vor dem Abi im Alter von 19 Jahren, nachdem ich meine große Liebe zwei Jahre hingehalten hatte, unter Zähneknirschen als letzte Jungfrau des Internats entjungfert. So freudlos sahen die ersten Jahre meiner Sexualität aus. Die Liebe hielt nicht.

Bei den nächsten Männern habe ich mir den Schein der Unnahbarkeit gegeben, sie ein bisschen gelockt, bin aber erst mal nicht mit ihnen ins Bett gegangen. Es hat mir gereicht zu wissen, dass sie verrückt nach mir sind. Ich hatte dann weitere Beziehungen, die alle eines gemeinsam hatten: Ich habe erst mit den Männern geschlafen, als sie mir zu Füßen lagen, habe so getan, als ob es ganz nett sei, habe heimlich mit Creme nachgeholfen und war happy, wenn das alles vorbei war. So erzählte ich meiner Mutter eines Tages von meiner mangelnden Leidenschaft und meiner Trockenheit. Ihre Antwort:

»Ach, Kind, mach dir nichts daraus, nicht nur ich selbst werde nicht feucht, sondern auch unsere Tante Uschi nicht. Das liegt eben in der Familie, und als Frau hat man seine Pflichten.«

Die Wende trat mit einem Psychologen ein. Wir waren verliebt, und er war zehn Jahre älter als ich. Die ersten Nächte, die ich bei ihm in der Wohngemeinschaft verbrachte, natürlich nach einer längeren Wartezeit, sahen so aus, dass er mich nie berührte, mir einen väterlichen Gute-Nacht-Kuss auf die Stirn gab, mich in den Arm nahm und einfach einschlief. Unglaublich! Nicht ein Versuch! Ich stand heimlich auf und zweifelte an meiner Figur, drehte und wendete mich vor dem Spiegel, konnte aber nichts Schlimmes oder Abstoßendes finden.

Drei Nächte habe ich ihn gewähren lassen. Dann habe ich gewartet, bis er eingeschlafen war, und ihn heimlich gestreichelt. Und tatsächlich – es hat funktioniert! Er wurde erregt und das Wunderbare – ich auch! Ich auch! Nichts war's mehr mit dem Gen von Tante Uschi. Ich wurde richtig geil und habe mich, er schlief immer noch, auf ihn gesetzt und hatte meinen ersten Höhepunkt mit ihm zusammen.

Ich hatte nun Geschmack an der ganzen Sache gefunden, dennoch – geprägt von der Erhobenen-Zeigefinger-Erziehung meiner Mutter und der geringen Zimperlichkeit der Männer – ließ ich mir immer sehr viel Zeit, was dazu führte, dass der Jagdinstinkt der Männer auf Hochtouren lief, sie mir zu Willen waren und ich keine schlechten sexuellen Erfahrungen machte. Bis zu meiner Hochzeit kannte ich gerade mal vier Stellungen, und die wenigsten Männer wussten so recht, wie das bei uns eigentlich funktioniert. Ich dachte, das wäre einfach so, und beschwerte mich nicht.

Nun heiratete ich einen soliden Mann mit einem Statusberuf, der unneurotisch, liebevoll und aufmerksam war und mir ein Nest schaffte, in das ich mit viel Mühe und aufwendigen Behandlungen ein Kind gebar. In den ersten zwei Jahren, im Kampf gegen die Windeln, mit durchwachten Nächten, zerlutschten Brüsten und noch drei Kilo zu viel auf den Hüften, konnte ich mich, Selbstsuggestion hin, Freundinnen-Motivation her, einfach nicht mehr attraktiv finden. Nicht nur, dass mein Mann von mir immer öfter als der »Mama« gesprochen hat, mich versehentlich auch selbst so titulierte, nicht nur meine ausgeleierte Figur, die ewige Müdigkeit, die Schmerzen im Unterleib, nicht nur das, mir war die Lust auf Sex völlig abhanden gekommen. Auch mein Mann machte keine Avancen, wobei er noch nie zu den leidenschaftlichen Typen gehörte.

Aus Angst, geistig zu versumpfen, baute ich mir einen Beruf auf, der nach und nach mein Selbstwertgefühl reanimierte. Ich fing an, meine Figur mit Joggen und Fitness auf den neuesten Stand zu bringen, und baggerte sogar in leisen Vesuchen meinen Mann an, der auch traditionell reagierte und problemlos darauf einging. So hatten wir wieder die Basics im Programm. Wir übten uns alle vier Wochen auf meine Initiative hin in den zwei bis vier bekannten Stellungen. Ich hatte das Gefühl, so ist es halt, wenn man verheiratet ist.

Dann lernte ich Udo kennen. »Wow, bist du eine tolle Frau!«, war der Satz, der meine Hormone reichlich fließen ließ und meine Sinnlichkeit dramatisch vorantrieb. Seiner Hartnäckigkeit war es zu verdanken, dass nach einigen abgewehrten Versuchen etwas anfing, von dem ich sofort wusste, es würde alles verändern: die Geschichte meiner Nebenbeziehungen. Sexuell lag viel in meiner Hand, ich war dominant, er wurde mir immer mehr zum Gefallen und stand, wann immer ich ihn brauchte, Gewehr bei Fuß, worauf sich bald das Gefühl der Langeweile einschlich.

So kam der nächste Mann, ein kleiner Macho, immer eine Zigarette im Mund, mit leicht verlebten Gesichtszügen, mit Macht im Beruf und Charisma in der Erscheinung. Er beherrschte nicht so sehr die akademische Feinfühligkeit meines armen Udo, sondern schaute mich mit den gierigen Augen eines Katers vor einem Mauseloch an. Der meine Frauen-Denke ins Schwanken bringende Satz lautete schlicht und ergreifend:

»Baby! Dich werde ich besitzen, und du wirst wie alle Frauen unter mir leiden.«

So fing, nach einem halben Jahr Hinhaltetaktik, eine unglaublich leidenschaftliche Geliebten-Beziehung an. Er hatte so ziemlich alles drauf, was man so kennen musste, und ich ließ mich gern von ihm führen. In den Zwischenzeiten, wo wir zu unseren Familien zurückkehrten, war er für mich nicht erreichbar und ich, wie sollte es anders sein, litt. Doch das hat er nie erfahren. Wenn wir uns trafen, was alle drei Wochen der Fall war, kam ich, frei, gestripst und gestrapst, duftend und fröhlich. So auch er, das heißt schöne Unterwäsche – und alle Themen wie Hämorrhoidalbeschwerden, Hühneraugen und schlechte Laune bei seiner Ehefrau lassend. Das sind die klaren Vorteile einer definierten Geliebten-Beziehung für beide Seiten, vorausgesetzt, die Frau bekommt ihre emotionale Denke einigermaßen in den Griff, was zugegebenermaßen nicht immer einfach ist.

Die Zeit war sehr aufregend, wir trafen uns in den schönsten Hotels, reisten, aßen Austern, besuchten Kabaretts und liebten und lebten. Für mich, die ich eine emotionale Frau bin, war es Seelengymnastik, denn um mich ihm völlig hinzugeben, musste ich weich bleiben, mich öffnen und loslassen. Um meinen Alltag zu Hause mit einigermaßen klarem Verstand und guter Laune zu meistern, musste ich mich vermauern, verschließen und sortieren. Die Zeiten, in denen ich mir nach unserer Begegnung so verloren vorkam, wurden immer kürzer, der Umschaltmechanismus immer besser, und nach schließlich beinah drei Jahren hatte ich es, mich, ihn, oder was auch immer im Griff. Ich konnte sowohl ihn total genießen als auch mein Leben zu Hause.

Nur hatte es eine Schattenseite: Ich konnte mich weder ihm noch meinem Mann anvertrauen. Ich entwickelte eine Sehnsucht nach Wärme, die immer stärker wurde. Die Sexualität mit meinem kleinen Macho wurde leerer. Jetzt hätte Liebe oder Nähe die Qualität verändern und anheben können. Aber es reichte mir nicht mehr, und ich zog mich immer stärker zurück, nicht im Streit, nur durch Passivität, was die Gestaltung unserer Termine anging.

Als mein Ehemann hinter die Geschichte kam, sagte ich ihm alles und bot ihm die Trennung an. Er wollte jedoch nicht, und wir ließen uns auf ein Ehemodell ein, das Diskretion meinerseits und Toleranz seinerseits als Basis hat. Ich sagte ihm ganz klar, dass diese Ehe für mich nicht mehr besteht, ein freundschaftliches Zusammenleben im Sinne einer Zweckgemeinschaft, um unserem Kind das noch mögliche Maximum an Geborgenheit und Zuwendung zu geben, aber möglich sei. Natürlich war auch das nicht einfach. Jetzt, nach drei Jahren, kann ich zu meinem Mann sagen: »Ich möchte zwei Tage weg.«

Dann eroberte mich ein neuer Mann. Er ist unkompliziert und lustig. Er ist Franzose, charmant und sehr männlich, ein Mann, der über Gefühle sprechen kann, ohne ein Weichei zu sein. Ein Mann, der mir alle Zeit der Welt lässt und ein eigenes erfülltes Leben hat. Ein Mann, der mich seelisch in den Arm nimmt und wiegt wie ein Kind, aber auch die Powerfrau in mir motiviert.

Die erste sexuelle Begegnung mit ihm ging ziemlich in die Hose. Ich war ziemlich aufgepeitscht durch die seelische Wärme und spulte gleich einen Powerfrauen-Alleingangs-jeder-ist-sich-der-Nächste-Sex runter. Er schaute mir dabei fassungslos zu. Ich hatte ihn gar nicht so richtig wahrgenommen. Ich war der Annahme, das ist es, was die Männer lieben: Frauen, die sich und ihren Körper kennen, lieben und ganz egoistisch ihre Höhepunkte leben. Aber er wollte mich kennen lernen und mit mir schlafen, er meinte mich! Ich muss loslassen, die Kontrolle abgeben, vertrauen, mich führen lassen, den Kopf ausschalten, den Orgasmus nicht als Ziel sehen, keine Lösungen parat haben. Es entstand Liebe und Sex als Begegnung der Seelen. Ich musste erst die Unterwürfigkeit eines intellektuellen Weicheis abgelöst durch die Führung und die klare kraftvolle Sexualität eines Machos erleben, um nun die Mitte zu finden: Kraftvoll und männlich geführt durch die Sprache der Liebe und der Einfühlung.

Vor neun Tagen habe ich meinem Mann gesagt, der ja wusste, dass ich einen Geliebten habe, aber nicht wusste, wer, und auch nicht, wann es Dienstreisen waren und wann Liebesreisen: »Ich fahre weg.« Er fragte: »Wohin?« Ich sagte: »Weg!« Er sagte nichts dazu. Ich sagte dann: »Ich fahre jetzt öfter weg.« Er sagte wieder nichts dazu. Das fand ich unglaublich. Mittags sprach ich ihn nochmal an und fragte ihn, wie er das fände. »Mei Spatzel, wenn du es so dringend brauchst?« war seine Antwort.

Ich fand es sehr eigenartig, dass mein Mann alles akzeptiert und schluckt, und habe jetzt, eine Woche später, das Gespräch erneut gesucht. Ich fragte ihn nach seinen Gefühlen, was in ihm vorgehe, wenn ich einfach offiziell zu meinem Geliebten fahre. Nach längerem Bohren kam heraus, dass er die Hoffnung, mich wiederzubekommen, auch ins Bett, noch nicht ganz aufgegeben habe. Er sagte, es sei alles eine Willenssache, und wenn man sich für die Liebe entscheide, könne man es schaffen. Wir Frauen seien doch sowieso nicht mehr alltagstauglich und belastbar und würden das mit der Sexualität total überbewerten.

Dann sagte er, dass sein größter Kummer die Tatsache sei, dass ich sehr viel Macht habe. Ich könne ihm, da wir keine Gütertrennung ausgemacht hätten, seine halbe Existenz rauben und ihm auch das Kind wegnehmen. Das sei ja das, was er im Kollegenkreis immer wieder höre, dass die Frauen den Männern die Hosen runterlassen. Er sei in der Schwebe, wisse nicht, was ihn mit mir erwarte, und sei dadurch total abhängig.

Ich war sprachlos. Das also waren seine Sorgen. Ich fragte ihn, ob er in den sechzehn Jahren Ehe jemals festgestellt habe, dass ich ihm oder anderen Menschen gegenüber materiellen Druck als Aggressionsform eingesetzt habe, ob er jemals das

Gefühl gehabt habe, dass ich ihn über den Tisch ziehen wolle? Er verneinte dies, gab aber zu bedenken, ich sei leicht zu beeinflussen, und mein Freund würde mich vielleicht gegen ihn aufbringen. Ich erwiderte, dass ein Mann, der sein Geld benötigt, um mich glücklich zu machen, bestenfalls meine Verachtung erhält. Und die Angst, dass ich ihm das Kind nehmen könne, zerstreute ich mit dem Argument, dass sie jugendlich sei und bald selber entscheiden könne, und ich sie niemals von ihrem Vater, den sie sehr liebt, wegholen würde.

Ich überzeugte ihn davon, dass diese Negativgedanken Negatives anziehen würden, dass wir genug Geld und Liebe für uns drei haben, dass eine Trennung immer zu dritt besprochen werden sollte und so lange warten muss, bis alle damit leben können. Ich brauche kein Image-Auto oder teuren Schmuck. Ich brauche eine harmonische, authentische Beziehung zu meinen Menschen. Ich möchte keinem die Schuld zuweisen und mich auch nicht schuldig fühlen.

Es ist nichts Böses passiert, es hat sich etwas verändert und das ohne unser Dazutun. Es ist, wie es ist, machen wir das Beste daraus. Ich versprach ihm, dass er diese Sorgen nicht mehr haben müsse, und riet ihm, dass er sich um seine Seele kümmern solle, dass er sich verlieben und mit einer positiven Einstellung auf Frauen zugehen solle. Sich öffnen solle. Seit diesem Gespräch ist unsere Atmosphäre zu Hause entspannt, und ich habe das Gefühl, zu meinem Leben stehen zu dürfen. Mein Mann ist ausgeglichener, pfeift vor sich hin, und wir unternehmen wieder mehr zusammen, Konzerte, Abendessen mit Freunden etc.

Unsere Zukunft? Das wird mein sanfter Abgang sein. Und zwar nicht in die Hände eines anderen Mannes, sondern in meine Freiheit, in eine Wohnung, die hell ist und freundlich und in die ich lassen kann, wen ich will.

Schilderung 24

Ein Mann, 41, siebzehn Jahre verheiratet, versuchte die Leidenschaft in der Ehe zu retten und landete beim Seitensprung.

Ich war etwa 23 Jahre alt und meine Frau 21, als wir uns kennen lernten. Unsere Beziehung war zu Beginn recht eingeschränkt, da meine Frau noch bei ihren Eltern lebte. Nach etwa einem halben Jahr hatte ich dann eine eigene Wohnung, und sie zog zu mir. Ich hatte eine Altbauwohnung mit Holzboden, nur im Badezimmer war Steinboden. Unser Sexualverhalten war eigentlich recht unkompliziert und spontan, und wir hatten sehr erotischen Sex. Dann gingen wir ins Badezimmer, da der Boden dort stabiler war, und die alten Leute unter uns bekamen nicht alles mit. Wir hatten etwa zweimal in der Woche, aber auch manchmal zweimal am Tag Sex. Die Einbeziehung von Möbeln in der Wohnung oder verschiedene Dessous waren da kein Problem.

Da ich in der Zeit vor dieser Beziehung mehrere Partnerinnen hatte und sie nur einen, gab es verschiedene Dinge, die sie nicht kannte oder die neu für sie waren. Mit dem Oralverkehr entstand bei ihr das erste kleinere Problem, da sie diesen strikt ablehnte, was mich betroffen machte. Gut, dachte ich, das kommt vielleicht später.

So ging ein Jahr ins Land, und wir heirateten. Nach der Hochzeit blieb alles beim Alten. Ein Jahr später kam unser Kind zur Welt, ein gewolltes Kind. Meine Frau nahm dann die Pille, und so langsam stellte sich die Unlust meiner Frau ein. Unsere Sexualpraktiken änderten sich kaum. Meine Frau fing auf meine Bitte hin mit Oralverkehr an, aber nicht bis zum Orgasmus. Das blieb auch so, als wir uns für das zweite Kind entschieden hatten. Auch durch das Absetzen der Pille veränderte sich das Verhalten meiner Frau nicht. Es blieb wie gehabt alles beim Alten. Schon zu dieser Zeit befriedigte ich mich regelmäßig selber, für Prostituierte hatte ich kein Geld. Nach der Entbindung des zweiten Kindes war die Sexualität noch weniger intensiv als vorher. Dann kamen die ersten Unterhaltungen zu diesem Thema, was aber nichts brachte. Ich versuchte, mit Zurückhaltung und Verständnis damit umzugehen, auch wenn mir das sehr schwer fiel.

In den folgenden Jahren arbeitete ich öfter über Nacht oder war zwei bis drei Tage unterwegs. Zu Hause wollte ich dann nicht mit der Tür ins Haus fallen und versuchte erst am nächsten Tag, sie zärtlich zu verführen, was auch immer gelang. Ich blieb in diesen Jahren treu, auch wenn es die eine oder andere Gelegenheit gegeben hätte.

So trudelte unsere Ehe etwa fünf Jahre durch das Leben. Als ich dann das Zigeunerleben satt hatte und jeden Abend zu Hause war, lief es weiter so. Der Sex wurde langsam, aber sicher weniger und weniger. Bei Unterhaltungen wurde das Thema von ihr umgangen. Sie meinte, ich hätte nichts anderes im Kopf als Sex.

Ich überlegte mir, wie man das ohne Stress ändern könne. Ich fing an, unsere Wohnung umzubauen; Zimmertausch war angesagt. Dabei versuchte ich, das Schlafzimmer so zu gestalten, dass es gemütlicher wurde, schließlich war ich gelernter Handwerker. Indirekte Beleuchtung, das Bett wurde umgebaut. Das half allerdings auch nicht, meine Frau änderte sich nicht. Unterhaltungen, wenn es um Sex ging, endeten immer mit einem Streit, auch wenn ich versuchte, keine Vorwürfe zu äußern. Unser Sex wurde immer flacher. Hinlegen und fertig. In dieser Art bringt mir das nicht viel, außer dass das Säckchen leer ist.

Als nächste Aktion ging ich zu einem Massagekurs, um der Sache eine neue Art zu verleihen. Das war aber auch nicht das Richtige. So beschloss ich, noch einen Anlauf mit meiner Frau zu starten. Ich hatte im Internet gelesen, dass es mit der Pille zu tun habe, wenn die Frau keine Lust hat. Nach langem Hin und Her war meine Frau bereit, mit ihrem Arzt zu reden. Sie bekam eine andere Pille verschrieben, mit dem Verweis, dass es einige Zeit dauern könne. Der Verlust der Libido wäre für sie auf jeden Fall zu früh. Es änderte aber nichts an der Situation. Meine Lust ist eigentlich alle drei Tage sehr intensiv, weshalb ich mich mit der Zeit immer häufiger selbst befriedigte.

Ab da beschränkte ich mich auf das, was noch so lief, bis dann ein Bandscheibenvorfall die Sache änderte. Nach der Operation war bei den Entlassungspapieren ein Zettel, der auflistete, was ich darf und was nicht, auch welche Stellungen beim Sex erlaubt sind. Dieser Zettel sorgte bei mir für Aufruhr, denn da stand, dass ich ein halbes Jahr nicht aktiv, sondern nur passiv Sex haben dürfte. Damit geriet meine Frau in eine Situation, mit der sie nicht klarkam. Wir hatten kaum noch Sex, und die wenigen Male waren auch nicht berauschend. Ich schildere mal so eine typische Situation, wodurch bei mir der Frust wächst.

Meine Frau ging ins Bad, ich folgte ihr wenig später. Sie war gerade dabei, sich etwas frisch zu machen. Ich gab ihr einen sanften Kuss auf die Schulter, legte meine Hände an ihre Hüften und gab ihr weitere Küsse vom Nacken langsam den Rücken hinab bis zum Po. Danach streichelten meine Hände langsam den seitlichen Teil ihrer Brüste. Da drehte sie sich um, schaute mich an und fragte: »Was soll das?«, und ging aus dem Bad ins Schlafzimmer.

Ich stand wie versteinert da, mir blieb fast der Atem weg, leblos stand ich da. Bis mir bewusst wurde, was geschehen war, hatte sie das Licht im Schlafzimmer gelöscht. Ich tastete mich bis ans Bett und legte mich hin. Lange dachte ich nach und wollte sie einerseits ansprechen und dann auch wieder nicht. So lag ich bis etwa zwei Uhr wach in meinem Bett, dachte über tausend Dinge nach und schlief irgendwann ein.

Durch einen Zufall traf ich vor einiger Zeit eine alte Schulfreundin wieder. Wir hatten lange Unterhaltungen, die nach einigen Monaten immer intensiver wurden. Beim vierten Treffen kam es zu der ersten Berührung und zum Seitensprung. Ich legte meine Hand auf ihre Wange und streichelte sie sehr sanft. Sie schloss ihre Augen und drehte den Kopf in meine

Hand hinein, so dass meine Finger auch ihre Lippen berühren konnten, öffnete etwas ihren Mund und unterstützte die Streichelbewegungen. Ich empfand das als sehr erotisch, und es war für mich etwas völlig Neues, was ich in dieser Stärke und Ausstrahlung schon sehr lange nicht mehr verspürt hatte. Mein Herz schlug bis zum Hals hinauf, und ich fühlte dabei mehr, als wenn ich mit meiner Frau schlief. Ich werde wohl kaum beschreiben können, was diese Berührung gefühlsmäßig für mich bedeutet hat, es hat mir sehr viel gegeben, es war ein ganz neues Erlebnis, was ich so nicht kannte, und die Erotik, die für mich da drin steckte, war unbeschreiblich.

Es vergingen dann vier Tage, bis wir uns wieder trafen. Wir gingen dort spazieren, wo uns niemand kennen konnte. Da sie auch verheiratet ist und unter dem Druck ihres Mannes steht, der sie schlägt und nie zärtlich zu ihr ist. Es fing an zu regnen, es klatschte wie aus Eimern. So kam es, dass wir uns gerade noch in einem kleinen Hotel unterstellen konnten, an der Tür. Da wir aber schon so nass waren, beschlossen wir, auf ein Zimmer zu gehen und die nassen Sachen zu trocknen. Sie ging zuerst ins Bad, zog sich aus und kam mit einem Handtuch bekleidet wieder ins Zimmer. Wow! Ich wusste ja, dass sie sehr hübsch ist, aber so eine Figur! Ich tat das Gleiche und ging zurück ins Zimmer, wo sie auf einem Sessel kauerte und sagte, ihr sei kalt. Ich ging zu ihr hin und umarmte sie, küsste sie auf ihre Schulter, sie umarmte mich und streichelte meinen Rücken.

Ich wusste nicht so recht, was ich machen soll. Da mir diese Beziehung und Freundschaft zum Reden und Knuddeln sehr wichtig geworden war, wollte ich nun auch nichts falsch machen und damit alles verlieren. Ich sagte ihr das, sie stand auf, verlor dabei das Handtuch und nahm mich in den Arm und schmiegte ihren Körper an mich.

Ich hätte sie am liebsten aufs Bett geworfen, aber meine Bandscheibenoperation ließ das nicht zu. Ich stand da und wollte sie nicht mehr loslassen. Sie nahm meine Hände und legte sie auf ihre Brust, ging dann mit ihren Küssen langsam von meinem Mund tiefer über die Brust zum Bauch, drehte sich um und legte sich ins Bett. Ich folgte ihr und begann, sie überall zu küssen. Bauch, Brust, Hals. Wir streichelten uns sehr lange und zärtlich, dann schob sie meinen Kopf sacht nach unten, ich küsste ihre Vagina, und sie fing an, immer schneller zu atmen. Sie zog mich in ihre Arme, so dass ich schließlich in sie eindrang.

Ich versuchte, mich ganz langsam zu bewegen, um alles genau zu spüren und mitzubekommen. Dann fragte sie mich, ob sie sich auf mich setzen könne, wegen meines Rückens. Der war mir im Moment scheißegal, und ich sagte ja. Sie setzte sich auf mich, und wir hatten beide recht schnell einen Orgasmus. So hatte ich schon lange nicht mehr eine Frau geliebt. Danach kuschelten wir eine Weile, und weil die Zeit wie im Fluge vergangen war, machten wir uns auf den Heimweg. Im Auto sagte sie lange nichts. Ich fragte sie, was sei. Sie lächelte mich an, nahm meine Hand und legte sie sich aufs Bein. In der Nähe meiner Wohnung ließ sie mich aussteigen und sagte, sie würde sich melden.

Ich hatte damit keine Probleme, da meine Ehe eigentlich gut geht, bis auf das Thema Sex und Erotik und Leidenschaft, eine platonische Ehe eben, in der einmal in der Woche flacher Sex stattfindet oder ab und zu, circa drei bis vier Wochen lang, guter Sex. Bei uns kam dann dazu, dass meine Frau abends mehr Wein trank, und wenn sie dann angetrunken war, hatten wir super guten Sex. Ich war aber der Meinung, dass das nicht immer so geht. Wo läuft das hin? Wir haben mal versucht, Regeln für den Sex aufzustellen, aber das hat dazu gführt, dass meine Frau sich einfach nur hinlegt, was mir nicht gefällt und nicht befriedigend ist. Da fehlt was, schon seit langem.

Wie es weitergeht, weiß ich noch nicht. Ich habe nur gemerkt, dass die Bereitschaft zum Fremdgehen weiter gestiegen ist. Ich denke oft daran, wie groß der Unterschied zwischen ihr und meiner Frau ist, denn nie habe ich solche Zärtlichkeiten erlebt wie mit der Freundin. Weil die Stunden der Begegnungen mit ihr mir so viel bringen, auch wenn wir nicht miteinander schlafen, sondern uns nur berühren, gehe ich auch nicht ins Bordell.

Am liebsten wäre es mir, wenn die Freundschafts- und Liebesbeziehung weiterhin neben meiner Ehe möglich wäre. Aber das ist fraglich. Eine Scheidung ist wohl irgendwann nicht mehr zu vermeiden, wenn sich diese Beziehung zu ihr weiterentwickelt, was ich aber zur Zeit noch nicht sagen kann. Ich weiß auch noch nicht, was ich machen werde, da ich ja auch noch zwei Kinder habe, die versorgt werden müssen.

Schilderung 25

Eine Frau, 32, seit zwölf Jahren mit ihrem Partner zusammen, seit acht Jahren verheiratet, führte Nebenbeziehungen.

Seit meinem 20. Lebensjahr bin ich mit meinem Mann zusammen, der sechs Jahre älter ist. Ich hatte gerade mein Abitur gemacht, und mein Mann stand bereits vor dem Abschluss seines Studiums. Für uns waren das zunächst zwei verschiedene Welten, und ich dachte, das geht bestimmt nicht gut. Ich war jung und zog gerade zu Hause aus – Stationen und Erfahrungen, die bei ihm schon lange zurücklagen. Ich habe ihn bewundert und war bemüht, mich in seine berufliche und gedankliche Materie einzudenken. Wir diskutierten und redeten viel. Mein Mann entsprach optisch nicht meinen Traumvorstellungen, aber uns verbanden schon damals viele gemeinsame Lebensinteressen. Ich kannte ihn auch schon Jahre vorher, ohne auf die Idee zu kommen, mich in ihn zu verlieben.

Nachdem ich in den Jahren davor ziemlich sprunghaft war und keinen festen Partner hatte, war mein Mann derjenige, mit dem ich zum ersten Mal »richtigen« Sex und auch einen Orgasmus erlebte. Sex war für mich ziemlich wichtig und galt auch immer als Liebesbeweis, was heute in abgeschwächter Form auch noch so ist. Die Rollen innerhalb unserer Partnersexualität waren schnell festgelegt: Mein Mann sollte mich verführen, ich wollte begehrt werden. Früher gab es manchmal das Problem, dass er häufiger Sex haben wollte, als ich »Lust« hatte. Unser Sex war kreativ, offen, lustvoll, wobei der Geschlechtsverkehr für uns beide nicht das Wichtigste war und ist. In den ersten Jahren lernte ich durch meinen Mann, mich in manchen Situationen völlig gehen zu lassen, keine Scham zu haben und dass alles, was uns Spaß macht, auch gut ist.

Im Verlauf der Partnerschaft hat sich ein Rollenwechsel vollzogen: Ich fühlte mich durch die Unterstützung meines Partners immer selbstbewusster, lernte meinen Körper zu lieben und studierte zielstrebig und erfolgreich. Aus dem kleinen Mädchen zu Beginn unserer Beziehung (das ist zwar etwas übertrieben, entspricht aber zumindest in etwa der Situation) ist eine selbstsichere, attraktive Frau geworden, die auch von anderen Männern als solche erkannt wird.

Mittlerweile waren ungefähr vier Jahre in unserer Partnerschaft vergangen. Wir heirateten. Die Entscheidung fiel zu diesem Zeitpunkt, weil ich berufliche Vorteile davon zu erwarten hatte. Aber wir waren uns auch sicher, dass wir unser ganzes Leben zusammenbleiben würden, und so heirateten wir vielleicht früher, als wir es sonst getan hätten.

Mit meinem gestiegenem Selbstbewusstsein und der Sicherheit und Erfüllung im Berufsleben »brauchte« ich meinen Mann nicht mehr so stark und fühlte mich immer wieder zu anderen Männern hingezogen. Trotzdem verband mich stets eine tiefe Zuneigung und Liebe zu meinem Mann, und ich glaube noch immer daran, dass wir beide miteinander alt werden. Bis heute ist mir noch kein besser zu mir passender Mann begegnet, obwohl ich mich durch schöne Fassaden gerne mal blenden lasse.

Ich finde es immer wieder schade, dass diese Verliebtheitsgefühle nicht mehr da sind, da sie so schön und prickelnd und lustmachend sind. Unsere Sexualtät hat sich reduziert auf circa einmal pro Woche, womit wir auch beide übereinstimmen. Manchmal dauert es länger, bis ich Lust bekomme, aber dann ist es sehr schön, und ich genieße es. Es ist dieses Vertrautsein, das ich gut finde, weil jeder vom anderen weiß, was er mag, was er möchte. Vielleicht schmälert das auch die Kreativtät, aber ich kann alle Wünsche äußern, ohne mich zu schämen oder nicht zu trauen. Wir führen eine sehr offene, mittlerweile ehrliche, verständnisvolle und liebevolle Partnerschaft.

Obwohl ich mir keinen besseren Mann vorstellen kann, kam es immer wieder vor, dass ich mich in andere Männer verliebte, was jedoch meist schnell wieder vorüberging. Mein Mann wusste stets von meinen »Problemen« und war in diesen Situationen sogar mein Berater. Es ist auch genau diese Vertrautheit, die mein erstes Fremdgehen zu keinem besonders schönen Erlebnis werden ließ. Denn an einem anderen Mann ist alles anders, es ist keine wirkich intime Sache, weil man sich nicht so kennt. Dafür hat dieser Sex einen hohen Lustfaktor und das Prickeln, was ich mit meinem Partner vermisse. Wie schade, dass ich mit meinem Partner nicht beide Gefühle erhalten kann, Vertrautheit und Verliebtheitsprickeln! Ich habe die Nebenbeziehung geführt, weil diese Verliebtheitsgefühle so stark waren und ich zu schwach war, mich davon zu lösen. Trotzdem konnte ich mir nicht vorstellen, meinen Mann deswegen zu verlassen.

Vor fünf Jahren entwickelte sich aus einer weiteren Verliebtheit dann eine echte zweite Beziehung. Diese Beziehung zog sich über vier Monate hin, und erst ein Jahr später traute ich mich, meinem Mann davon zu erzählen, und zwar erst, als die Beziehung samt Emotionen für mich längst abgehakt war. Er war ziemlich fertig und lernte für sich daraus, teilweise mit Hilfe eines Therapeuten, dass er mich nicht ändern und zwanghaft an sich binden kann, was er eigentlich auch nie gemacht hat. Ich habe den Kontakt zu diesem Freund auf freundschaftlicher Basis weitergeführt, und auch mein Mann sieht ihn gelegentlich, was ihm, wie er sagt, nichts ausmacht.

Vor zwei Jahren kehrte sich die Situation um, und für ihn entwickelte sich aus einem Flirt inklusive One-Night-Stand eine zweite, parallele Beziehung über zwei Monate. Vom One-Night-Stand hatte er mir direkt berichtet, und ich konnte ihn, obwohl ich verletzt war, verstehen und ihm verzeihen. Einige Monate später gestand er mir, dass sie noch mehrere Male miteinander geschlafen hatten, was mich dann wahnsinnig verletzte, und ich reagierte teilweise auch aggressiv. Bis heute weiß ich nicht, was ich schlimmer finde: durch die Wiederholung vertraut gewordenen Sex, den er mit einer anderen Frau hatte, oder das Belügen beziehungsweise Nichterzählen in dieser Zeit. Ich glaube aber, es ist das Letztere.

Nach diesen zwei Monaten gelang es meinem Mann, das Verliebtheitsgefühl der Frau gegenüber in eine rein freundschaftliche Beziehung umzuleiten. Jetzt, nach zwei Jahren, sind meine Wunden noch immer nicht verheilt, und ich kann es mal besser, mal schlechter ertragen, dass sie sich regelmäßig treffen, ins Kino gehen usw. Ich habe keinerlei Sorgen, dass so etwas noch einmal passiert, trotzdem kann ich diese Zweisamkeit nicht immer gleich gut ertragen, und manchmal treten dann Angstgefühle auf. Ich kenne die Frau und sehe sie gelegentlich auf Partys und unterhalte mich auch ganz nett mit ihr, doch im Verlauf solcher Abende kommen die Eifersuchtsgefühle hoch, und mein Mann und ich streiten uns.

Meine Vorstellungen für die Zukunft kann ich nicht genau sagen. Wir haben keine klaren Regeln abgesprochen. Seit zwei Jahren führen wir keine Nebenbeziehungen mehr, und ich kann mir zur Zeit auch nicht vorstellen, dass ich mit einem anderen Mann nochmal so weit gehen würde (das heißt, Geschlechtsverkehr mit ihm habe). Nicht ausschließen kann ich, dass ich mich auch zukünftig zu anderen Männern hingezogen fühlen werde und gelegentlich flirte. Während mein Mann mir die Freiheiten lässt und sagt: »Tu, was dir gut tut, wichtig ist nur, dass kein Kind dabei herauskommt!)«, und nicht eifersüchtig ist, fällt es mir schwerer, ihm ebenfalls diese Freiheiten zu lassen; einen weiteren Seitensprung meines Mannes möchte ich nicht ertragen müssen. Trotzdem würde ich ihn deswegen nicht verlassen!

Ich arbeite daran, meine Eifersucht beziehungsweise Unsicherheit in der Beziehung (seitdem er mich betrogen hat, fühle ich mich nicht genug geliebt, brauche ständig Bestätigung und Anerkennung von meinem Mann) »in den Griff« zu kriegen, weil mich das total nervt und es auch sehr anstrengend ist. Außerdem erlebe ich es als positiv, Flirts mit anderen Männern nicht als Tabu und als »Verbot« innerhalb meiner Ehe ansehen zu müssen.

Schilderung 26
Eine Frau, 56 Jahre alt, seit achtunddreißig Jahren verheiratet, führte Nebenbeziehungen.

Ich habe meinen späteren Mann im Alter von 18 Jahren kennen gelernt. Wir haben uns verliebt, aber der Schwerpunkt unserer Beziehung war von Anfang an mehr die liebende, sich gegenseitig unterstützende Ebene und die des geistigen Austauschs. Jeder hatte seit Beginn unserer Beziehung eigene Freunde und Interessen, die wir jeweils respektierten und unterstützten. Wir waren unsere ersten Sexualpartner und haben unsere Sexualität zunächst miteinander entwickelt und kennen gelernt, aber es war so, als ob jeder dabei mehr über sich erfuhr und weniger der Austausch die eigentliche Rolle spielte.

Nach acht Jahren entstand der beiderseitige Wunsch, die Beziehung auch für sexuelle Kontakte zu anderen zu öffnen. Wir haben das besprochen und uns regelrecht vorgenommen. Anfänglichen Schwierigkeiten und Verlustängsten, von denen wir wussten, dass sie auf uns zukommen würden, wollten wir uns zugunsten der größeren Freiheit in der Beziehung stellen. Es folgten nun zwölf Jahre, in denen wir sehr intensive und schöne Erfahrungen mit anderen Sexualpartnern, ich auch mit gleichgeschlechtlichen, machten. In meinen zusätzlichen Beziehungen waren meist auch die anderen Ebenen, die geistige und emotionale, mit eingeschlossen, so dass sich mehrere sehr langfristige, später eher freundschaftliche Verbindungen daraus ergaben, die teilweise bis heute bestehen.

Parallel dazu lief eine zunächst noch sehr schöne, durch die anderen Beziehungen eher noch befruchtete Sexualität mit meinem Ehepartner. Nach der Geburt unseres ersten Kindes vor zwanzig Jahren fehlte bei mir aber plötzlich und deutlich die erotische Spannung in unserer Beziehung. Unsere erste Reaktion darauf war, die Zeit des Kleinkinder-Stresses abzuwarten und sich mit gelegentlicher gemeinsamer Sexualität so durchzuhangeln. Ich hätte aber auch darauf verzichten können.

Dann trat ich, angeregt durch therapeutische Seminare, allmählich in die Welt der Meditation und der Wahrnehmung der eigenen energetischen Prozesse und Bewegungen meines Körpers ein. In dieser Phase verliebte ich mich in Robert, mit dem mich eine sehr leidenschaftliche Sexualität und das Erleben sehr intensiven energetischen Austausches verbanden. Ich wurde erneut schwanger.

Mein Ehemann, betroffen durch die Leidenschaft dieser anderen Beziehung und das Kind, machte eine schwere Zeit durch, stellte jedoch genau wie ich die grundsätzliche Priorität unserer Beziehung nie in Frage. Nach der Geburt des zweiten Kindes »neutralisierte« sich die Sexualität zu Robert in derselben Weise, wie es schon zuvor nach der Geburt des ersten Kindes mit meinem Ehemann der Fall gewesen war.

Inzwischen hatten mein Ehemann und ich keine gemeinsame Sexualität mehr, und mit Robert war es selten. Ich brauchte eine immer längere Anlaufzeit, um überhaupt noch Lust zum Sex zu haben. Gleichzeitig steigerten sich meine Ekstaseerlebnisse in der Meditation, sowohl als orgasmusähnliche Energieerlebnisse als auch als beseelende Erfahrungen von wunschloser Ruhe und innerem Frieden. Daneben verblassten mehr und mehr die sexuellen Erfahrungen mit anderen Menschen. Die Freude an erotischer Spannug ist mir geblieben, aber die Umsetzung erscheint mir so roh und mühsam, dass ich lieber darauf verzichte.

Mein Ehemann hat eine Freundin, mit der er in unregelmäßigen Abständen Sex hat, was ich entlastend und angenehm finde. Unsere Lebenspartnerschaft ist durch all diese Erfahrungen und das Zulassen der individuellen Wege auch in der Sexualität immer tiefer und reicher geworden. Ich bin für diese Beziehung sehr dankbar, vor allem dafür, dass wir entschlossen waren, uns gegenseitig jede Freiheit einzuräumen und gegebenenfalls auch darunter zu leiden. Das Empfinden einer verlässlichen Lebenspartnerschaft war immer dominierend.

Erste sexuelle Aktivitäten erlebte ich mit meiner ersten lang-jährigen Beziehung, die fünf Jahre dauerte. Ich war damals 18 Jahre alt, wir entdeckten die Liebe, die körperliche wie auch die seelische, in einem Klima großen Vertrauens und gegensei-tiger Offenheit. Das war die große Liebe. Wir wären füreinan-der gestorben und glaubten, das würde für immer halten, uns könne nichts auseinander bringen.

Das haben wir dann doch hinbekommen. Je tiefer die Liebe wurde, desto unerträglicher schien es zu sein, sie auszuhalten. Heute glaube ich, die Angst, einander zu verlieren, hat uns dazu gebracht, Misstrauen und Kampf anzufangen, der in Ei-fersucht und Zerstörung führte. Schließlich standen wir uns hilflos gegenüber und mussten feststellen, am Ende unserer Beziehung zu sein. Ich fühlte mich unerträglich eingesperrt, und meine Freundin fühlte sich unerträglich übersehen. Wir gingen auseinander.

Meine nächsten vier Beziehungen hielten zwischen ein und drei Jahren und verliefen in einem ähnlichen Schema. Aller-dings wechselten die Positionen im Spiel mehrmals, so dass ich auch in den Genuss der Erfahrung kam, mich verlassen zu fühlen, weil die Frauen mit mir Schluss machten.

Dann trat eine mehrjährige Beziehungspause ein, in der ich mich nur auf unverbindliche sexuelle Kontakte einließ. Diese waren zahlreich und sehr unterschiedlich, von der blanken Not getrieben oder auch sehr leidenschaftlich und schön. Sie führten aber nicht in längere Verbindungen hinein. Ich be-suchte dann über einen Zeitraum von acht Jahren verschiede-ne Therapien, um mich besser kennen zu lernen. Allmählich vermied ich die oberflächlichen sexuellen Kontakte und ak-zeptierte erst einmal mein Alleinsein.

Schließlich lernte ich vor siebzehn Jahren Gudrun kennen, die noch heute meine Frau ist. Wir durchlebten eine kurze Zeit der Verliebtheit, aber merkten schon sehr bald, dass unsere Verbindung nicht in erster Linie sexuell geprägt war. Wir waren vielmehr voneinander bezaubert, ich von ihrer Zartheit, sie von meiner Bodenständigkeit. Wir zogen zusammen, und schon nach einem Jahr stellte sich unsere Sexualität vollständig ein.

Darüber waren wir zunächst zutiefst verwirrt. Wir glaubten zuerst, dass wir ohne Sexualität keine richtige Beziehung mehr hätten. Also versuchten wir, die Sexualität wieder in Gang zu bringen. Wir legten uns zusammen ins Bett und stimulierten uns gegenseitig. Dabei achteten wir darauf, was bei mir und ihr passierte, um Hindernisse, Ängste oder Ähnliches aufzuspüren, fanden aber nichts dergleichen. Wir schliefen dann miteinander, um nach einigen Minuten festzustellen, dass wir still und innig beieinander lagen, nah und doch völlig ohne Erregung. Wir fingen an zu lachen, vor allem über unsere angestrengten Bemühungen, und stellten diese schließlich ein.

Wir reflektierten intensiv und kamen zu dem Ergebnis, dass sie und ich in der Anfangsphase unserer Beziehung wenig und jetzt keine Sexualität mehr miteinander hatten, und fingen an, dies zu akzeptieren. Damit hörten nach und nach die Selbstzweifel auf, zumal wir beide in vorigen Partnerschaften äußerst intensive und beglückende sexuelle Erfahrungen gemacht hatten, von daher also wussten, dass sexuell mit uns alles in Ordnung war.

Aber meine sexuellen Bedürnisse erlahmten nicht, im Unterschied zu denen meiner Frau. Ich begehrte, aber ich begehrte nicht meine Frau. Ich vermisste Sex, aber ich vermisste nicht den Sex mit meiner Frau. Ich wollte und suchte daher sexuelle Kontakte neben der Ehe. Diese fand ich zuerst in einigen kürzeren Liebschaften, um schließlich in einer sieben Jahre dauernden Beziehung zu Jutta zu landen. Meine Frau war zwar anfangs eifersüchtig und ängstlich, mich zu verlieren, aber sie lernte, die Situation zu akzeptieren, und gönnte mir meine Leidenschaft auch sehr.

Jutta hatte zwei Jahre lang ebenfalls einen Freund (neben mir), mit dem sie auch ins Bett ging. Das war nicht immer leicht für mich, aber ich habe die Ängste und Gefühle ausgehalten, und dann war es okay. Die Beziehung zu Jutta war zwar äußerst leidenschaftlich, aber auch genauso spannungsreich und schwierig. Jutta wollte mich für sich allein haben, ich aber wollte meine Frau keinesfalls verlassen. Schließlich trennte sich Jutta von mir.

Momentan habe ich seit zwei Jahren eine neue Nebenbeziehung, die ich nicht als Geliebte bezeichnen mag, weil es sich nach viel mehr anfühlt. Mit meiner Frau will ich weiter leben, solange unsere Herzen es uns so sagen. Die beiden Frauen kennen sich, haben aber wenig Kontakt zueinander. Jede fühlt sich mit einem gewissen Abstand zur anderen sicherer, und ich muss das akzeptieren.

Wie die Zukunft wird, vermag ich nicht zu sagen. Vielleicht wäre es gut, meine Freundin fände ebenfalls einen Lebenspartner und könnte trotzdem mit mir zusammen sein. Wenn ich sie oder meine Frau verlieren würde, wäre das bitter, aber ich würde es in Kauf nehmen, weil mir meine eigene Wahrheit wichtiger ist als die Sicherheit einer Beziehung. Ich habe schon so viele Beziehungen gehabt, dass ich glaube, immer wieder einem Menschen nah kommen zu können und Liebe zu finden.

Schilderung 28

Eine Frau, 42, verheiratet seit achtzehn Jahren, entdeckt, dass Beziehungen nicht im luftleeren Raum bestehen, und führte Nebenbeziehungen.

Mein Mann und ich lernten uns recht jung kennen, er war 24 Jahre alt, ich war 19. Wir verliebten uns heftig ineinander, und nach einigen Monaten wurden wir intim. Schließlich heirateten wir. Unsere Ehe verlief unspektakulär, wir bekamen im Laufe der Jahre mehrere gesunde Kinder. Alles in allem waren wir glücklich und zufrieden. Wir hatten zwar wenig Geld, mein Mann war Angestellter, ich Erzieherin, aber wir waren reich an Gefühlen und Glück.

Mit der Zeit aber spürte ich immer stärker die seelisch/geistigen Unterschiede zwischen mir und meinem Mann. Wir hatten völlig unterschiedliche Interessen, er war handwerklich sehr geschickt, mich zogen eher Literatur, Kunst und Musik an. Nach dreizehn Ehejahren besuchte ich meine Schwester, die im Ausland lebt, weil ich recht erschöpft war und eine Pause von zu Hause brauchte. Zum ersten Mal in meinem Leben nahm ich nun wahr, dass ich, außer Ehefrau und Mutter zu sein, auch eine eigene Persönlichkeit mit Wünschen, Hoffnungen und Träumen bin. Obwohl unser Eheleben recht aktiv war, verliebte ich mich in einen Mann, mit dem ich ein berauschendes, aber kurzes Verhältnis begann, denn mein Besuch dauerte nur drei Wochen.

In diesem Abstand von zu Hause erlebte ich mich wieder als Frau, als Mensch, als begehrenswertes Wesen und als Frau mit Bedürfnissen. All das begann ich, wieder zurück bei meiner Familie, doch allmählich stärker zu vermissen. Das verursachte eine zunächst unmerkliche, aber doch vorhandene innerliche Ablösung von meinem Mann. Nicht, dass er mich nicht noch liebte, aber nach all den Ehejahren veränderte sich die Art des Zusammenlebens. Die Alltagssorgen verdrängten nur zu oft die wichtigen Gespräche über das eigene Empfinden.

So fing alles an ... Solange ich nichts anderes kannte, war meine Ehe auch in Ordnung. Aber latent waren meine Wünsche und Träume nach einer echten, intensiven Partnerschaft, einem Miteinander, statt eines indifferenten Nebeneinanders, doch vorhanden, nur unter viel Arbeit und Verantwortung begraben. Erst in der Ruhe und Muße des Abstands kam das Verschüttete wieder hoch. Trotzdem ging es danach noch jahrelang »gut«, war ich eine »normale« und treue Ehefrau. Allerdings versuchte ich, meinen Mann dazu zu bewegen, dass wir uns etwas schafften, was uns, unabhängig von den Kindern, verbindet und Freude macht. Erst ging er versuchsweise darauf ein, doch schnell verlor er wieder das Interesse. Er vermisste ja nichts ...

Der Seitensprung tat unserer Ehe insofern gut, als dass ich die positiven Erfahrungen (Bestätigung des Selbstwertgefühls, Angenommensein als Frau) in meine Ehe zurückbrachte. Zu dem betreffenden Mann hatte ich noch eine Weile Briefkontakt, aber aufgrund der räumlichen Entfernung war an eine Fortsetzung dieser Beziehung sowieso nicht zu denken.

Dann lernte ich eines Tages übers Internet einen Mann kennen. Wir schrieben uns viel und intensiv, fühlten uns zueinander hingezogen und trafen uns auch recht bald. Der Gleichklang unserer Seelen, die Harmonie, nicht nur auf geistiger Ebene, ließ uns kopfüber in ein leidenschaftliches Liebesverhältnis gleiten. Ich traf mich ein- bis zweimal in der Woche mit ihm, und wir hatten unglaublichen, hingebungsvollen Sex miteinander. Noch nie hatte ich mich so erlebt, solcher Gefühle fähig, solcher Leidenschaft. Wenn ich mit ihm zusammen war, hatte ich das Gefühl, eine andere Person zu sein, völlig verschieden von der Ehefrau und Mutter, die zu Hause immer funktioniert. Mit meinem Mann schlief ich auch noch, allerdings sehr selten. Er ahnte nichts. Im Gegenteil, er hielt mich für eine mittlerweile fast frigide Frau. Hätte ich ihn völlig ignoriert, hätte er Verdacht geschöpft. Er hatte keine Ahnung, welche Lust ich in den Armen des anderen Mannes erfuhr. Mein Geliebter dagegen durfte nicht wissen, dass ich hin und wieder noch mit meinem Mann schlief. Diese Situation – ich betrog meinen Mann mit meinem Geliebten und meinen Geliebten mit meinem Mann – machte mich fast wahnsinnig. Die Tatsache, dass ich mit zwei Männern schlief, war schwer zu ertragen. So kompliziert hatte ich mir eine Nebenbeziehung nicht vorgestellt. Und doch zog es mich immer wieder zu meinem Geliebten, physisch und psychisch.

Der Preis für diese gewählte Beziehungsform: schlechtes Gewissen, Angst vor Entdeckung, Schlaflosigkeit. Selbst in den Spiegel zu schauen machte mir Probleme, erzogen nach christlichem Gepräge: Sex nur in der Ehe, nie davor oder gar außerhalb. Aber ein Leben ohne meinen Geliebten erschien mir immer unvorstellbarer. Mit der Zeit wurde es unerträglich, dieses Doppelleben fortzuführen. Ich konnte nach den Treffen mit meinem Geliebten, die immer intensiver und schöner wurden, meinem Mann kaum noch in die Augen sehen.

Ich begann erneut, mit meinem Mann über unsere Ehe zu sprechen, versuchte ihm mitzuteilen, was ich vermisse, ohne ihm allerdings von meinem Verhältnis zu erzählen. Er war sehr betroffen, hatte all das nie so ernst genommen, beschwor mich aber, ihm eine Chance zu geben. Er liebte mich nach wie vor, wollte mich nicht verlieren und war nun doch bereit, sich in gewissen Punkten zu ändern, einiges mit mir zu unternehmen. Ich merkte, dass er mir doch nicht gleichgültig geworden war, so viele Jahre des Zusammenlebens ließen sich nicht einfach beiseite schieben. Ich trennte mich von meinem Geliebten, was sehr schwer war, aber es gab für mich nur die Entscheidung in die eine oder andere Richtung.

Nun bemühen wir uns beide, mein Mann und ich, die vergangene Liebe, die Zuammengehörigkeit, wiederzuentdecken. Es ist ein langer, schwieriger Prozess, der viele Gespräche erfordert und manches Entgegenkommen. Aber ich hoffe, wir finden eine Möglichkeit, wieder miteinander zufrieden und ausgefüllt leben zu können.

Wenn das Experiment nicht gelingt, werde ich mich wieder nach einem Geliebten umsehen, gleich, welche Probleme das mit sich bringen wird. Denn auf Dauer verzichten will ich auf keinen Fall.

Eine Frau, 40, zwölf Jahre verheiratet, geschieden, führt parallele Beziehungen und wünscht sich eine feste distanzierte Partnerschaft.

Meinen ersten Beischlaf hatte ich im Alter von 23, meinen dritten Sexualpartner heiratete ich. Zu Beginn unserer Beziehung hatten wir häufig und länger dauernden Sex, oral und genital. Wir lebten in weit entfernten Städten und sahen uns regelmäßig etwa jedes zweite Wochenende. Beim Sex kam ich zum Orgasmus, er nicht. Nach einigen Monaten hatte er häufiger Orgasmen, während sie bei mir seltener wurden.

Dann wohnten wir etwa ein Jahr zwar in derselben Stadt, aber in getrennten Wohnungen. Zu der Zeit hatte er weitere Beziehungen mit Frauen, was mich dazu brachte, mehr um ihn zu werben. Gleichzeitig begann er Grausamkeiten, wie zum Beispiel Beißen, beim intimen Zusammensein einzuführen mit der Begründung, »damit ich als Frau lerne, mich zu wehren«. Ich konnte keinen Sinn darin sehen, fühlte mich verletzt und zog mich in meine Heimat zurück, woraufhin er sich von den anderen Frauen trennte und ich deshalb die Beziehung nicht beendete, wie ich es eigentlich geplant hatte.

Wenig später ging ich fremd, einerseits weil ich befürchtete, etwas zu versäumen, andererseits wohl auch als Vergeltung. Er merkte es, und ich hörte sofort auf damit. Er fing nun an, verschiedene Praktiken zu erproben. Er lieh Pornofilme aus und baute eine »Sex-Bibliothek« auf. Ich stellte aber fest, dass mich Videos und Magazine kaum erregen.

Wir wohnten schließlich wieder in derselben Stadt, aber in getrennten Wohnungen. Sex hatten wir nach wie vor regelmäßig mehrmals wöchentlich. Dann arbeitete ich ein Jahr in einer entfernten Stadt. Er fühlte sich während meiner Abwesenheit einsam und ging in die Homosexuellen-Szene. Dort lernte er eine Lesbe kennen, die er »umzupolen« versuchte. Sie schliefen häufig miteinander, zweimal in meiner Gegenwart. Ich ging wieder fremd, doch er machte so viel Druck, dass ich es wieder aufgab.

Wir heirateten und bezogen eine gemeinsame Wohnung. Er begann, Sina Geißler zu lesen, und erklärte mir, dass ich masochistisch sei und dies auch ausleben solle. Ich wehrte das ab. Der Sex wurde seltener. Es kam die erste Schwangerschaft: Je dicker der Bauch, desto geringer war mein Wunsch nach Beischlaf. Nach der Geburt waren wir einige Wochen enthaltsam, danach hatten wir Sex weitgehend nur auf seine Initiative hin. Ich bekam nun nur noch selten Orgasmen, er regelmäßig. Er wurde »Hausmann« und blieb beim Kind. Sex wurde relativ unwichtig für mich, da ich als Berufstätige, Hausfrau und Mutter schon um freie Zeit für mich kämpfen musste. Im Urlaub hatte ich etwas mehr Lust. Er bestand auf mindestens zweimal die Woche und testete weiterhin sexuelle Varianten wie Pissspiele, Fesseln, Analsex. Ich machte mit, einerseits, um ihn glücklich zu machen, andererseits, um Diskussionen aus dem Weg zu gehen, weil er seinen Willen sowieso durchsetzte. Wir bekamen weitere Kinder.

Sexuelle Enthaltsamkeit gab es nur kurz nach den Geburten. Intimes Beisammensein ohne Koitus war mit ihm nicht möglich. Vor einigen Jahren ist er manifest an einer Psychose erkrankt. Die starken Medikamente dämpften seinen Trieb so sehr, dass wir in einem ganzen Jahr nur einmal miteinander schliefen. Ich war sehr erleichtert über diese Ruhepause und verspürte auch nicht den Wunsch nach Zärtlichkeit. Nach der Umstellung auf atypische Neuroleptika bestand er wieder auf regelmäßigem Beischlaf, mindestens zweimal die Woche. Gespräche brachten uns nicht weiter, da er ja weiß, was ich brauche (so hat er sich tatsächlich ausgedrückt!).

Als die Psychose meines Ex ausbrach, kam es zu Übergriffen gegen mich und die Kinder. In der Folgezeit merkte ich, wie unverzeihbar das für mich ist. Ich setzte mir eine Frist, bis wann ich Klarheit darüber haben wollte, ob ich die Beziehung aufrecht erhalten will. In der Zeit habe ich auch versucht, die

Beziehung zu ihm wieder aufzubauen, doch es öffneten sich immer neue Gräben. Als noch Differenzen hinsichtlich der Kindererziehung hinzukamen, war für mich die Entscheidung zur Trennung gefallen.

Ein knappes Jahr später nahm ich sexuelle Kontakte zu einem Mann auf, mit dem ich ein halbes Jahr zusammen war. Obwohl ich beim Beischlaf keinen Orgasmus (mehr?) bekomme, war die Beziehung sexuell befriedigend. Auch in meiner neuen derzeitigen Beziehung ist der Koitus eher von untergeordneter Rolle, doch mittlerweile halte ich den Orgasmus nicht mehr für das Ziel eines Beisammenseins.

Der »Preis« für meine Ehe war der Verlust des Vertrauens in meine sexuellen Fähigkeiten. Mittlerweile habe ich Spaß an erotischer Wäsche entdeckt und freue mich, wenn ich meinen Partner damit errege. Die Wäsche stammt zum Teil noch aus der Ehe, aber da habe ich sie nicht getragen, um ihn nicht anzumachen. Wir haben viele Kuschelstunden, Sex regelmäßig an Wochenenden. Zudem befriedige ich mich gelegentlich selbst, so wie ich es vor der Ehe oft getan habe.

Fremdgehen ist zwar nicht »verboten«, doch ich habe nicht den Wunsch danach. Wenn mein Partner fremdgehen würde, würde ich es am liebsten gar nicht wissen wollen, weil es mich verletzt. Trotzdem mache ich mir Gedanken, wenn er Vorstellungen äußert, wie es wohl mit einer 20-Jährigen wäre. Dieser Wunsch hat wohl nichts mit unserer Beziehung zu tun, aber er irritiert mich.

Allerdings ist da ein Punkt, der noch offen ist: Bei Besuchen in meiner Heimatstadt treffe ich mich regelmäßig mit einem Freund, mit dem ich (auch) gelegentlich intim bin. Ich könnte mir vorstellen, diese Beziehung weiterzuführen, obwohl ich einen neuen Partner habe. Es hängt auch davon ab, wie er damit umgehen kann.

Es hat einen gewissen Reiz, mehr als nur einen Mann zu haben, das heißt, für mehrere Männer attraktiv zu sein. Teilweise war mein Fremdgehen auch ein »Abwatschen« meines Ex.

Mein Freund in der Heimatstadt ist mehr eine Art Entwicklungshelfer, mal um die eigene Sexualität wiederzuentdecken, mal um den Schlussstrich unter eine Beziehung zu ziehen. Mit meinem jetzigen Partner habe ich darüber geredet. Er hat Angst davor, dass ich fremdgehen könnte. Deshalb tue ich es nicht. Die Beziehung ist neu, und ich möchte sie nicht für einen Mann aufgeben, der achthundert Kilometer entfernt lebt und keine dauerhafte Beziehung zu mir anstrebt.

Ich habe es immer als problematisch empfunden, dass man sich in einer gemeinsamen Wohnung kaum aus dem Weg gehen kann, deshalb plädiere ich für getrennte Wohnungen. Finanzielle Fragen können eine Beziehung belasten, darum werde ich künftig derartige Abhängigkeiten vermeiden. Terrorisierende Verwandte verhindern manchmal, dass man die richtigen Entscheidungen fällt, weshalb ich darauf achte, wem ich was erzähle, das heißt, ich habe einen Teil meiner Naivität und Vertrauensseligkeit abgelegt.

Vielfältige Beziehungen, wie ich sie mir verstärkt seit der Trennung aufgebaut habe, sind Lebensqualität, ein fester Partner gibt mir Lebensfreude und Stabilität. Für die Zukunft wünsche ich mir regelmäßige zärtliche Stunden mit einem festen Partner. Auch der Eintritt ins Rentenalter scheint mir keine Grenze zu sein, ab der man »es« nicht mehr tut. Denn so hielt es meine Großmutter, was sie aber später bereut hat.

Schilderung 30

Ein Mann, 36, seit vier Jahren verheiratet, entdeckt im Cybersex Erregung und führt Nebenbeziehungen.

Meine Frau und ich kennen uns seit etwa zwölf Jahren. Wir lernten uns in einer Selbsterfahrungsgruppe kennen. Am Anfang war die Sexualität uns sehr neu: Ich hatte bis dahin lange und feste Beziehungen gehabt, bei ihr war es eher umgekehrt, sie kannte das Vertrauliche nicht so. Das machte sich auch in der Sexualität bemerkbar. Ich war eher der ruhige Liebhaber, und sie hatte es mehr mit dem Sich-gegenseitig-verschlingen-Wollen. Wenn wir uns trafen, schliefen wir oft miteinander, teilweise bis zu viermal pro Treffen.

Wir führten eine Wochenendbeziehung, und dadurch, dass wir uns selten sahen, war die Sexualität schön. Anschließend wohnten wir in der gleichen Stadt, aber in getrennten Wohnungen. Die Sexualität war angenehm, und wir wurden vertrauter miteinander. Wer den Anfang beim Sex machte, war ungefähr ausgeglichen. Dann bezogen wir vor sieben Jahren eine gemeinsame Wohnung, und langsam stellte sich ein Trend ein, dass ich häufiger wollte als sie. Wir stellten fest, dass für mich der Sex den Abbau von Spannungen bedeutet, während es bei meiner Frau umgekehrt ist. Sie muss schon vorher entspannt sein. Gleichzeitig nahm die Vertrautheit im Bett zu, die sich dadurch äußerte, dass es nicht vieler Worte bedurfte und man wusste, wonach dem anderen war.

Vor fünf Jahren wurde der Wunsch nach einem gemeinsamen Kind größer. Die künstliche Befruchtung, für die es erforderlich war, verheiratet zu sein, war gleich von Erfolg gekrönt, und unser Kind kam zur Welt. Die Sexualität wurde eher noch weniger. Wir schliefen so ein- bis zweimal pro Woche miteinander, und meine sexuellen Wünsche wurden kaum noch erfüllt. Mittlerweile ist unser zweites Kind geboren worden, und zwangsläufig sind wir im Moment mehr Vater und Mutter als Mann und Frau. Ich bedränge meine Frau nicht mehr mit meinen Wünschen, und so manches Mal entwickelt es sich, dass sie den Anfang macht.

Vor sechs Jahren suchte ich eine Prostituierte auf und berichtete meiner Frau davon. Sie war nicht sonderlich entsetzt. Angenehm war für mich der Besuch in der Hinsicht, dass dort völlig unverklemmt mit dem Thema Sexualität umgegangen wird. Unangenehm war, dass die Seele überhaupt nicht beteiligt ist. Vor Jahren schauten meine Frau und ich uns gemeinsam einen Pornofilm an. Sie fand es schrecklich, was für mich ernüchternd war. Erst vor kurzem ist es mir gelungen, ihr klarzumachen, dass ich mir keinesfalls die dort gezeigten Handlungen wünsche, sondern dass mich lediglich einige Szenen anturnen. Uns fällt es schwer, über diese Dinge zu reden. Vor zwei Jahren entdeckte ich den Chat. Ich war anfangs ziemlich süchtig danach, habe dort viel geflirtet und mich oft virtuell verliebt. Die Chatterei setzte bei mir viele erotische Phantasien frei. Es begann mit kleinen Flirts. Dann traf ich mich mit der einen oder anderen, aber nur auf ein Bier in der Kneipe oder zum Kaffee. Es folgten ein paar größere Chattertreffen, und irgendwann probierte ich den Cybersex aus. Beim ersten Mal fielen mir fast die Augen aus, und es hatte eine wahnsinnig stimulierende Wirkung auf mich. Entweder beschrieb ich der Gegenseite die jeweilige Liebessituation, oder ich erfand irgendwelche erotischen Phantasiegeschichten, und es machte mich an, wenn es die Gegenseite anmachte. Ich nahm die Erregtheit dann teilweise mit nach Hause, um mit meiner Frau zu schlafen.

Sie war damit allerdings etwas überfordert, und das Gleichgewicht kippte zunehmend. Irgendwann reichte mir das Chatten nicht mehr, und ich hatte das Bedürfnis nach etwas Realem. So hatte ich vor einigen Monaten den ersten Seitensprung während meiner Ehe. Ich hatte mich mit der Chatterin im Vorfeld ziemlich heiß geredet, und so dauerte es nicht lange, bis wir uns im Bett wiederfanden. Es war schön, und für die Chatterin war es okay, dass daraus nichts Festes wurde.

Meiner Frau erzählte ich einen Monat später davon, denn ich hatte die Vorstellung, in einer Partnerschaft möglichst offen miteinander umzugehen. Meine Frau war jedoch sehr verletzt. Wir machten daraufhin eine Paartherapie, die uns gut tat. Unter anderem stellten wir fest, dass wir zu sehr aufeinander reagieren und dass wir uns zu sehr als Paar sehen und weniger die eigenen Personen, die dahinter stehen.

Was mir bei dem ersten Seitensprung fehlte, war der geistige Austausch. Mittlerweile ist mir klar, dass ich mir von einer Nebenbeziehung idealerweise einen geistigen Austausch und eine gewisse körperliche Leidenschaft verspreche. Diese scheine ich nun mittlerweile gefunden zu haben. Es ist aber noch alles recht frisch, und ich kann noch nicht viel darüber berichten. Mich verbindet mit ihr ein viermonatiger recht intensiver E-Mail-Kontakt, Chat und Telefon, und vor einer Woche hatten wir unser erstes Treffen, das zwei Stunden dauerte und wunderschön war.

Der Besuch bei der Prostituierten war für meine Frau nicht so schlimm. Sie war seinerzeit selbst überrascht, wie gelassen sie das sehen konnte. Das Missverständnis mit dem Pornofilm konnte vor kurzem aus der Welt geschafft werden. Es hat sich für mich aber gezeigt, dass dies kein geeignetes Mittel ist, um mehr Leidenschaft in unsere Beziehung zu bringen. Es gehört wohl in den Bereich der Techniklüge, genau wie die Reizwäsche, die ich meiner Frau im Laufe der Jahre das eine oder andere Mal kaufte in der Hoffnung, das Liebesleben etwas zu beflügeln. Das funktionierte zwar kurzzeitig, hatte aber keine dauerhafte Auswirkung. Ich habe es mittlerweile akzeptiert, dass die Qualität einer Beziehung nicht von der Häufigkeit des Sex abhängt. Es fiel mir auch nicht so schwer, ihr zu sagen, dass es okay ist, wenn im Moment eine eher enthaltsame Zeit ansteht, da unser zweites Kind vor kurzem geboren wurde.

Gleichzeitig habe ich ihr aber auch gesagt, dass mir etwas fehlt, nämlich die Leidenschaft. Ich muss hier auch betonen, dass ich durchaus ein Familienmensch bin. Dass ich sehr stolz auf meine beiden Kinder bin, dass es zwar oft auch sehr anstrengend mit ihnen ist, ich diese Erfahrung aber keinesfalls missen möchte und ich mich nicht der Verantwortung eines Vaters entziehen möchte. Ich habe gemerkt, auch wenn es kräftemäßig ab und zu an die Grenzen geht mit den Kindern, dass ich doch auch eine ganze Menge von ihnen zurückbekomme.

Das Gestehen meines Seitensprungs ist nicht so spurlos an unserer Beziehung vorbeigegangen und löste bei mir die Frage aus: Wie viel Offenheit in einer Beziehung ist sinnvoll, und was will ich eigentlich damit erreichen? Es hat meine Frau damals sehr verletzt. Sie konnte mir auch bis heute nicht das Versprechen entlocken, dass ich es nicht wieder tun würde. Dafür war es auch einfach zu schön für mich.

Ich habe den Eindruck, dass meine Frau nicht alles wissen will. Eine Teilantwort auf die Offenheitsfrage habe ich nun auf ihrer Homepage gefunden. In einer Antwort auf eine Leserfrage stand da: »Wenn du die Wahrheit über meine Gefühle wissen willst, musst du sie auch aushalten. Ansonsten frag mich nicht.«

Eine der ersten Reaktionen meiner Frau, nachdem sie von dem Seitensprung erfahren hatte, war: *Muss ich diese Frau kennen lernen?* Früher hat meine Frau mal gesagt, sie könne sich vorstellen, dass ich auch zwei Frauen glücklich machen könne. In Diskussionen mit ihr über dieses Thema hat sie mir auch gesagt, dass sie es mir glaubt, dass ich meine Familie und sie nicht verlassen möchte. Es ist auch immer noch so, dass ich meine Frau angenehm weiblich und attraktiv finde. An anderer Stelle in Diskussionen sagte sie aber auch, dass sie einen nochmaligen Seitensprung nicht hinnehmen würde, und stellte dabei Überlegungen an, wie sie die Kinder allein durchbringen könnte. Auch gab sie mir zu verstehen, dass sie den Bereich der Sexualität allein bei mir abdecken möchte und auch, dass sie nicht möchte, dass ich unter diesem gewissen Notstand so leide. Diese Diskussionen mit meiner Frau laufen übrigens häufiger auch in schriftlicher Form ab. Mir fällt es einfach leichter, mit ihr auf diese Weise über diese Dinge zu kommunizieren. Das sehen wir beide so.

Zur Zeit haben meine Frau und ich wenig Sex, was aber vor allem an dem Familienzuwachs liegt. Zärtlich sind wir aber schon zueinander, sei es durch gegenseitiges Zuhören oder durch Umarmungen. Ich habe ihr erzählt, dass ich mich teilweise zweimal pro Tag selbst befriedigen müsse, um mir ein wenig Luft zu schaffen. Für mich ist das ein Ventil.

Offiziell aufgestellte Regeln über Treue und Fremdgehen gibt es bei uns nicht. Meine persönliche Regel hierzu sieht so aus, dass ich diesbezüglich eben nicht mehr so offen bin. Ich erzähle ihr zwar, dass ich beispielsweise zu einem Chattertreffen gehe, lasse aber die Personenanzahl offen. Ich habe ihr auch gesagt, dass ich hin und wieder mit Frauen telefoniere und dass ich da schon flirte. Ganz zufrieden bin ich mit diesem Zustand nicht, weil ich eben manchmal etwas heimlich tue (tun muss) und es eine Art Doppelleben ist, das ich führe.

Für die Sexualität mit meiner Frau sehe ich recht positiv in die Zukunft. Ich kann es mir so vorstellen, dass wir seltener Sex miteinander haben werden, dass dieser dann aber umso schöner sein wird. Das habe ich meiner Frau auch schon mitgeteilt. Ob sich mit meiner derzeitigen Chatbekannten eine längerfristige Nebenbeziehung entwickelt, kann ich noch nicht sagen, aber insgeheim wünsche ich es mir. Da sie über tausend Kilometer weit weg wohnt, werden wir uns sicher nicht öfter als zwei- bis dreimal pro Jahr sehen können. In der Zwischenzeit kann man sich geistig austauschen.

Es ist wohl die Leidenschaft, die ich bei ihr suche und die mir bei meiner Frau ein wenig fehlt. Leidenschaft benötigt wohl auch Distanz, denke ich. Am liebsten wäre es mir, wenn meine Frau auch von der Nebenbeziehung wüsste, dann bräuchte ich nicht heimlich zu tun. Aber diese Offenheit hat sich beim letzten Mal als nicht gut herausgestellt. Außerdem wünschte ich mir, dass ich selbst das ganze Thema leichter nehmen würde. Es fällt mir schwer, weil die Vorstellung einer funktionierenden Nebenbeziehung traumhaft und damit für mich nicht ganz unwichtig ist.

Schilderung 31

Ein Mann, 63 Jahre alt, seit vierunddreißig Jahren verheiratet, führt Nebenbeziehungen.

Als ich meine Frau in den sechziger Jahren kennen lernte, hatten wir beide einige gescheiterte Beziehungen hinter uns. Unsere Sexualität war von Beginn unserer Beziehung bis heute »normal«, ruhig bis leidenschaftlich mit manchmal sehr großen Abständen von vier bis zwölf Wochen. Vor der Geburt des zweiten Kindes hatten wir eine Ehekrise. Wir lebten mit meiner Mutter in meinem Elternhaus, und trotz beiderseitiger Rücksichtnahme waren »Schwiegermutterprobleme« nicht zu vermeiden. Diese Probleme, einschließlich der sich daraus ergebenden Schwierigkeiten bei der Erziehung unseres Kindes, wurden von mir nicht ernst genug genommen.

Meine Frau öffnete sich dann für eine kurze Beziehung mit ihrem Chef, die ohne Sex blieb. Die aus dieser Situation für mich entstandene Verlustangst, verbunden mit einem gewissen Verständnis für das Verhalten meiner Frau, war für mich der Anlass, unsere Ehe unter neuen Gesichtspunkten, wie gegenseitiger Toleranz und großer Freiräume für jeden, zu betrachten.

Als dann ein Arbeitskollege meiner Frau offen seine Sympathie zeigte und den Wunsch nach Sex äußerte, war der darauf folgende Seitensprung für mich kein Anlass zur Eifersucht. Da ich meine Partnerrolle sexuell sehr passiv lebte, bestand natürlich bei meiner Frau ein gewisses Defizit, und sie war für diese Umwerbung empfänglich. Die Beziehung dauerte knapp ein Jahr, wobei die beiden aber nur zweimal Sex hatten.

Eine »offizielle« Vereinbarung zwischen mir und meiner Frau ergab sich daraus nicht, es entstand jedoch eine gewisse Akzeptanz aus dem Umgang mit dem Seitensprung meiner Frau. Ich nutzte den Freiraum zu einer Beziehung mit einem befreundeten Ehepaar, die mir interessante neue Erfahrungen brachte, beispielsweise Sex zu dritt. Diese lockere Beziehung bestand über mehr als zehn Jahre mit Treffen im Abstand von jeweils etwa zwei Monaten. Die Geheimhaltung dieser Beziehung war der Wunsch des beteiligten Ehepaars, meine Frau erfuhr davon erst vor einigen Jahren durch mich. Es ging mir nicht schlecht mit dem Verheimlichen der Beziehung, da durch meine damit erzielte Zufriedenheit ein positiver Einfluss auf unsere Ehe zu erkennen war und andererseits eine Offenlegung das Ende der Nebenbeziehung bedeutet hätte.

Über meine neue Beziehung mit einer 34-jährigen verheirateten Frau ist meine Frau von Anfang an informiert gewesen. Sie akzeptierte diese Beziehung unter der Bedingung einer befristeten Dauer, sie bestätigte sogar anfangs den positiven Einfluss auf unsere Partnerschaft. Das Problem besteht jetzt darin, dass ein Ende nicht abzusehen ist, wobei für sie außer selten stattfindendem Sex mit meiner Nebenpartnerin mehrmalige ausgedehnte Telefongespräche pro Woche phasenweise schwer erträglich sind. Für sie ist es eben schwer zu verstehen, dass ich trotz verbesserter Qualität unserer Partnerschaft diese Nebenbeziehung weiterführe. Ich sehe in dem von mir praktizierten Verhalten nicht unbedingt einen gezielten Versuch, die Partnersexualität zu erhalten. Meine Motive waren eher Neugier, Ausnutzen von Gelegenheiten, Suche nach neuen Formen des Zusammenlebens, Auflehnung gegen die geltende verlogene Sexualmoral.

Für meine Frau stellt eine »normale« Zweierbeziehung das angestrebte Lebenskonzept dar, während ich in einer Nebenbeziehung eine ungefährliche und mit positiven Einflüssen verbundene Ergänzung unserer Partnerschaft sehe. Damit stehen sich zwei unterschiedliche Vorstellungen gegenüber, durch die die Fortführung unserer Ehe manchmal nur mit sehr viel »Beziehungsarbeit« und gegenseitigem Verständnis möglich zu sein scheint. In diesem Zusammenhang erweist es sich als wichtig, dass wir seit vielen Jahren schon über alle Probleme reden und »kultiviert« streiten können.

Meine Frau wäre jetzt allerdings auch bereit, als »Ausgleich« eine Nebenbeziehung einzugehen. In Hochphasen kommen wir tatsächlich mit unserer Situation klar, in Tiefphasen treten oft Trennungsgedanken auf. Wir erhoffen uns durch die Aufarbeitung der Vergangenheit und die Analyse des gegenwärtigen Standes unserer Beziehung im Zusammenhang mit diesem Interview eine größere Klarheit bezüglich der Frage, ob unsere Partnerschaft noch Zukunft hat, was auf jeden Fall nach vierunddreißig Ehejahren für uns beide wünschenswert wäre.

Der Preis für Nebenbeziehungen sind die gelegentlichen »Verletzungen«, die ich meiner Frau in den Momenten des Zusammenseins mit meiner Nebenpartnerin zufügen muss. Eine besondere Umgehensweise mit festen Regeln besteht nicht, meine Frau und ich haben trotz allem noch guten und abwechslungsreichen Sex miteinander. Wir möchten unsere Partnerschaft auf jeden Fall so lange wie möglich erhalten, (bis dass der Tod uns scheidet). Zur ausgleichenden »Gerechtigkeit« würde ich selbstverständlich eine Nebenbeziehung meiner Frau voll akzeptieren.

Eifersucht ist nach meiner Ansicht sehr schädlich für eine Partnerschaft, da sie Besitzanspruch und Verlustangst bedeutet und kein Verständnis für die Gefühle des Partners zulässt. Ich möchte aus dieser Einstellung heraus behaupten, dass ich noch nie mit Eifersucht zu kämpfen hatte. Meine Frau meint allerdings, dass in ihren Nebenbeziehungen kein Grund zur Eifersucht bestanden hat, da diese Beziehungen nicht annähernd mit meiner späteren »Langzeitbeziehung« zu vergleichen wären.

Als Reaktion auf eine Nichtakzeptanz meiner Nebenbeziehung seitens meiner Frau kann ich mir vorstellen, dass es zu einer emotionalen Trennung kommt, eine ökonomische Trennung würde aufgrund gemeinsamen Hausbesitzes kompliziert werden. Ich bin auf keinen Fall bereit, meine Nebenbeziehung aufzugeben. Unser Problem ist wahrscheinlich nur durch eine Nebenbeziehung meiner Frau zur »Herstellung des Gleichgewichtes« lösbar. Dabei wäre dann auch der Beweis zu erbringen, dass ich diesen Zustand ohne Eifersucht (?) ertrage.

Schilderung 32

Eine Frau, 39, seit fünfzehn Jahren verheiratet, lebt in einer größeren Lebensgemeinschaft und führt Nebenbeziehungen.

Ich war 18, mein Mann 17, als wir uns vor zweiundzwanzig Jahren kennen lernten. Mein Mann war der erste Mann, mit dem ich geschlafen habe, in den Freundschaften davor gab es nur Petting. Meine Eltern legten großen Wert darauf, dass ich mich sexuell für den »Mann des Lebens« aufheben solle, dies hat mein erwachendes Sexualverhalten als Teenager stark beeinflusst. Als ich mich mit 18 Jahren in meinen Mann verliebte, war er dieser »Mann des Lebens« für mich. Miteinander geschlafen haben wir das erste Mal nach zwei Monaten, es war aufregend und schüchtern.

Es gab von Anfang an eine sehr tiefe Herzensverbindung zu meinem Mann. Wir zogen zusammen, studierten in derselben Stadt, lebten monogam und stellten unsere Sexualität nicht in Frage. Ich entwickelte zwar immer wieder Gefühle und Sehnsüchte für andere Männer, blieb meinem Mann jedoch treu, um ihn nicht zu verletzen.

Nach zwölf Jahren bin ich dann das erste Mal fremdgegangen. Dies führte zu einer ernsten Krise zwischen uns. Kurze Zeit später hatten wir einen Verkehrsunfall, bei dem mein Mann lebensgefährlich verletzt wurde. Dieser Unfall löste einige grundlegende Veränderungen aus. Meinem Mann wurde klar, dass er sein Leben in grundlegenden Dingen verändern möchte, und ich machte die Erfahrung, dass ich zwei Männer lieben kann und dass an den Gefühlen dieser Liebe nichts Falsches sein kann.

Nach diesem einschneidenden Erlebnis stellten wir uns beide immer wieder die Frage, ob Monogamie und sinnliche Ausschließlichkeit in einer Partnerschaft der richtige Weg für uns ist. Unsere Versuche, die Beziehung zu öffnen, scheiterten jedoch immer wieder. Es gab Dramen mit Heimlichkeiten, Eifersucht und Streit. Wir probierten auch Sex zu viert aus mit einem befreundeten Paar, eine interessante Erfahrung, der wir jedoch nicht weiter nachgingen.

1995 erfuhren wir von einer Lebensgemeinschaft, die sich südwestlich Berlins zusammengefunden hat.[76] Hier versuchen ungefähr achtzig Erwachsene, Jugendliche und Kinder eine Kulturalternative zur bestehenden Gesellschaft aufzubauen. Eine wichtige Idee dieser Gemeinschaft ist es, in der Liebe »angstfrei« zu leben, das heißt, die Liebe zu leben, die mit der individuellen Entwicklung übereinstimmt, sei es Abstinenz, Monogamie oder offene Mehrfachbeziehungen. Einfach ist diese Lebensform auch nicht immer. Um eine tragfähige Gemeinschaft aufzubauen, die nicht mehr an persönlichen Konflikten zerbricht, wurde in der Gemeinschaft eine spezielle Kommunikationsform für Gruppen entwickelt.

1998 zogen wir mit unseren Kindern in diese Gemeinschaft. Grund dafür war nicht nur der Wunsch nach einem alternativen Leben in der Liebe, sondern wir wollten auch generell Gemeinschaft erleben und dass unsere Kinder in einem größeren Kontext aufwachsen.

Vor ungefähr einem Jahr verliebte ich mich dort in einen Mann, mit dem ich seitdem eine intensive sexuelle Freundschaft lebe. Momentan empfinde ich ihn als Lebenspartner. Genauso hat mein Mann eine neue Freundin, die jedoch nicht in der Gemeinschaft lebt. Mit meinem Mann verbindet mich weiterhin eine tiefe, intensive Freundschaft, gelegentlich gehen wir auch ins Bett miteinander. Außerdem haben wir beide auch immer wieder sexuelle Kontakte zu anderen.

Monogamie kann jahrelang stimmen, wird sie aber erzwungen, führt es für mich eher zu einer Entfremdung und Abstumpfung der Beziehung. Streit, Enge, Disharmonie waren die Folge. Nicht monogam zu leben in einem kleinen Bezugsrahmen wie der Familie, fand ich jedoch sehr, sehr schwierig. Ich kann im Moment nur deshalb mit zwei Männern leben, weil ich in eine Gemeinschaft eingebettet bin.

Ich habe jetzt, nicht monogam und auch räumlich distanziert, ein wesentlich besseres Verhältnis zu meinem Mann. Wahrscheinlich wäre ich, wenn ich nicht in dieser Lebensgemeinschaft leben würde, mittlerweile von meinem Mann getrennt. Wir sind befreundet und gehen auch noch gelegentlich ins Bett miteinander, weil wir uns körperlich kennen, weil Vertrauen da ist. Es ist keine leidenschaftliche Sexualität, aber keiner von uns beiden hat diesen Anspruch. Es gibt in diesem Sinne keine Regeln, mit denen wir uns gegenseitig einschränken. Wir pflegen mittlerweile einen liebevollen, freundschaftlichen Umgang miteinander, jeder lässt dem anderen den Raum, den er braucht. Wir kennen uns seit über zwanzig Jahren, teilen viele schöne Erinnerungen und holen uns oft Rat beim anderen. Ich glaube, dass mich kein Mensch besser kennt als mein Mann, und in diesem Sinne ist er mein längster und bester Freund.

Eine intime, sexuell leidenschaftliche Freundschaft erlebe ich mit dem anderen Mann in der Gemeinschaft. Wir leben im Moment fast monogam, haben uns jedoch keine Monogamie versprochen. Im Moment zieht es mich sexuell fast ausschließlich zu ihm, das kann sich jedoch auch wieder ändern. Wichtig ist mir, dass beide Männer, mein Ehemann und mein Freund, einen guten Kontakt zueinander haben.

Feste Regeln für Sexualität habe ich nicht. Ich habe für mich selbst die Regel aufgestellt, mir von niemandem etwas vorschreiben zu lassen und auch nur dann Sex zu haben, wenn es mit der Person in der Situation stimmt. In diesem Sinne gibt es so etwas wie »Fremdgehen« für mich nicht. Ich mag dieses Wort sowieso nicht. Ich fühle mich jetzt mit fast 40 auf einem Höhepunkt meiner Lust, meiner Sexualität und meiner Sinnlichkeit und freue mich, wenn es so weitergeht. Seit zwei Jahren habe ich gelegentlich sexuelle Kontakte zu Frauen, was mein Sexleben ebenfalls bereichert. Ich war jedoch noch nie in eine Frau verliebt und würde mich nicht als lesbisch bezeichnen.

Ich nehme meine Sexualität in »Wellen« wahr, es ist wie ein Einatmen und Ausatmen. Es gibt tagelang sehr sexuelle Zeiten, wo ich nicht nur Sex mit meinem Freund und ab und zu mit meinem Mann habe, und es gibt sehr ruhige Zeiten, wo ich überhaupt keinen Sex will. Außerdem ist meine Lust auch von meinem hormonellen Zyklus abhängig sowie von den Jahreszeiten und der persönlichen oder beruflichen Situation.

Schilderung 33
Ein Mann, 58 Jahre alt, seit fünfunddreißig Jahren verheiratet, führt Nebenbeziehungen

Meine ersten sexuellen Erfahrungen machte ich mit meiner späteren Ehefrau. Mit ihr erlebte ich während der ersten Jahre ein tastendes Kennenlernen von Sexualität, wobei ich überwiegend das Gefühl hatte, dass Sexualität etwas von mir Getrenntes und letztlich Fremdes sei. In diese »Lücke« setzten sich Normen, Vorstellungen, wie und wie oft Sex zu praktizieren sei, was das Gefühl der Getrenntheit noch vertiefte.

Schon bald diskutierten wir die Erweiterung unserer sexuellen Erfahrungen auf außereheliche Partner. In der Zeit und Atmosphäre der 68er Jahre wurde zunächst die Wohngemeinschaft der Rahmen, der mir sexuelle Kontakte zu anderen Frauen erleichterte. Obwohl meine Ehefrau selbst freizügig eigene Wege ging, waren wir doch verunsichert und hatten jeweils ein schlechtes Gewissen, verbunden mit Verlustangst. Das führte bei mir zu sexuellen Beziehungen, in denen die räumliche Distanz dominierte, zu der noch die oben beschriebene grundsätzliche Distanz zu meinem sexuellen Erleben hinzukam.

Eine besondere Rolle spielte die Eifersucht. Jahrelang habe ich sie so perfekt unterdrückt, dass ich mich allen Ernstes frei davon fühlte. Diese Verdrängung entstand wohl einerseits aus meinem Wunsch nach außerehelichen Beziehungen, die ich mir nur gestatten zu können glaubte, indem ich sie meiner Frau ebenfalls zugestand. Andererseits spielte die Angst, durch die Beziehungen meiner Frau verletzt zu werden, wohl die wesentlichere Rolle bei meinem Verdrängen. Doch diese Unterdrückung ließ sich auf Dauer nicht durchhalten. Zunächst meldete sich die Eifersucht in Form von Träumen, später führte sie mich zu den intensivsten Schmerzerfahrungen meines Lebens.

Nachdem ich mit der Gruppentherapie in Berührung gekommen war, erlebte ich eine zunehmende Befreiung meiner Sexualität; das Gefühl der Getrenntheit wich und machte einer neuen Verbundenheit mit mir selbst Platz. In der Folge erfuhr ich einige Male in der Sexualität eine Art kosmischer Auflösung, in der ich Entgrenzung, Entpersönlichung und eine Art von mystischer Freiheit erlebte. Ich erfuhr Sexualität als Übergang in eine Transzendenz.

Bemerkenswerterweise war genau so ein Erlebnis die letzte sexuelle Begegnung mit meiner Frau, danach wandte sie sich sexuell anderen Männern zu. Für mich entstand daraus eine Gespaltenheit. Einerseits erlebte ich ihre sexuelle Abwendung von mir als schwerste Krise unserer Beziehung, als traumatische Zurückweisung und schwere Kränkung, und ich brauchte Jahre, um mir meine sexuellen Wünsche gegenüber meiner Ehefrau regelrecht abzuwürgen. Andererseits wurde mir bewusst, dass jenseits des Sexuellen eine Art Seelenverwandtschaft zwischen uns bestand, die viel tiefer reichte und mir schließlich half, die Krise zu überwinden. Ich habe heute das Gefühl, dass gerade das Fehlen der Sexualität und der damit verbundenen Schmerzen der Zurückweisung unsere Beziehung immer noch weiter vertieft haben, auch wenn natürlich viele andere Faktoren für diese Vertiefung wichtig waren.

Ich begann in dieser Zeit meiner sexuellen Befreiung einige längerfristige Beziehungen, von denen eine bis heute andauert. Gerade in dieser letzteren Beziehung erfahre ich ein mir weitgehend unverständliches Nebeneinander von Angst und Lust, das zu bisweilen krass unterschiedlichen Begegnungen führt. Von einigen nachvollziehbaren biografischen Hintergründen abgesehen, vermute ich, dass der tiefste Grund für meine Angst vor der Sexualität gerade das Erlebnis tiefster Lust ist, die mich in eine mir unheimliche Grenzauflösung katapultiert.

Sexualität quält mich quer durch mein Leben und auch heute noch mit ihrer diktatorischen Unstillbarkeit. Ich sehne mich oft danach, sie zu überwinden, zu transzendieren, habe aber zugleich Angst, die aus ihr resultierenden lustvollen Erlebnisse zu verlieren. Sie schlägt mir Wunden, wo sie vorgibt zu heilen, und sorgt dafür, dass diese Wunden sich nicht schließen. Letztlich ist mir die Sexualität ein großes Rätsel geblieben, aber ich erfahre sie als Tor zu immer noch wachsender Tiefe, sowohl für mich allein, als auch in meinen Beziehungen – und hier sowohl in ihrem Vorhandensein als auch in ihrem Fehlen.

Kontrolliert freie Beziehungen

Paare, denen Nebenbeziehungen nicht praktikabel oder erstrebenswert erscheinen, weil sie darin ihre Lebenspartnerschaft gefährdet sehen, die aber dennoch sexuelle Freizügigkeit suchen, schaffen Formen kontrollierter sexueller Freiheit in ihrer ansonsten exklusiven Beziehung. Ihr Schwerpunkt liegt im Unterschied zu denjenigen, die parallele Beziehungen führen und die in der Nebenbeziehung auch emotionale Dimensionen zulassen, in der Betonung sexueller Aspekte des Außenkontaktes. Es geht um Abwechslung, wobei die emotionale Exklusivität der Paarbeziehung aufrecht erhalten werden soll. Es geht also um kontrollierte Freiheit und organisierte Sexualität.

Dass ein Seitensprung tatsächlich von größerer Leidenschaft getragen ist als die eheliche Sexualität, macht auch folgende Pressemeldung deutlich:

Wer seine Ehefrau betrügt, riskiert einen Herzinfarkt. Laut einer italienischen Studie sind vor allem Fremdgeher gefährdet ... Sex mit der Ehefrau belastet das Herz so stark, als würde man langsam zwei Stockwerke hinaufsteigen. Fremd-Sex: zwei Stockwerke raufrennen.[77]

Auch die organisierte Sexualität als Ergänzung zur Partnerschaft stellt keine neuzeitliche Erfindung dar. Das hat es schon immer gegeben, und es diente der Lebenspartnerschaft stets als Stütze. Hetären, Mätressen, Konkubinen sowie die Kebsehe waren legalisierte Formen außerehelicher Sexualität. Und natürlich die Prostitution, deren Beitrag zum Erhalt der Ehe in Altertum und Mittelalter durchaus gewürdigt wurde.

Moderne Beispiele für die Beziehungsform der kontrollierten Freiheit geben jene Paare, die dem Seitensprung Gelegenheit verschaffen und ihn aufgrund stillschweigender oder ausgesprochener Abmachungen stattfinden lassen. Beispielsweise in getrennten Urlauben oder auf Kreuzfahrten. Gelegenheit dazu vermitteln auch Seitensprung-Agenturen. Organisierte Sexualität findet außerdem in privatem Partnertausch, auf Pärchenpartys und in Swingerclubs statt. Solche Clubs werden von Paaren aufgesucht, um Partnertausch zu praktizieren oder planmäßige Seitensprünge stattfinden zu lassen. Und dann existiert nach wie vor die Prostitution, durch Callboys/-girls beispielsweise oder Urlaubsprostitution, die mittlerweile Männern und Frauen gleichermassen zugänglich ist, sei es in Brasilien, in der Karibik oder in Asien.

Zugegeben, Formen organisierter Sexualität in festen Beziehungen zu beschreiben ist etwas heikel. Allzu voreilig wird mit der moralischen Keule gewunken. So wurde zum Beispiel jenseits der Wahrheit behauptet[78], ich hätte in »Fünf Lügen, die Liebe betreffend« Partnern den Besuch von Swingerclubs empfohlen. Für die Recherchen zu diesem Buch musste ich allerdings erstmals Partnertauscher befragen und Swingerclubs aufsuchen, und ich war dabei gewiss nicht frei von Vorurteilen. Doch ich war überrascht von den Motiven dieser Partner.

So befand sich nicht etwa Sex ganz oben auf der Werteskala der kontrolliert freien Paare, sondern »Offenheit«, »Ehrlichkeit« und »Kommunikation«. Es waren meist Paare, die nicht länger heimlich fremdgehen wollten, weil sie diese Lüge entwürdigend finden. Andere betonten, wie wichtig es sei, sich ständig mit dem Partner über Gefühle und Wünsche auszutauschen, und dass man ohne Offenheit in keinem Club klarkommen würde:

Es ist ja nicht nur für den Sex gut, es fordert viel mehr von einer Beziehung. Man muss Vertrauen zueinander haben, man muss gut miteinander reden können. (Schilderung 35)

Eine verbreitete Hemmung oder Unfähigkeit, das eigene sexuelle Wollen beziehungsweise Nichtwollen dem Partner mitzuteilen, wie man sie bei arrangierten Paaren beobachten kann, wird man bei Partnertauschern und in Swingerclubs kaum finden. Aufgrund dieser Direktheit und Ehrlichkeit gehen die Anhänger organisierter Freiheit auch im Innenverhältnis offen miteinander um. Erduldeter Sex »dem Partner« oder »der Beziehung« zuliebe stößt hier auf Ablehnung, ebenso wie die immer noch verbreitete Doppelmoral in sexuellen Belangen.

Kontrolliert freie Paare müssen in der Tat besondere kommunikative Herausforderungen bewältigen. Sie sprechen offen über Gefühle, die arrangierte Partner ein Leben lang nicht mitzuteilen wagen. Sie sind in der Lage, unterschiedlichen erotischen Bedürfnissen und Vorstellungen Ausdruck zu geben, diese Differenzen anzuerkennen und darüber hinaus sexuelle Phantasien auszutauschen und gegebenenfalls zu erproben. Das ist wahrlich nicht wenig. Eine Frau schildert diese Zusammenhänge:

In Bezug auf meinen Freund wünsche ich mir für die Zukunft weitere Annäherungen, so dass sich aus den verschiedenen Phantasien eine neue Vorstellung bildet, die uns auch in der Sexualität zusammenführt. Dass wir miteinander etwas Neues erleben können, das uns bindet, auch erotisch. Dass wir beide zusammen unabhängig etwas erreichen können. (Schilderung 34)

Dieses Paar praktiziert seit Jahren, was Psychologen wie Ulrich Clement gerade in die Paartherapie einführen: die erotische Differenz der Partner für die Entwicklung des Begehrens zu nutzen und erotische Phantasien des Einzelnen als mögliche Ressource gemeinsamer Sexualität zu entdecken.

Man hüte sich also vor einer schnellen Verurteilung organisierter Sexualität, die ja darauf zielt, die Lebenspartnerschaft zu schützen. Dazu ist sie in besonderem Maße auf Regeln angewiesen. Eine Betrachtung verschiedener Kulturen zeigt, dass klare Regeln stets den Umgang mit den Gefühlen erleichterten, die außerehelicher Sex hervorzubringen im Stande ist, allen voran der Eifersucht. Soll kontrollierte Sexualität auf Dauer möglich sein, muss die Eifersucht eingegrenzt werden. Eine Möglichkeit dafür ist das Schweigen. Die Partner wissen genau, was sie nicht wissen wollen, erlauben dem anderen, was sie selbst suchen, und handeln nach dem Motto: »Was ich nicht weiß, macht mich nicht heiß.«

Dass sexueller Kontakt zu dritten Personen aber selbst dann keinen Anlass zur Eifersucht gibt, wenn er offen stattfindet (weil er im Rahmen akzeptierter Regeln erfolgt), zeigt Annette Schmitt[79] am Beispiel anderer Kulturen. Die Banaro Neu Guinas beispielsweise können ihre Partner in bestimmten Zeremonien tauschen; die indischen Toda ermöglichten ebenfalls den Partnertausch.[80] Auch in polygamen Gesellschaften stellt, wie sie aufzeigt, der sexuelle Kontakt zu Nebenmännern oder Nebenfrauen keinen legitimen Grund für Eifersucht dar, wenn es nicht zu Bevorzugungen kommt.

Eindeutige Regeln kontrollieren die Eifersucht, das beweisen auch Partner, die den privaten Partnertausch praktizieren. Ihre Regelungen im Rahmen kontrollierter Freiheit sind klar: Man tut es getrennt voneinander, oder man tut es gemeinsam. Anschließend geht man gemeinsam mit dem Partner nach Hause. Der Aufbau von Nebenbeziehungen ist nicht gewünscht, die gegenseitige Kontrolle stellt dies sicher.

Sicher haben die meisten Anhänger der Beziehungsform der kontrollierten Freiheit diese nicht gezielt angesteuert. Meist ist diese aus der Not erstanden, zugleich erregende Sexualität zu erleben und die Ehe zu erhalten. Paare, die kontrollierte Freiheit praktizieren, gibt es zu Hunderttausenden, doch sie outen sich selten. Psychologen haben einen gewissen Anteil daran, indem sie die von der Dauerbeziehung »abgespaltene« Sexualität problematisieren. Aber solche Formen der Sexualität hat es immer schon gegeben; und sie werden auch in Zukunft nicht wegzutherapieren sein.

Hier scheint mir der größte Nachholbedarf in Beratung und Psychotherapie zu liegen: Durch die Besserwisserei und Offenheitsdoktrinen wird ungenügend zwischen der geglückten und der gescheiterten heimlichen Liebe unterschieden. Es entsteht der Eindruck, die heimliche Liebe selbst und nicht der taktlose und ungeschickte Umgang mit ihr sei das neurotische Problem.[81]

Es ist sicher an der Zeit, von der Dramatisierung außerehelicher Sexualität auch in organisierter Form wegzukommen. Wahrscheinlich gibt es genauso viele Dramen aufgrund unterlassener Seitensprünge wie durch ausgeführte, wie zum Beispiel endlose Gespräche sexuell frustrierter Ehepartner, warum wer wen nicht mehr so begehrt wie früher, wer »sexgeil« und wer »blockiert« ist, wer zur Therapie muss und weshalb. Ob ein Paar mit der kontrollierten Freiheit zufrieden ist, ob ihm solche Formen der Sexualität glücken, kann es selbst entscheiden. Es muss wohl kaum erwähnt werden, dass auch die kontrollierte sexuelle Freiheit einen Preis hat, den der Unverbindlichkeit bis hin zur Beziehungslosigkeit beispielsweise. Doch solange die Sexualität als derart drängend erlebt wird, dass sie die Ehe gefährden kann, wird kontrollierte Freiheit für viele Paare eine sinnvolle Option sein, über kurze oder lange Phasen hinweg.

Schilderung 34
Eine Frau, 40, geschieden, entdeckte vor acht Jahren eine se-
xuelle Neigung und führt eine distanzierte Beziehung auf der
Basis kontrollierter sexueller Freiheit.

Mit 18 hatte ich mein »erstes Mal«, der Mann war 52 Jahre
alt, wir führten eine lockere Beziehung über ein halbes Jahr.
Dann erlebte ich eine Phase von drei Jahren mit wechselnden
Beziehungen, eine Entdeckungsphase des Sex mit verschiedenen Partnern. Ich war immer schon aktiv, bin auf Männer zu-
gegangen und wollte mir wenig sagen lassen.
Mit knapp 23 habe ich geheiratet, drei Jahre später eine Tochter bekommen. Die Ehe hielt acht Jahre, aber wir passten auf
Dauer nicht gut zusammen. Es gab viel Streit, oft über Klei-
nigkeiten, und für mich ging dann dadurch der sexuelle Reiz
verloren, und ich ließ mich scheiden. Die nächste Beziehung
hielt sechs Jahre. Eines Morgens wachte ich auf und wusste,
dass ich mit männlicher Sexualität nichts mehr anfangen
konnte. Ich weiß auch nicht, was da passiert ist, ich mochte
den Mann ja, aber es kam wie aus dem Nichts und war vorbei.
Ich habe mich dann in eine Frau verliebt, für ein dreiviertel
Jahr, dann war auch diese Phase vorbei. Heute bezeichne ich
mich als »sexuell«, ich bin nicht auf ein bestimmtes Geschlecht festgelegt. Ich habe nie zwei Partner gleichzeitig, entweder bin ich mit einem Mann oder mit einer Frau zusammen. Es ist nicht das Geschlecht, sondern der Mensch ist für
mich wichtig.
Über meine Freundin bin ich mit SM-Kreisen[82] in Kontakt gekommen, was mich zu interessieren begann. Ich informierte
mich, habe Gesprächskreise besucht, mich mit vielen Leuten
und mir selbst auseinander gesetzt. Zuerst entdeckte ich meine aktive Seite, dann war ich zweieinhalb Jahre passiv und mit
einem aktiven Partner zusammen, um auch diese Seite auszu-
loten. Resultat: Ich fühle mich wohler mit meiner aktiven Seite, so ist es bis heute geblieben.

SM hat mit Sex nicht unbedingt zu tun. Sex spielt im Gegenteil eher eine untergeordnete Rolle. Es geht vielmehr um das bloße Mitteilen oder auch um das Ausleben von Phantasien und Machtspielen. Es geht um Macht und Ohnmacht. Das ist sehr erotisch und sensitiv, und es kann, muss aber nicht, zum Sex kommen. Bei SM-Paaren ist absolute Offenheit und Ehrlichkeit wichtig, um die Grenzen des anderen wahrzunehmen und keinen Schaden anzurichten. Dadurch bin ich es gewohnt, offen über alles zu reden und zu mir zu stehen. Wer nicht klar sagt, was er will und nicht will, kann das Spiel nicht spielen, egal ob es um erotisches Verwöhnen oder eine gespielte Vergewaltigung geht. Es gibt klare Regeln, alles geschieht freiwillig, und jeder kann eine SM-Session jederzeit abbrechen.

Mein Freund und ich sind jetzt seit drei Jahren zusammen, nicht verheiratet, aber wir leben in fester Beziehung. Wir haben uns zufällig in einer Sauna kennen gelernt, haben viel miteinander geredet und dann entdeckt, dass unsere sexuellen Neigungen zueinander passen, da er auch SM-Neigungen hat und wir daher Verständnis füreinander haben.

Nach einiger Zeit haben wir entdeckt, dass wir Unterschiedliches sexuell reizvoll finden. Für ihn war der Reiz bei uns nicht mehr so vorhanden, wir hatten und haben zwar auch noch Sex, aber mehr vertrauten, nicht so aufregenden. Er findet es toll, von einer Frau begehrt/dominiert zu werden, die er nicht kennt, die fremd ist und die er nicht einschätzen kann. Das ging mit mir natürlich nicht mehr, weil wir vertraut geworden sind, mehr Seelenpartner, aber nicht mehr so sehr begehrte Partnerin. Unser Sex wurde mehr nett, aber weniger leidenschaftlich.

Durch viele Gespräche haben wir herausgefunden, dass seine Phantasien andere sind, dass er in einer festen Beziehung seine Phantasien von unberechenbaren Frauen gar nicht umsetzen kann. Wir haben überlegt, was wir machen können, um uns nicht trennen zu müssen. Dann bin ich auf die Idee gekommen, einen Swingerclub aufzusuchen, damit er seine Phantasien ausleben kann. Das war nicht unbedingt einfach. Beispielsweise hat er dort getan, was er mit mir nicht mehr machte, also Frauen gestreichelt und mit ihnen geschmust; und ich fühlte mich verletzt. Ich habe ihm dann Vorwürfe gemacht: »Warum bekomme ich das nicht« und »Ich möchte das auch von dir haben«. Wir hatten viele Konfliktgespräche und Stress, bis sich durch Gespräche auch mit anderen Paaren gezeigt hat, woran das liegt. Es stellte sich für ihn eben dieser Reiz, den er fremden Frauen gegenüber empfand, heraus. Ich begriff, dass es für ihn etwas völlig anderes war, eine fremde Haut zu spüren, einen fremden Geruch, eine andere Reaktion zu spüren. Bei mir kannte er das alles, und bei diesen Frauen hatte er keine Verpflichtung, kein »Danach«. Mir wurde klar, dass er einfach andere Erfahrungen machen wollte, es hatte mit mir nichts zu tun. Es ist nicht für oder gegen mich, es ist sein Ding, solche Erfahrungen machen zu wollen.

Wir wollten uns einfach nicht trennen und haben deshalb nach Wegen gesucht, wie jeder seine sexuelle Erfüllung finden kann, auch unabhängig voneinander. Dabei gilt gleiches Recht für beide. Wenn er sich mit jemand anderem einlässt, kann ich das auch. Sex mit anderen haben wir in den Clubs nicht, aber streicheln und massieren lassen ist okay.

Wenn mehr passieren würde, wäre das auch in Ordnung, allerdings möchte ich nicht unbedingt dabei sein, da er manchmal Frauen interessant findet, mit denen ich nichts anfangen kann. Wir wollen Spaß, aber keine zweite Beziehung, keine Affäre.

Damit ich auch zu meinem Recht komme, habe ich dann eine Anzeige aufgegeben im Internet, dass ich Männer suche, die mich verwöhnen, dass ich aber keinen Sex will. Es haben sich so viele gemeldet, dass sich meine Minderwertigkeitsgefühle, die ich in den Clubs bekam, verflüchtigten. Mit einigen Männern habe ich mich getroffen, wir sind essen gegangen, haben einige SM-Spiele gemacht, aber wie gesagt, ganz ohne Sex. Verwöhnen, gute Gespräche, das ist okay, aber ich habe noch nie mit einem Mann Sex gehabt, mit dem ich keine Beziehung hatte.

Die meisten Leute glauben, in den Clubs träfen sich »Prolos«, um billig auf ihre Kosten zu kommen, aber das ist Quatsch. Ein guter Club hat auch Niveau. Das Bildungsniveau in SM-Kreisen ist mittel bis hoch. Die Clubs funktionieren nur, wenn auch Frauen da sind, und die sind nur dort, wenn sie nicht bedrängt werden, wenn auch nette Männer da sind, mit denen man sich gut unterhalten kann. Es geht auch nicht darum, andere Beziehungen aufzubauen und die eigene Beziehung zu gefährden, sondern Spass zu haben und Erfahrungen zu machen.

Swingerclubs bieten gute Möglichkeiten, Phantasien auszuleben, auch wir gehen deshalb da hin. Manche Paare gehen hin, um sich beim Sex zuschauen zu lassen, andere einfach nur, um die Atmosphäre zu genießen, um sich anregen zu lassen, sie wollen gar nicht mit anderen teilen. Oder es reicht, dass eine Frau die Phantasie hat, mit mehreren Männern zu schlafen, und dann schaut der Mann einfach nur zu, weil er vielleicht gar keine Lust hat, mitzumachen, es aber genießt, seine Frau beim Sex zu beobachten. Oder ein Paar sucht jemanden für ein Liebesspiel zu dritt, oder mehrere Paare machen etwas zusammen. Es ist sehr unterschiedlich.

Ich sehe das alles locker. Bei uns in der Bekanntschaft war es immer normal, dass Paare, wenn sie nicht mehr klarkamen, sich trennten. Ich bin eben in der End-Hippie-Zeit groß geworden, zwar auf dem Dorf, aber es war schon eine andere Einstellung da. Meine Cousine hatte einen Ehemann, der mit seiner Freundin in dem gemeinsamen Haus lebte. Meine andere Cousine hatte öfter Freunde neben ihrer Ehe, aber heimlich. Ich wusste schon als Kind, dass meine Mutter immer Liebhaber hatte. Mein Vater war viel unterwegs und hatte auch eine Freundin. Dass Paare sich haben scheiden lassen, nicht nur meine Eltern, auch in der Verwandtschaft, das kam öfter vor. Mein Ziel in einer Beziehung ist es, zufrieden zu sein. Mir geht es weder darum, zu heiraten, noch habe ich das Ziel, ewig zusammenzubleiben. Ich kann mein Geld selbst verdienen, wir brauchen uns dafür nicht, wir sind aus emotionalen Gründen zusammen. Wenn wir zusammenblieben, wäre das toll, wenn wir zusammen alt würden, noch toller, aber ich weiß auch, dass vieles Illusion ist. Ich habe eine Ehe hinter mir, und ich will auf keinen Fall eine Beziehung führen, in der beide unzufrieden sind. Das ist Quälerei, dann mach' ich lieber Schluss und lebe allein. Selbst wegen eines Kindes würde ich nicht heiraten, wenn es mit dem Mann nicht stimmig ist. Mit meinem Freund wohne ich nicht zusammen, weil ich Möglichkeiten brauche, mich zurückzuziehen. Ich möchte nicht alles gemeinsam machen, möchte auch gelegentlich alleine schlafen.

Wir gehen sehr offen miteinander um. Wenn wir unterschiedliche Phantasien haben, teilen wir diese mit, schließlich ist das ganz normal, man kann das einem Menschen nicht ausreden, das gehört zu einem jeden dazu. Damit müssen wir in unserer Partnerschaft leben. Aber wir haben einige Regeln aufgestellt. Eine lautet, keine Affären im Freundeskreis zu haben, das heißt, meine und seine Freunde sind tabu, damit wir alle unbefangen miteinander umgehen können. Dann natürlich Safersex, Gummi, kein Oralverkehr. Und dann die ständige Erreichbarkeit per Handy, falls es einem schlecht geht.

Wenn mein Freund eine Affäre außerhalb der Clubs haben sollte, habe ich ihn gebeten, mir nichts davon zu erzählen. Ich würde mich automatisch vergleichen und wäre dann verletzt. Wahrscheinlich würde ich mit solcher Offenheit nicht wohlwollend umgehen können, denn wenn ich verletzt bin, reagiere ich nicht mehr so loyal. Und weil ich merke, dass ich da noch verletzlich bin, habe ich ihm erklärt, warum es besser ist, mir nichts davon zu erzählen und das mit sich selbst abzumachen.

In Bezug auf meinen Freund wünsche ich mir für die Zukunft weitere Annäherungen, dass sich aus den verschiedenen Phantasien eine neue Vorstellung bildet, die uns auch in der Sexualität zusammenführt. Dass wir miteinander etwas Neues erleben können, das uns bindet, auch erotisch. Dass wir beide zusammen unabhängig etwas erreichen können. Das mag nach einem Widerspruch klingen, ist es aber nicht. Wir wollen zusammen sein und unabhängig.

Ich lernte im Laufe meines Lebens viele verschiedene Paare kennen. Hier stelle ich einige vor, die mich beeindruckt und inspiriert haben.

W., eine Freundin von mir, lebt vier Tage die Woche mit ihrem Freund zusammen. Die restlichen drei Tage verbringt der Mann in einer anderen Stadt mit seiner anderen Freundin. Alle drei Personen kennen sich und haben sich mit der Situation arrangiert. Die Frauen haben in dieser Verbindung viel Freiheit, denn die Tage ohne Freund gestalten sie nach Belieben, dazu zählt auch die sexuelle Freiheit. Untereinander wird sich erzählt, was passiert, wer mit wem und so weiter. W. fragt auch um Erlaubnis, ob sie sich mit anderen Männern einlassen darf, da es eine SM-Beziehung und der Freund der aktive ist. Alle Personen gehen sehr ehrlich und gefühlvoll miteinander um.

R. ist ein geschiedener Mann, der seine Bedürfnisse nachholt, die er in langjähriger Ehe verleugnet hat. Er lebt allein und hat zwei Beziehungen mit sehr unterschiedlichen Frauen. Die eine ist mehr seine Seelenpartnerin und hat viel Verständnis für seine experimentelle Neigung, was SM angeht, die andere befriedigt voll und ganz seine erotischen Wünsche. In der erotischen Beziehung kann er endlich seinen langen Wunsch nach einem »Vollweib« befriedigen. Auch diese Frauen kennen sich. Beide sind zufrieden, da er bei jeder Frau ganz unterschiedlich ist und auch ganz auf die Bedürfnisse der Frauen eingeht. Die Frauen wiederum sind auch sehr selbstständig und unabhängig und schätzen diese Art der Beziehung.

Ich hatte selbst eine Freundschaft mit erotischer Komponente. Wir kannten uns schon lange, als wir beide noch andere Partner hatten. Als wir dann Singles wurden, trafen wir uns und teilten erotische Vorlieben miteinander. Unsere Freundschaft hat sich erhalten, denn es war immer klar, sobald sich einer von uns für einen anderen Partner entscheidet, endet die erotische Beziehung, und es wird wieder eine »Nur«-Freundschaft. Das war eine sehr angenehme Zeit, ohne Eifersucht, Zwang oder Ängste. Wir haben inzwischen wieder feste Partner und sind weiterhin befreundet.

Neben meiner Beziehung habe ich noch gute Bekannte, mit denen ich temporär »Spielbeziehungen« pflege, wenn gerade Zeit vorhanden ist und Lust. Spielbeziehungen sind eingebunden im SM-Kontext, diese Leidenschaft wird ohne Sex ausgeübt, nicht aber ohne Erotik. Sicherlich spielen Begehren und sexuelle Gefühle eine Rolle, es ist aber nicht wichtig, es körperlich auszuleben. Über Gespräche und dominante Handlungen meinerseits baut sich ein hoch erotisches Umfeld auf. Beide Menschen genießen es und nehmen dieses Gefühl mit nach Hause. Was danach geschieht, ist jedem selbst überlassen, der eine lebt es mit der Partnerin aus, andere befriedigen sich selbst, oder sie konservieren das schöne Gefühl als Erinnerung.

Bei allen Erfahrungen hat sich etwas Wichtiges für mich herauskristallisiert: den Mut zu haben, über seine Wünsche zu sprechen, zu versuchen, nicht alles einzufordern, sondern seine Phantasien erstmal im Raum stehen zu lassen. Nicht immer kann man auf Verständnis hoffen, je nachdem, welche Phantasien der Partner hat. Es kann auch verletzend sein. Dennoch ist es wichtig, dass derjenige, der über seine Gefühle gesprochen hat, ehrlich war und den Mut aufgebracht hat. So hat jeder die Chance, sich damit auseinander zu setzen und eventuell Lösungen zu finden, über seine Ziele nachzudenken und eine neue Dynamik anzuerkennen.

Schilderung 35

Ein Paar, sie 31, er 37 Jahre alt, studiert, seit zwei Jahren verliebt, besuchen seit kurzem Swingerclubs.

Er: Ich war schon verheiratet, acht Jahre lang. Wir hatten sehr jung geheiratet, und als sich dann sehr unterschiedliche Lebensvorstellungen herausstellten, sind wir auseinander gegangen. Aber wir sind heute noch gute Freunde.

Sie: Ich hatte davor keine längeren festen Beziehungen, auch nicht allzu viele Partner.

Er: Als wir uns kennen lernten, sind wir nicht mehr aus dem Bett herausgekommen, es war viel Lust da. Auch wenn wir mal schwere Zeiten hatten, die Lust hat uns immer verbunden. Wenn das nicht gewesen wäre, hätten wir wohl nicht durchgehalten.

Sie: Ich war nicht auf eine Beziehung vorbereitet, weil ich lange allein gelebt hatte und mich umstellen musste. Und Klaus hatte sich auch erst ein halbes Jahr vorher von seiner Frau getrennt und war eigentlich froh, keine Verpflichtungen zu haben.

Er: Zum Swingerclub war es ein langer Weg. Angefangen hat es damit, dass ich noch einige Pornovideos rumliegen hatte, aus der Zeit, als ich noch verheiratet war. Als zwischen meiner damaligen Frau und mir nichts mehr lief, dienten sie mir als Ersatz. Nachdem wir zusammen waren, habe ich sie nicht mehr gebraucht. Iris hatte so etwas noch nie gesehen, deshalb haben wir sie uns gemeinsam angeschaut.

Sie: Das wurde schnell langweilig, weil es so gestellt wirkt und immer dasselbe ist. Wir kamen dann auf die Idee, einen Film von uns haben zu wollen, damit wir uns sehen können, und wir wollten auch andere Leute sehen, wenn sie nicht nur gestellt sind, sondern wirklich miteinander schlafen. Ich war einfach neugierig, ich hatte immer schon viele sexuelle Phantasien. Dann habe ich eine TV-Reportage über einen Pärchenclub gesehen. Wir haben uns gesagt, okay, da kann man anderen zusehen, das ist eine Phantasie von uns, das könnte man vielleicht mal versuchen. Und wir könnten Leute kennen lernen, die einen Film von uns machen.

Er: Wir haben dann erstmal lange Zeit damit verbracht, uns Clubs im Internet anzusehen, die Foren zu lesen, in denen ja auch Kritiken zu finden sind. Mit einem Paar haben wir lange im Chat Kontakt gehabt, bevor wir uns mit ihnen getroffen haben. Eigentlich wollten wir schon einen Rückzieher machen, aber die waren ziemlich hartnäckig, und dann sind wir mit Tonnen Schmetterlingen im Bauch dorthin gefahren. So was macht man eigentlich nicht. Wir haben dann im gleichen Raum Sex gehabt, aber jeder mit dem eigenen Partner.

Sie: Sie wollten auch weiterhin mit uns Kontakt haben, aber es war eines dieser Paare, die ein festes anderes Paar suchten. Daran hatten wir kein Interesse.

Er: Die ersten Kontakte fanden also übers Internet statt. Dort haben wir auch ein anderes Paar kennen gelernt, das mit uns in einen Swingerclub gegangen ist. Für uns war es das erste Mal. Mittlerweile gehen wir regelmäßig in Clubs. Wir trennen uns dort nicht, sondern bleiben die meiste Zeit zusammen, gehen zusammen hin und fahren zusammen weg. Wir wollen Spaß haben, gemeinsam oder gemeinsam mit anderen, aber wir bleiben immer in Kontakt. Wir sind uns jeweils am wichtigsten, dass muss absolut klar sein. Eifersucht kommt so nicht auf.

Sie: Aber Neid schon. Es gibt eben Männer, die gute Liebhaber sind, und andere sind überhaupt nicht sensitiv. Wenn ich dann einen habe, der einiges zu wünschen übrig lässt, und Klaus hat eine, die gut ist, dann werde ich schon sehr neidisch. Aber das ist keine Eifersucht.

Er: So ein Club bietet sexuelle Abwechslung, aber auch, wenn man gar nicht sexuell aktiv ist, ist es interessant, dort zu sein, die Stimmung zu spüren, die Offenheit zu haben, einfach über Gespräche. Normalerweise kann man sich über solche Themen nicht unterhalten, nicht einmal mit den besten Freunden.

Dort kann man alles sagen, jeder kann zeigen, wie er ist, braucht keinen Hehl aus seinen Neigungen oder Vorlieben zu machen und kann seinen Phantasien nachgehen.

Sie: Man kann Dinge besprechen und diskutieren, die sonst unmöglich sind. Man kann einfach die Wahrheit sagen, so wie sie ist. Ich verstehe die übliche Doppelmoral nicht. Überall im normalen Leben geht es um Sex, Sex, Sex. Aber das Thema kannst du sonst nirgends wirklich ansprechen, keiner gibt etwas preis. Im Club ist absolute Offenheit. Privat treffen wir uns überhaupt nicht mit Paaren, das ist viel zu heikel. Wenn man keine Lust mehr hat, kann man nicht einfach aufstehen und gehen. Im Club sagst du einfach: »Das war nix, lass uns lieber an die Bar gehen«.

Er: Es ist, als ob man eine Art Doppelleben führt. Du hast deine brave Oberfläche und gehst zur Arbeit und denkst »Ich weiß was, was du nicht weißt«. Man gehört irgendwie zu einer Gruppe, führt ein Geheimleben. Das ist aufregend und macht es zu etwas Besonderem. Das sind Verwandte im Geiste. Was immer sie auch sonst für Menschen sind, was das angeht, schwimmen sie auf der gleichen Welle.

Sie: Ich finde es schade, dass man mit den eigenen Verwandten und Freunden nicht so offen sein kann.

Er: Momentan ist das ein großer Bestandteil unserer Partnersexualität. Es regt auch die Phantasie an ...

Sie: ... und ist eine Art Vitaminschub für uns. Man hat Sex mit anderen, dann wieder mit dem eigenen Partner, der ist natürlich viel vertrauter, weil wir uns lieben. Dieser Wechsel ist spannend.

Er: Auch wenn wir im Club drei- oder viermal mit anderen Sex hatten, haben wir danach zu Hause noch mal Sex miteinander. Es ist kein Ersatz für uns, sondern Bereicherung und Abwechslung. Aber Safersex ist absolute Bedingung, zumindest für uns. Ohne Gummi läuft nichts, und aufpassen, ob die anderen sich daran halten, muss jeder selbst.

Sie: Es ist ja nicht nur für den Sex gut, es fordert viel mehr von einer Beziehung. Man muss Vertrauen zueinander haben, man muss gut miteinander reden können. Reden ist sehr wichtig, sonst kommt man nicht klar. Und die Beziehung muss gefestigt sein, sonst bekommt man große Schwierigkeiten.

Er: Es dürfen keine Missverständnisse entstehen oder übrig bleiben. Man muss alles klären, die Wahrheit sagen, Rücksicht aufeinander nehmen, nach dem Partner schauen, für ihn da sein, wenn er einen braucht, wenn es ihm nicht gut geht. Man muss auch wissen, wo die Grenzen sind, womit man den Partner verletzt.

Sie: Wir fragen einander: »Geht es dir gut, willst du mit ihm, mit ihr«, und halten Augenkontakt.

Er: Es ist schon faszinierend, der Partnerin in die Augen zu sehen, wenn sie Lust mit einem andern erlebt. Es gibt dann schon mal einen Stich, aber dann denke ich daran, dass ich das für mich auch in Anspruch nehme. Unterm Strich freue ich mich für sie.

Sie: Als Frau wird man ja eher dazu erzogen, Sex und Liebe miteinander zu verbinden. Ich habe das sehr stark gemacht, aus einer konservativen Erziehung heraus. Als ich Klaus das erste Mal mit einer Frau habe schlafen sehen, hatte ich einen richtigen Schock. Ich konnte das nicht richtig trennen, und ich hatte bis dahin gar nicht in Betracht gezogen, selbst mit einem Mann zu schlafen. Mittlerweile habe ich gelernt, Sex und Liebe zu trennen und zu sagen »Das ist Sex« und »Das ist Sex und Liebe«. Ich kann es immer besser trennen, weil ich meine eigenen Erfahrungen damit mache. Sex ist schön und macht Spaß, aber deshalb muss man keine Beziehung zu demjenigen haben.

Er: Viele gehen in Clubs, weil es schon Seitensprünge gegeben hat und die Paare nun versuchen, es auf eine ehrliche Art zu machen. Die suchen keine neue Beziehung, sondern wollen ehrlich fremdgehen.

Sie: Was ich zum Beispiel nicht akzeptieren würde: wenn ich erführe, Klaus hätte eine Affäre gehabt und nichts davon erzählt – wenn er unehrlich wäre.

Er: Wir werden das tun, solange es uns Spaß macht. Ich könnte mir vorstellen, dass irgendwann andere Dinge wichtiger sind. Wir planen unsere Zukunft als Paar, wollen, wenn es geht, für immer zusammenbleiben.

Sie: Für uns ist es momentan sehr viel Abenteuer, es ist spannend. Es kann sein, dass sich das im Laufe der Jahre ändert, dass man sich später mit einem festeren Paar austauscht.

Ein Paar, 52 und 56 Jahre, zwei Kinder, seit sechsundzwanzig Jahren zusammen, besucht Swingerclubs seit fünfzehn Jahren, steht womöglich vor dem Ende dieser Phase.

Kennen gelernt haben wir uns vor sechsundzwanzig Jahren. Wir hatten von Anfang an viel Spaß am Sex. Bevor wir zusammenlebten, war Sex bei unseren Treffen an Wochenenden das größte gemeinsame Hobby, und das ist er bis heute geblieben. Als wir vor zwanzig Jahren heirateten, war Gerd erst einmal fremdgegangen. Aus Anlass seines dreimonatigen Auslandsaufenthaltes drei Jahre später sind erste Diskussionen über Sex mit anderem Partner entstanden. Das erschien uns denkbar, und wir vereinbarten, uns in dem Fall keine Vorwürfe zu machen, vorausgesetzt, es würden keine emotionalen Bindungen aufgebaut. Aber trotz dieser »Erlaubnis« hatten wir erst mal keinen Sex mit anderen.

Nach Gerds Rückkehr aus dem Ausland sprachen wir als Grundregel ab, nun Partnertausch und Geschlechtsverkehr mit anderen auszuprobieren, aber diese Affären zu beenden, wenn der Partner es verlangen würde. Dann fuhr Inge allein in den Urlaub. Gerd legte ihr Kondome in das Gepäck und ermunterte sie, den sexuellen Kontakt zu einem anderen Mann zu suchen. Als Inge zurückkam, erzählte sie, Sex mit drei verschiedenen Männern gehabt zu haben. Spontan am Strand und mit Bekanntschaften von der Bar. Gerd war durch diese Schilderung sexuell sehr erregt, noch auf dem Heimweg vom Flughafen kam es im Auto im Wald zu heftigem Sex.

Dann gab Gerd Kontaktanzeigen auf mit dem Ziel, ein festes Paar zum Partnertausch kennen zu lernen. In der Folgezeit haben wir eine Reihe von Paaren kennen gelernt, aber die Begegnungen waren zum Teil enttäuschend. Die Frauen waren oft sehr sexhungrig, die Männer impotent oder gar uninteressiert und machten es der Frau zuliebe, die zu Hause nicht auf ihre Kosten kam. Inge war frustriert und verlor zeitweise völlig die

Lust an weiteren Aktionen. Trotzdem bildeten sich feste Freundschaften mit Paaren, von denen einige mehrere Jahre hielten, jedoch aus unterschiedlichen Gründen alle beendet wurden (schwere Krankheiten, Tod eines Teiles, Trennung des anderen Paares, Streit aus nicht sexuellen Gründen, zeitweise völlige Abstinenz unsererseits aus Angst vor Infektion mit HIV).

Dann antwortete ein einzelner Mann auf unsere Kontaktanzeige. Inge war von seinem Foto angetan und plädierte für eine Einladung. Der Mann war sympathisch und hatte viel Erfahrung mit Sex zu dritt. Der erste Versuch verlief sehr positiv. Inge genoss es, von vier Händen und abwechselndem Geschlechtsverkehr verwöhnt zu werden; und Gerd wurde durch den Anblick der beiden sehr erregt. In der Folgezeit hatten wir häufige Treffen zu dritt. Nachdem er weggezogen war, suchten wir gezielt per Kontaktanzeigen nach einem Mann. Wir trafen einige, aber es war nicht leicht, den richtigen zu finden (unsympathisch, Herren, die das Geld für das Bordell sparen wollten und eine schnelle Erleichterung erhofften, Altersunterschiede). Dennoch waren auch sehr positive Erfahrungen darunter.

Vor fünfzehn Jahren dann kam es aus Neugier zum ersten Besuch eines Swingerclubs. Wir waren von der privaten, angenehmen Atmosphäre und den netten Leuten dort angenehm überrascht und lernten eine verheiratete, aber sexuell total vernachlässigte Frau kennen, die heute noch unsere Freundin ist, obwohl wir seit zwei Jahren (leider) keinen Sex mehr mit ihr haben. Im Laufe der Zeit hatten wir Sex zu dritt, zu viert, Gerd machte Erfahrungen mit Männern und Inge mit einer Frau, und zuletzt wieder mit einem Paar, das wir im Urlaub kennen lernten.

Die Initiative für außereheliche Sexualkontakte ging immer von beiden Seiten aus, zwar intensiver von Gerd, aber auch Inge hatte einige Kontakte selbst hergestellt. In den letzten Jahren hat Inge den Spaß daran verloren, weil sich immer wieder Enttäuschungen ergaben. Beispielsweise hat ein Mann, mit dem wir sehr intensiv zusammen waren, den Kontakt abrupt per Brief beendet, weil er sich wohl verliebt hatte.

Seit dem letzten Ehestreit vor zwei Wochen, der keinen sexuellen Hintergrund hatte, beruft sich Inge auf die ursprüngliche Vereinbarung, dass die »tolerante Phase« einseitig für beendet erklärt werden kann, und droht mit Trennung, wenn Gerd sich nicht daran hält. Sie benötige weder andere Männer noch andere Paare oder Clubbesuche und möchte zukünftig ein »normales« Ehe- und Sexleben führen. Ein Mann, der sich wie bisher intensiv um sie kümmert, genüge ihr. Das Verlangen von Gerd nach anderen Sexpartnerinnen sei für sie ein Zeichen für das insgesamt nachlassende Interesse an der eigenen Ehefrau.

Gerd ist dagegen der Meinung, dass gerade die viele Abwechslung der vergangenen Jahre und das Vertrauen, dass der andere Partner keine heimlichen Seitensprünge nötig hat, zu der bis jetzt sehr erfüllenden, intensiv gelebten und gemeinsamen Sexualität geführt hat. Gerade nach Erlebnissen mit anderen Sexpartnerinnen war das Verlangen nach Sex mit der eigenen Partnerin und die körperliche Fähigkeit dazu besonders groß. Gerd lebt in der Hoffnung, dass Inge ihre Meinung wieder ändere.

Gerd meint, die Beziehung würde durch ein Ende der »toleranten Phase« sicher nicht gefährdet, aber es sei klar: Wenn seine Frau in der Vergangenheit ihm zuliebe mehr auf seine Wünsche eingegangen sei, so müsse er nun im Gegenzug ihr zuliebe auf etwas verzichten.

Resümee und Aussichten

Nun sind fünf Wege, die Liebe zu leben, beschrieben. Bevor ich zum Abschluss komme, möchte ich nochmals zweierlei betonen:
– Ich empfehle keine bestimmte Beziehungsform, ich beschreibe sie. Mein Respekt gilt allen fünf hier beschriebenen Formen.
– Niemand ist auf eine bestimmte Beziehungsform festgelegt. Diese können sich im Lebensverlauf abwechseln.

Ich bin zu der Überzeugung gelangt, dass Partnerschaft heute etwas sehr Unterschiedliches ist. Die Lebenspartnerschaft genauso wie die Sexualpartnerschaft ist Partnerschaft, die Nebenbeziehung wie die distanzierte Beziehung, die serielle Partnerschaft und die exklusive Beziehung mit oder ohne Sex. So lautet meine Definition entsprechend: Partnerschaft heute, das ist ein Entwicklungsprozess, beweglich und veränderlich und daher individueller Formgebung zugänglich.

Diese Definition relativiert auch die Vorstellung des Versagens und Scheiterns, von dem allgemein und bereitwillig gesprochen wird, wenn es zu Trennungen kommt. Doch meist haben nur Ideale versagt, wenn Partner auseinander gehen. Versagen unter den Bedingungen des 21. Jahrhunderts bedeutet für mich allenfalls: passiv unter der Last übernommener Ideale zu leiden und nicht zu versuchen, seiner Partnerschaft die Form zu geben, die den eigenen Bedürfnissen und Vorstellungen entspricht, worin auch immer diese konkret und in den wechselnden Phasen eines Lebens bestehen mögen.

Diese Einstellung lässt die Standpunkte vieler Experten seitlich liegen. Experten behaupten, erklären, beraten, ja noch mehr, sie wissen: so *sollte* es sein, so *könnte* es sein, so *müsste* es sein. Die Erfahrung und Wahrheit eines jeden Paares aber lautet irgendwann: *So wie es ist, so ist es! Bei mir! Bei uns!*

Dieses Buch soll verdeutlichen: Wir leben in einer Zeit der Beziehungsvielfalt. Die heutigen Beziehungsformen sind vielfältig und wechseln. Sie sind nicht nur von Paar zu Paar unterschiedlich, sie wechseln auch im Laufe des Lebens. Manche Partner fangen nicht selten schon mit um die 20 mit der Dauerbeziehung an, um dann später die serielle Beziehung zu entdecken oder die Nebenbeziehung einzugehen. Andere machen es umgekehrt. Wenig scheint für immer zu gelten.

Wer dies anerkennt, mag sich von der Vorstellung einer einmal gefundenen Lösung als dauerhafter und einer sich ergebenden Balance als bleibender frei machen. Dem Widerspruch von Bindung und Begehren entgeht kein Paar zu keiner Zeit: Er wird gebraucht, um die Entwicklung der verschiedenen Beziehungsformen zu ermöglichen.

Die Zukunft?

Was wird die Zukunft bringen? Die Gegenwart bereits macht die »unbefleckte« Empfängnis möglich, ebenso das eigene Kind aus der geliehenen Gebärmutter. »Leihmutter« zu sein wird sich zu einem neuen Beruf entwickeln, und eines nicht so fernen Tages werden Gebärmütter aus anorganischem Material bestehen. Die Reproduktion der Menschheit wird planbar werden und die Sexualität von der Fortpflanzungsaufgabe völlig befreit sein.

Die Zwänge werden abnehmen, die Vielfalt wird zunehmen, ebenso wie die große Bedeutung leidenschaftlicher Liebe:

»Je höher es auf der Stufenleiter der Organismen hinaufgeht, desto mehr verringert sich die Potenz zur Vermehrung, während die Kraft der sexuellen Anziehung zunimmt ... So hat beim Menschen die Vermehrung geringere Ausmaße als im gesamten übrigen animalischen Bereich, während die sexuelle Liebe das höchste Maß an Bedeutung und Intensität erreicht. Es scheint demnach, dass die sexuelle Liebe und die Vermehrung der Gattung umgekehrt proportional sind. Je stärker eines der beiden Element ist, umso schwächer ist das andere, und wenn man die beiden Extreme des animalischen Lebens betrachtet, so steht auf der unteren Grenze die Vermehrung, die Fortpflanzung ohne sexuelle Liebe, während auf der oberen Grenze, auf dem Gipfelpunkt, eine geschlechtliche Liebe steht, die sogar bei vollständigem Ausschluss der Fortpflanzung möglich ist, und zwar in allen Formen großer Leidenschaft.« Es ist daher zu vermuten, dass der Zweck der sexuellen Liebe des Menschen – und im Besonderen sein erotisches Verhalten – mit einem Fortpflanzungstrieb so gut wie gar nichts mehr zu tun hat.[82]

Wir können also auf eine Zukunft gespannt sein, die die Grenzen unserer heutigen Vorstellung mühelos überwinden wird.

Nun habe ich zwei Bücher zur Partnersexualität vorgelegt. Worauf ich dabei kaum eingegangen bin, sind Beziehungen an sich, ihr Zustandekommen, ihr Bestehen, ihr Ende, ihre angebliche Machbarkeit und deren Grenzen. Wie sich das Phänomen einer Beziehung als Ganzes begreifen und wie sich damit umgehen lässt, das wird Thema eines weiteren Buches sein.

Dazu werde ich mich wiederum in der realen Partnerwelt umsehen, frei von Idealisierung und »Expertentum«.

Experten-Interviews

Um zu zeigen, dass Experten natürlich nicht unisono an der Idealisierung von Beziehungen teilhaben, möchte ich Interviews veröffentlichen, die ich mit Wolfgang Schmidbauer und Ulrich Clement geführt habe. Ich habe mich bei ihnen reichlich an Zitaten bedient und möchte mich auf diesem Weg bei ihnen bedanken.

Interview mit Wolfgang Schmidbauer:

Was hat Sie veranlasst, das Buch »Die heimliche Liebe« zu schreiben?
Ich habe bei vielen Klienten eine geradezu magische Überzeugung beobachtet, dass es unmöglich ist, etwas vor einem Partner zu verheimlichen. Dazu kam, dass ich den Eindruck gewann, dass auch Paartherapeuten eine sehr naive und idealistische Vorstellung von Geheimnissen in einer Beziehung haben. Da es mich schon immer gereizt hat, etwas gegen Klischees zu unternehmen, schrieb ich einen Text über den einsichtigen und anständigen Umgang mit Geheimnissen in Liebesbeziehungen.

Man hat den Eindruck, Sie können der heimlichen Liebe nicht nur Sinn abgewinnen, sondern hätten durchaus Sympathie dafür?
Das ist ein Missverständnis, wenn unterstellt wird, ich würde die heimliche Liebe »richtiger« oder »besser« finden als Offenheit oder Treue. Ich finde sie anders, und wenn Sympathie schon daraus gefolgert wird, dass ich ein Tabuthema nüchtern untersuche, dann soll es eben Sympathie sein. Zu meiner Po-

sition gehört auch, dass ich Versuche – die von manchen Reportern in Interviews unternommen wurden – von meinem Text auf eigene Neigungen des Autors zu heimlichen Liebschaften zu schließen, unqualifiziert finde. Darum geht es überhaupt nicht; wer sozusagen Lebensvorbilder in erotischen Beziehungen idealisiert (oder entwertet), hat nichts von dem verstanden, was ich sagen will. Leider ist es heute durchaus üblich, Autoren mit Fragen zu plagen, die Unkenntnis über ihre Texte verraten.

Sie schreiben: »Liebe und Besitz, Spiel und Ernst, irdische und himmlische Liebe: Das läßt sich nicht zuordnen und hängt doch in seinen Polaritäten zusammen. Der ernsthaft geliebte Lebenspartner, mit dem ich Kinder aufziehe, ist nicht immer der, mit dem ich spielen, Abenteuer erleben kann.« Genau das Gegenteil behaupten einige Kollegen. Es wäre alles nur eine Frage der Arbeit an der Beziehung, des Kampfes um die Sexualität, der Lösung von Konflikten usw. Ich erwähne beispielsweise Jellouschek und Welter-Enderlin. Dort wird unter anderem die »ich-starke autonome Persönlichkeit« oder ein so genannter richtiger Umgang mit Nähe und Distanz propagiert. In Ihrem Buch finde ich derarige Rezeptvorschläge nicht. Wie stehen Sie zu diesen zitierten Standpunkten und zu Ratschlägen allgemein?

Ich persönlich schätze Texte dann, wenn sie mich über Zusammenhänge informieren, es mir aber selbst überlassen, meine Schlüsse zu ziehen. Nach den sozialpsychologischen Forschungen der Gegenwart ist die ich-starke, autonome Persönlichkeit ein Mythos. Sie ist durch die Individualisierungsprozesse längst aufgelöst. Ich bin vor allem Praktiker, kein Prediger; ich suche individuelle Lösungen und komme in der Praxis besser mit einem Modell zurecht, das die heimliche Liebe ebenso zulässt wie den Kampf um die Sexualität in einer von Treue bestimmten Beziehung. Das ist doch nicht meine Entscheidung; mein Beitrag liegt darin, Hintergründe zu erhellen, Vor- und

Nachteile unterschiedlicher Lebensmodelle zu diskutieren, immer wieder Kompromisse zwischen Triebwünschen und Realität zu ermöglichen. Das haben Psychoanalytiker schon immer getan, das unterscheidet sie von Pädagogen oder Theologen.

Begegnen Sie auch öfter Formen von Nebenbeziehungen, die über lange Zeiträume funktionieren?
Durchaus. Ich habe sogar bereits Nebenbeziehungen beobachtet, die mehrere Ehen eines der Beteiligten überlebt haben.

Sie schreiben: »Die Partner müssen unterscheiden lernen, welchen ihrer Wünsche die Beziehung erfüllt und welchen sie nicht erfüllt.« Bedeutet das nicht gleichzeitig, dass die Partner die Beziehung nicht lenken können und dass sie herausfinden sollten, was der Beziehung gut tut und was ihr schadet?
Es geht darum, die Idealisierung der Verliebtheit – wonach ein Partner alle meine Wünsche erfüllt – in die Realität einer Liebesbeziehung umzuformen, in der jeder weiß, was er am anderen hat und was er nicht hat. In der Idealisierung ist der Austausch vollständig und illusionär – ich gebe alles und erhalte alles. In einer stabilen Liebesbeziehung ist der Austausch realistisch und begrenzt: Ich weiß, was ich am Partner habe, er weiß, was er an mir hat, und wir lieben uns beide, so wie wir sind.
Einen Teil der Beziehung kann man lenken, vieles nicht. Man kann gut miteinander umgehen, ohne einen Totalanspruch zu stellen; liebevollen Umgang mit unterschiedlichen Bedürfnissen aufzubauen ist ein zentrales Erfordernis gelingender Liebesbeziehungen.

Sie schreiben: »Das Dilemma vieler Beziehungen liegt darin, dass einerseits die Sexualität wegen ihrer starken Faszinationen und Lustqualitäten eingeordnet werden muss, wenn sie nicht dauernd als Gefahr erlebt werden soll.« Ist die Abstinenz in einer langjährigen Beziehung nicht eine Möglichkeit, dieser Gefahr zu entgehen? Heute muss sich ein Paar ja beinahe als krank betrachten, wenn es abstinent zusammenlebt. Es wird behauptet, diese Paare können nicht gesund sein.

Eine der wenigen verbindlichen Wahrheiten über Liebesbeziehungen heute ist die, dass es keine gültigen Außenurteile mehr gibt. Wir leben in individualisierten Beziehungen, das heißt, wenn ein Paar nach seiner Fasson glücklich ist, hat der Experte das zu respektieren. Entsexualisierte Ehen können gute Ehen sein, wenn beide Partner sie dafür halten. Allerdings ist es wohl ebenso schwierig, sich auf Nicht-Sexualität zu einigen, wie auf Sexualität.

Michael Lukas Moeller hat, so bekommt man den Eindruck beim Lesen seiner Bücher, den Stein der Weisen gefunden: den Paardialog. Er hält es für »einen der abgeschmacktesten« Standpunkte zu glauben, zum Beispiel Leidenschaft würde mit der Zeit »abgeschmackt«. Reiht er sich nicht in die Reihe der Lösungsverkäufer mit ein, gewollt oder ungewollt?

Das müssten Sie ihn selber fragen. Soweit ich ihn verstanden habe, gibt er Strukturen vor, wie miteinander umgegangen werden kann, aber keine Rezepte, die vorformulieren, was dann inhaltlich geschehen soll. Was die »Playboy-These« angeht, dass alle sexuellen Beziehungen nach einigen Monaten abflachen: Die halte ich auch für falsch. Das geschieht bei Liebenden, die Sexualität defensiv idealisieren, weil sie sie unbewusst entwerten. Ihr Prototypus ist Don Juan – ein Eroberer, kein Genießer.

Ein Sexualwissenschaftler sagte: »Liebe ist ganz einfach zu erkennen: Du bist mein ein und alles«. Ich höre solche Äußerungen vor allem von Psychologen/Analytikern, die um die 60 Jahre oder älter sind. Ist das noch eine zeitgerechte Form der Liebe, geschweige denn zukunftsgerecht?

Ich glaube, dass in Liebesdingen nichts »ganz einfach« zu erkennen ist. Allerdings, nach der Aussage von La Garance in den »Kindern des Olymp« – die Liebe selbst ist ganz einfach. *Eine* zeitgerechte und zukunftsgerechte Form der Liebe gibt es nicht. Typisch für die Gegenwart ist die Gleichzeitigkeit der unterschiedlichsten Liebesmodelle, und es ist schwierig genug, mit dem eigenen Partner ein gemeinsames zu entwickeln. Das für alle Paare als Experte zu versuchen, halte ich für absurd.

Wo kommt das Konzept der personalen Ganzliebe her? Es tauchen dort immer die Begriffe Reife, Hingabe, Du-Begegnung auf. Angeblich soll es Ziel der Partnerschaft sein, wenn sich die mystische Einheit (Verliebtheit) aufgelöst hat, zu einer »realen Einheit auf dem Boden« zu kommen. Wird hier nicht in beiden Fällen ein Mythos, nämlich der der »Einheit« beschworen?

Ich würde statt »Mythos« eher Illusion sagen. Unsere Liebe lebt von Illusionen – der Beständigkeit, der Treue, der Einheit, der Reife, der Hingabe, des Mysteriums. Alle diese Illusionen haben einen realen Hintergrund, das heißt, es gibt mit ihnen verknüpfte Erlebnisse, die Realitäten zwischen Menschen schaffen. Die »Ganzliebe« hängt immer mit der Verliebtheit zusammen, die eine idealisierende Illusion über den Partner, seine Gefühle und die gemeinsame Zukunft enthält. Verantwortungsvolle Liebende gehen liebevoll mit den Illusionen des Partners um; Therapeuten müssen es sich gut überlegen, ob sie eine Illusion stabilisieren oder analysieren, wenn sie mit einem Paar arbeiten. Als Autor bevorzuge ich aber die Analyse.

Interview mit Professor Dr. Ulrich Clement

Herr Clement, wäre es richtig zu sagen, dass Sie in Ihrem Ansatz auf eine Pathologisierung der Lustlosigkeit verzichten?
Völlig richtig. Jede Pathologisierung setzt normative Vorstellungen voraus, was eine richtige oder »gesunde« Lust sein

soll. Dann aber nimmt man sie aus dem Beziehungskontext heraus, in dem sie sich entfaltet. Wenn jemand nur in speziellen Lebenssituationen oder nur einmal im Jahr oder nur unter bestimmten Voraussetzungen Interesse an sexueller Aktivität hat, ist daran nichts Pathologisches. Zu jeder sexuellen Lustlosigkeit gehört ein Partner, der sich daran stört.

Sie sprechen aber von einer »Therapie des Begehrens«. Was soll man sich unter einem »gestörten Begehren« vorstellen?
Das ist eine Frage der Passung zwischen den Partnern. Wenn zwei Partner darunter leiden, dass die Intensität oder Qualität ihres Begehrens nicht zusammenpasst, dann würden die beiden ihre Sexualität als »gestört« bezeichnen. Ich als Therapeut habe das nicht zu entscheiden oder zu definieren. Sogar im Gegenteil: Lustlosigkeit und Lust sind zunächst einmal gleichwertig. Der Partner, der sich sexuell desinteressiert und lustlos zeigt, hat genauso Recht wie der Partner, der auf sexuelle Aktivität drängt und sich subjektiv als »normal« oder gesund sieht.

Sie befassen sich, wenn ich es richtig verstehe, mehr als die bisherige Sexualtherapie mit den Bedingungen von Begehren und Leidenschaft, zum Beispiel dem Wert von Unterschiedlichkeit. Läuft das nicht auf den Versuch hinaus, das Begehren zu domestizieren, der Ehe einzuordnen, um deren Dauer zu ermöglichen?
In meinem Ansatz geht es primär um Phantasie, Begehren und Leidenschaft, erst in zweiter Linie um die sexuelle Funktion. Der Blick auf das sexuelle Funktionieren ist normativ und therapeutisch meistens langweilig, er verharmlost die Unterschiede im sexuellen Profil der Partner. Die zeigen sich in der Phantasie, den Wünschen, den Erfahrungen und Sehnsüchten viel deutlicher und kritischer als in der sexuellen Funktion. Der Umgang mit diesen Unterschieden steht auch im Mittelpunkt der Therapie. Das ist eine emotional durchaus riskante und

Angst auslösende Angelegenheit. Manche Paare beschwichtigen die Unterschiede dann eher, um die Beziehung zu retten, andere können den erotischen Gewinn der Unterschiede erkennen. Diese erotische Entwicklung kann auch den Fortbestand der Beziehung bedrohen. Aber das hat nichts mit meiner Bewertung zu tun. Ich trete weder für die »Domestizierung« an, wie Sie es nennen, noch für eine forcierte Wildheit. Ich biete mit meinem Ansatz ein professionell geschütztes Experimentierfeld an, das die erotische Weiterentwicklung der Partner ermöglicht. Dieses Feld nutzt jedes Paar anders.

Die Entscheidung über die Dauer einer Beziehung liegt ausschließlich bei den Partnern. Darauf habe ich keinen Einfluss und will auch keinen haben.

Können Partner ihr gemeinsames sexuelles Spektrum »immer wieder« erweitern? Haben sie nicht vielmehr irgendwann alles miteinander erlebt, worauf sie sich einigen können?

Das ist eine Frage des Wollens und nicht des Könnens. Man darf sich das sexuelle Spektrum nicht so statisch vorstellen wie ein Repertoire von Stücken, die man irgendwann alle spielen kann. Das ändert sich abhängig von Lebensphasen, Krisen und Bedürfnissen. In manchen Phasen will man manche »Stücke« einfach nicht spielen. Oder will überhaupt nicht spielen! Ein größeres Spektrum ist nicht wertvoller als ein kleineres. Manche Paare haben irgendwann genug und möchten nichts mehr entwickeln.

Die Erweiterung des erotischen Spektrums ist ja nicht unbedingt eine fröhliche, spielerische Entwicklung. Das darf man sich nicht so vorstellen, dass zwei Partner immer wieder neue Praktiken ausprobieren und die dann ins Repertoire aufnehmen. Die kritische Herausforderung kommt, wenn sich Bedürfnisse oder Erfahrungen zeigen, die nicht gegenseitig sind. Das kann als bedrohlich erlebt werden. Zu sehen, dass der Partner sexuell anders ist, anders phantasiert, anders begehrt, kann weh tun. Zum Beispiel, wenn ein Partner erkennt, dass der andere mit einem Dritten etwas teilt, zu dem er selbst keinen Zugang hat. Wenn beide sich darüber verständigen und bewusst durch die Eifersuchtskränkung hindurchgehen, dann kann das erotische Potenzial zu einem Motor einer weitergehenden Entwicklung der Beziehung und der Persönlichkeit der beiden Partner werden.

Die Unterscheidung der Begriffe »Können« und »Wollen« scheint mir schwierig. Wollen würden die Partner dauerhaftes Begehren sicherlich, wenn es ihnen möglich wäre, dies auch in praktisches Verhalten umzusetzen.

Das ist eine zu statische Vorstellung von Begehren. Warum sollte »dauerhaft« etwas Erstrebenswertes sein? Es ändert sich ja in verschiedenen Lebens- und Beziehungs-Phasen und hat Facetten, die ambivalent oder nur teilweise bewusst und eingestanden sind. Das Begehren kann auch »böse« Seiten haben, zum Beispiel den Partner unterwerfen, abhängig machen, quälen oder sich von ihm unterwerfen lassen. So etwas will nicht jeder, der das empfindet, unbedingt dauerhaft verwirklichen. Die interessante und durchaus dramatische Frage ist dann, wie die Partner mit solchen Wünschen umgehen, besonders wenn sie nicht gegenseitig sind.

Aber ich kenne natürlich solche eng fixierten Vorstellungen von Männern, die sagen: »Ich möchte Sex haben, aber leider habe ich keine zuverlässige Erektion.« Wenn das damit verbunden ist, dass diese Männer jede Form der Sexualität außer dem Geschlechtsverkehr ablehnen, hat das mit Begehren weniger zu tun als mit Potenzängsten. Solche Männer sind mit sich und weniger mit ihrer Partnerin beschäftigt, und sie wollen ohnehin keine Paartherapie machen. Sie möchten eine sichere Erektion haben, um einen »normgerechten« Geschlechtsverkehr durchführen zu können. Und mit diesem Wunsch fühlen sie sich beim Urologen viel besser aufgehoben. Die Unterscheidung zwischen Können und Wollen ist ganz zentral, auch wenn das eine ins andere übergeht: Oft verstecken Partner ihr Wollen (oder Nicht-Wollen) hinter dem Nicht-Können. Nicht bewusst und kalkuliert natürlich! Aber wenn ich mich als Therapeut auf das Nicht-Können konzentriere, also auf die sexuelle Funktion, führt das in der Praxis zu diesen unendlich mühsamen und auch langweiligen Therapieverläufen, in denen Therapeuten und Patienten darauf starren, ob und wann »es« endlich klappt.

Aus Ihrem Aufsatz könnte man den Schluss ziehen, solange es individuelle Unterschiede im Begehren der Partner gibt, könnte die gemeinsame Sexualität dahin ausgeweitet werden. Wäre das nicht eine neue Idealisierung, diesmal der Ressourcenverfügbarkeit?

Es gibt diese individuellen Unterschiede immer. Zwei Personen sind zwei Personen. Das ist eine Beschreibung, keine Idealisierung. Es ist sogar eine Entidealisierung, nämlich des romantischen Verschmelzungsideals, das gerade frühe Beziehungsphasen kennzeichnet. Der Rausch, großartig und einzig zu sein, sensationell zu passen, verleugnet ja die Unterschiede. Verliebt sein ist keine Kunst. Eine gute Erotik in späten Beziehungsphasen hinzubekommen, das ist eine Kunst. Und die liegt darin, sich an den Unterschieden zu entwickeln.

»Diese Unterschiede gibt es immer«, »es ist eine Frage des Wollens, die Kunst besteht darin, sich an den Unterschieden zu entwickeln« ... Das klingt nun doch nach einer Art Versprechen: dass Partner alles miteinander hinbekommen können, was sie sich vornehmen.

Nein, so linear geht das doch nicht! Wenn sich ein Paar auf einen solchen Entwicklungsprozess einlässt, dann weiß es doch vorher nicht, was das Ergebnis ist. Das ist doch eine Reise mit offenem Ausgang, kein gerader Weg von A nach B! Es kann sein, dass ein Paar zu dem Ergebnis kommt, sich lieber zu trennen. Dann ist das die richtige Entwicklung. Der ungewisse Ausgang ist ja das Risiko und der Grund, warum viele Paare das gar nicht erst anfangen, sondern lieber im vertrauten Unglück bleiben.

Das in einer sexuellen Dysfunktion versteckte Wollen kann ja ebenso ein Nicht-mehr-Wollen gemeinsamer Sexualität sein. Haben Sie solches erlebt?
Natürlich. Ich will nicht mehr, heißt dann, ich will nicht mehr. Aber das sind, therapeutisch gesehen, eher die einfacheren Fälle. Viel häufiger sind ambivalente Situationen – ich will einerseits, will andererseits doch nicht, bin unentschlossen. Therapie ist die Kunst, mit solchen Widersprüchen professionell umzugehen.

Die Botschaft, mit Widersprüchen umzugehen, anstatt sie auflösen zu wollen, halte ich für sehr wichtig. Ein solcher unauflöslicher Widerspruch ist meines Erachtens der zwischen der Suche nach dauerhafter Harmonie und immer wiederkehrendem Begehren mit dem gleichen Partner. Erleben Sie in Ihrer Praxis Fälle, in denen beispielsweise Seitensprünge und Außenbeziehungen bewusst geführt werden und »gelingen«?
Zunächst einmal sollte man nicht ungefragt missionieren. Es gibt viele gute alte Ehen, die im Laufe der Jahre eine solide und harmonische Kameradschaft entwickelt haben, in der die Sexualität keinen großen Stellenwert mehr hat – und in denen die Partner das nicht als Widerspruch erleben. In solchen Fällen sind Glückwünsche und nicht Analysen angemessen!
Sie sprechen nun aber diejenigen an, denen die erotische Aufregung fehlt. Ich kenne einige solcher Beziehungen, in denen offen geführte Dreieckskonstellationen möglich sind. Diese Paare haben aber immer sehr klare Verabredungen und Regeln über Details. Ihnen ist »Treue« in Bezug auf die Gemeinsamkeit und Verbindlichkeit der Absprachen wichtig, nicht auf die sexuelle Ausschließlichkeit. Aus meiner Sicht ist nun die wirklich interessante Frage, ob diese Außenbeziehungen lediglich

akzeptiert und geregelt werden oder ob sie sich darüber hinaus positiv auf die erotische Qualität der Primärbeziehung auswirken. Auch das gibt es – nicht sehr häufig allerdings, weil das eine sehr hohe Auseinandersetzungsbereitschaft und Stabilität beider Partner verlangt. Die »Hohe Schule«, wenn Sie so wollen, besteht ja darin, die Geliebte des eigenen Mannes oder den Liebhaber der eigenen Frau als Impulsgeber für die erotische Kultur der Primärbeziehung zu sehen.

Aber wir reden jetzt von Ausnahmen. Die Regel ist immer noch die, dass Außenbeziehungen nur als kränkend erlebt werden, nicht nur weil sie stattfanden, sondern weil sie über Lügengeschichten verschleiert wurden, die sich dann – wenn es »rauskommt« – zu dem verdichten, was als Betrug und Vertrauensbruch empfunden wird. Und für manche Paare ist das nicht zu kitten.

Ein Letztes noch dazu: Der Teufel bei Außenbeziehungen liegt oft darin, dass nicht zu jedem Zeitpunkt klar ist, dass das Außenbeziehungen sind und bleiben. Außenbeziehungen haben das diabolische Potenzial von Konkurrenzveranstaltungen zur »festen« Beziehung – und wenn es nur kurze Phantasien sind. Aus der Außenbeziehung könnte auch der nächste Partner werden. Also: Außenbeziehungen sind und bleiben ein Spiel mit dem Feuer.

Sie schreiben: »Erst die erotischen Unterschiede machen die erotischen Gemeinsamkeiten richtig gut. Richtig gut.« Können Sie dies näher erläutern?

Viele Paare pendeln sich im Lauf der Jahre auf einen gemeinsamen sexuellen Nenner ein. Weil sie freundlich und rücksichtsvoll miteinander sind, muten sie sich nichts zu, was dem andern unangenehm oder fremd ist. Was dem andern unvertraut ist, weiß oder ahnt man im Lauf der Zeit ziemlich zuverlässig und lässt es bleiben, um den anderen zu schonen. Das ist so weit ja auch liebenswert und gut. Der Preis dieser freundlichen Rücksichtnahme kann aber darin bestehen, dass sich Partner einander nichts zumuten, dass sie sich zurücknehmen, schonen und so Entwicklungsmöglichkeiten verschenken. Eine wirksame Regel in Partnerschaften ist die, dass der Langsamere das gemeinsame Tempo bestimmt und der Ängstlichere das Risiko. Dann bleibt das Paar immer auf der sicheren Seite, und beide schwingen sich auf eine freundliche Stagnation ein. Dann folgen die beiden Partner der Grundregel zur Erzeugung sexueller Langeweile, die lautet: Äußere nur die Wünsche, von denen du hundert Prozent sicher bist, dass dein Partner darauf eingeht.

Das ist der blinde Fleck bei den meisten Paaren, die sich über sexuelle Lustlosigkeit beklagen. Es ist sehr schwer zu sehen, dass der Haken in etwas liegt, das eigentlich positiv zu bewerten ist: in der Rücksichtnahme, die aber den Nachteil hat, dass sie Unterschiede zwischen den Partnern exkommuniziert, nicht (mehr) kommuniziert und mitteilt.

»Richtig gut« – das habe ich gemeint – kann die Erotik werden, wenn die Partner aus diesem Schlaf aufwachen und wieder neugierig werden auf ihre Unterschiede und Besonderheiten, auf das, was sie voneinander noch nicht wissen. Und das kann sich sehr lohnen.

Abschluss-Empfehlung

Viele der Partner, die mit ihren Schilderungen zu diesem Buch beitrugen, haben sich für die Gelegenheit bedankt, all das einmal aufschreiben zu können. Offensichtlich war es das erste Mal in ihrem Leben, dass sie die Geschichte ihrer Sexualität reflektierten und ihre Probleme und Wünsche, Hoffnungen und Träume mitteilten. Es wurden Vorgänge, Gefühle und Erkenntnisse geschildert, die in den meisten Fällen noch nie jemand anderem erzählt wurden.

Es tut gut, das alles mal rauszulassen. Danke für Ihr Ohr und Ihr Interesse!

Es ist etwas ganz anderes, über diese Dinge zu sprechen, als sie in geschriebenen Worten darzulegen. Es ist wie eine Art Eigentherapie.

So komme ich nicht umhin, Ähnliches denjenigen Lesern zu empfehlen, die Gefallen an einer solchen Reflexion finden mögen. Hier einige Anregungen dazu:
- Schreiben Sie die Geschichte Ihrer Sexualität auf, vom »ersten Mal« bis zum heutigen Tag. Beenden Sie die Schilderung mit Ihren Zukunftsvorstellungen bezüglich Sexualität und Partnerschaft.
- Betrachten Sie dann die Schilderung, und finden Sie heraus: Welcher Teil meiner vorgestellten »Idealsexualität« hat sich erfüllt, und welche meiner Wünsche sind noch offen?

Dann: Die Schilderung weglegen, später nochmals lesen, verändern, weglegen, nochmals lesen, bis ein Überblick entstanden ist. Ob Sie Ihre Erkenntnisse für sich behalten oder im Austausch mit dem Partner einander mitteilen, ist Ihnen überlassen.

Anmerkungen

1 Eugen-Maria Schulak, Zeitschrift für Philosophie 5/2000
2 Siehe hierzu Hans Jellouschek in »Die Rolle der Geliebten in der Dreiecksbeziehung«, Stuttgart 1987.
3 www.5luegen.de
4 Wolfgang Schmidbauer in einem Interview mit dem Autor
5 Wolfgang Schmidbauer, *Die heimliche Liebe*, Reinbek 2001, S. 121
6 Hans Jellouschek, *Die Kunst als Paar zu leben*, Stuttgart 1992, S. 15
7 Ago Bürki-Fillenz, *Ich bin nicht mehr die Frau, die du geheiratet hast*, München 1994, S. 67
8 Hans Jellouschek, *Die Kunst als Paar zu leben*, Stuttgart 1992, S. 106
9 Hans Jellouschek, *Die Kunst als Paar zu leben*, Stuttgart 1992, S. 102
10 Hans Jellouschek, *Die Kunst als Paar zu leben*, Stuttgart 1992, S. 69
11 Schmidt, Arentewicz, *Sexuell gestörte Beziehungen*, Stuttgart 1993, S. 13
12 Martin Danneker, *Das Drama der Sexualität*, Hamburg 1992, S. 110
13 Hans Jellouschek, *Die Kunst als Paar zu leben*, Stuttgart 1992, S. 104
14 Hans Jellouschek, *Die Kunst als Paar zu leben*, Stuttgart 1992, S. 102 ff.
15 Hans Jellouschek, *Die Kunst als Paar zu leben*, Stuttgart 1992, S. 106
16 Hans Jellouschek, *Die Kunst als Paar zu leben*, Stuttgart 1992, S. 108
17 Hans Jellouschek, *Die Kunst als Paar zu leben*, Stuttgart 1992, S. 108
18 Rudolf Sanders, *Zwei sind ihres Glückes Schmied*, Paderborn 1998, S. 85
19 Michael Lukas Moeller, *Gelegenheit macht Liebe*, Reinbek 2000, S. 17 ff.
20 Zitiert aus »Vital« 10/2001
21 Michael Lukas Moeller, *Gelegenheit macht Liebe,* Reinbek 2000
22 Rosmarie Welter-Enderlin in einem Interview der Zeitschrift »Psychotherapie im Dialog«, Nr. 2/2000
23 Ago Bürki-Fillenz, *Ich bin nicht mehr die Frau, die du geheiratet hast*, München 1994, S. 67
24 Martin Dannecker, *Das Drama der Sexualität*, Hamburg 1992, S. 27
25 Martin Danneker, *Das Drama der Sexualität*, Hamburg 1992, S. 110
26 Martin Danneker, *Das Drama der Sexualität*, Hamburg 1992, S. 111
27 Prof. Dr. Ulrich Clement, Systemische Sexualtherapie, Zeitschrift für Sexualforschung, Heft 2/2001

[28] Informationen sind zu gegebener Zeit auf der Internetseite »www.ulclement.de« erhältlich.

[29] Zitiert aus dem *Lexikon der Erotik*, Aresin/Starke, München 1996, S. 292

[30] Ulrich Clement in einem Interview mit dem Autor

[31] Professor Uwe Hartmann, klinischer Psychologe und Sexualwissenschaftler an der Medizinischen Hochschule Hannover im »Stern« 24/2001

[32] Siehe »Stern« 24/2001

[33] Siehe »Stern« 24/2001

[34] PFIZER, ABBOTT, ARDIX MEDICAL, AMERICAN MEDICAL SYSTEM, ARKOPHARMA, AXILOG-WANADOO COMPAQ, BAYER, BESINS INTERNATIONAL, cardiateL, CASSENNE, DUREX, GYNECARE, INNOTHERA, LILLY-ICOS, LILLY FRANCE, ORGANON, PHARMACIA & UPJOHN US, SANOFI SYNTHELABO INTERNATIONAL, SCHERING, SCHERING PLOUGH, SCHWARTZ PHARMA, TAKEDA, THERAMEX, WYETH-LEDERLE, Ed ELZEVIER, EPHTHCA, HITACHI, NATURAL CONTOUR, NOVAGINE, RICHELET, VEOS u. a.

[35] Aus einer Anzeigenkampagne des »Informationszentrum für Sexualität und Gesundheit e.V.« und der Pfizer GmbH, hier im »Stern« 45/2001

[36] Professor Uwe Hartmann, klinischer Psychologe und Sexualwissenschaftler an der Medizinischen Hochschule Hannover im »Stern« 24/2001

[37] Gunter Schmidt, *Sexuell gestörte Beziehungen*, Stuttgart 1993, S. 15

[38] Schmidt, Arentewicz, *Sexuell gestörte Beziehungen*, Stuttgart 1993, S. 106

[39] Martin Danneker, *Das Drama der Sexualität*, Hamburg 1992, S. 135

[40] George Bataille, *Die Erotik*, München 1993, S. 106

[41] Eugen-Maria Schulak, Zeitschrift für Philosophie 5/2000. Der Autor bezieht sich hier auf die Darstellung der Erotik durch Georges Batailles.

[42] Schmidt, Arentewicz, *Sexuell gestörte Beziehungen*, Stuttgart 1993, S. 14

[43] Schmidt, Arentewicz, *Sexuell gestörte Beziehungen*, Stuttgart 1993, S. 51

[44] Gunter Schmidt, *Sexuell gestörte Beziehungen*, Stuttgart 1993, S. 14

[45] Schmidt, Arentewicz, *Sexuell gestörte Beziehungen*, Stuttgart 1993, S. 14

46 Wolfgang Schmidbauer, *Die heimliche Liebe*, Reinbek 2001, S. 126
47 Siehe hierzu Mary/Nordholt, *Change – Umgang mit Veränderung und Selbsterforschung*, Schadeland 1999
48 Wolfgang Schmidbauer in einem Interview mit dem Autor
49 Martin Dannecker, *Das Drama der Sexualität*, Hamburg 1992, S. 17
50 Wolfgang Schmidbauer, *Die heimliche Liebe*, Reinbek 2001, S. 121
51 Wolfgang Schmidbauer in einem Interview mit dem Autor
52 Schmidt, Arentewicz, *Sexuell gestörte Beziehungen*, Stuttgart 1993, S. 14
53 In der Talkshow »Nachtcafé« vom 8. Juni 2001
54 Jürg Willi in einem »Spiegel«-Interview, Spiegel 43/2000
55 Cheryl Jarvis, *Urlaub von der Ehe*, Bern 2001
56 Zitiert aus dem *Lexikon der Erotik*, Aresin/Starke, München 1996, S. 293
57 Zitiert aus dem *Lexikon der Erotik*, Aresin/Starke, München 1996, S. 293
58 In einer Podiumsdiskussion mit dem Autor anlässlich des TAZ-Kongresses »Wie wollen wir leben« am 29. 4. 2001
59 Zitiert aus dem *Lexikon der Erotik*, Aresin/Starke, München 1996, S. 597
60 Wolfgang Schmidbauer, *Die heimliche Liebe*, Reinbek 2001, S. 155
61 Hans Jellouschek, *Die Kunst als Paar zu leben*, Stuttgart 1992, S. 94
62 Wolfgang Schmidbauer, *Die heimliche Liebe*, Reinbek 2001, S. 63
63 Wolfgang Schmidbauer, *Die heimliche Liebe*, Reinbek 2001, S. 67
64 Wolfgang Schmidbauer, *Die heimliche Liebe*, Reinbek 2001, S. 118
65 Wolfgang Schmidbauer, *Die heimliche Liebe*, Reinbek 2001, S. 108
66 Martin Dannecker, *Das Drama der Sexualität*, Hamburg 1992, S. 16
67 Eine Mormonin, zitiert aus einem Bericht der »Bildwoche« 24, 2001
68 Zitiert aus Annette Schmitt, *Eifersucht*, Bergisch Gladbach 2000, S. 102
69 Siehe hierzu Mary *Begegnungen mit dem Inneren Kind*, Schadeland 1999
70 Wolfgang Schmidbauer, *Die heimliche Liebe*, Reinbek 2001, S. 54
71 Wolfgang Schmidbauer, *Die heimliche Liebe*, Reinbek 2001, S. 76
72 Wolfgang Schmidbauer, *Die heimliche Liebe*, Reinbek 2001, S. 126 ff.
73 Helen Fisher, *Anatomie der Liebe*, München 1993, Kapitel 4
74 Michael Lukas Moeller, Gelegenheit macht Liebe, Reinbek 2000, S. 265
75 Wolfgang Schmidbauer, *Die heimliche Liebe*, Reinbek 2001, S. 56

[76] ZEGG, Zentrum für Experimentelle Gesellschaftsgestaltung (www.zegg.de)

[77] Zitiert aus der »Bild«-Zeitung vom 23. 5. 2001

[78] In einer Buchbesprechung im Deutschlandradio vom 3. 8. 2001

[79] In *Eifersucht*, Bergisch Gladbach 2000, S. 97 ff.

[80] Siehe hierzu Annette Schmitt *Eifersucht*, Bergisch Gladbach 2000, S. 96 ff.

[81] Wolfgang Schmidbauer, *Die heimliche Liebe*, Reinbek 2001, S. 129

[82] Auf Wunsch der Interviewpartnerin: »Der Begriff ›Sadomaso‹ ist in der Öffentlichkeit negativ besetzt, daher ist mir der Begriff SM oder BDSM lieber. BDSM bedeutet Bondage/Discipline/Slave/Master – nachzulesen unter www.schlagzeilen.com.«

[83] Eugen-Maria Schulak, Zeitschrift für Philosophie 5/2000, zitiert hier A. Solowjew.

*Öfter mal was Neues oder Angst
vor Veränderung?*

Michael Mary
CHANGE
LUST AUF VERÄNDERUNG
Sachbuch
160 Seiten
ISBN 978-3-404-60539-X

Menschen sehnen sich nach Veränderung und fürchten sich zugleich davor. Doch Wandel geschieht ständig – unabhängig davon, ob er gesucht wird oder nicht. Und er kündigt sich an. Durch körperlich spürbare, emotional fühlbare oder in Träumen sichtbare Impulse. Sie sind die verborgene Lust eines Menschen. Wenn man lernt, diese Anzeichen zu erkennen, besteht die Chance, den Wandel zu unterstützen, sodass er sich nicht gegen den Willen des Menschen durchsetzen muss. Denn der Lust Raum zu geben erweitert das Leben. Das Buch führt zu einem tiefen Verständnis von Wandlungsprozessen und macht verborgene Wünsche für den Einzelnen erkennbar.

Bastei Lübbe Taschenbuch